元脫脫等撰

宋史

第三九册

卷四六一至卷四七七（傳）

中華書局

宋史卷四百六十一

列傳第二百二十

方技上

趙修己　王處訥 子熙元　苗訓 子守信　馬韶　楚芝蘭　韓顯符
史序　周克明　劉翰　王懷隱　趙自化　馮文智　沙門洪蘊
蘇澄隱　丁少微　趙自然

昔者少皞氏之衰，九黎亂德，家爲巫史，神人淆焉。顓頊氏命南正重司天以屬神，北正黎司地以屬民，其患遂息。厥後三苗復棄典常，帝堯命羲、和修重、黎之職，絕地天通，其患又息。然而天有王相孤虛，地有燥濕高下，人事有吉凶悔吝、疾病札瘥，聖人欲斯民趨安而避危，則巫醫不可廢也。後世占候、測驗、厭禳、禜禬，至於兵家遁甲、風角、鳥占，與夫方士修煉、吐納、導引、黃白、房中，一切焄蒿妖誕之說，皆以巫醫爲宗。漢以來，司馬遷、劉歆又亟稱焉。然而歷代之君臣，一惑於其言，害於而國，凶於而家，靡不有之。宋景德、宣和之世，可鑒乎哉！然則歷代方技何修而可以善其事乎？曰：「人而無恆，不可以作巫醫。」漢嚴君平、唐孫思邈呂才言皆近道，孰得而少之哉。宋舊史有老釋、符瑞二志，又有方技傳，多言禨祥。今省二志，存方技傳云。

趙修己，開封浚儀人，少精天文推步之學。晉天福中，李守貞掌禁軍，領滑州節制，表爲司戶參軍，留門下。守貞每出征，修己必從，軍中占候多中。奏試大理評事，賜緋。漢乾祐中，守貞鎭蒲津，陰懷異志，修己屢以禍福諭之，不聽，遂辭疾歸鄉里。明年，守貞果叛，幕吏多伏誅，獨修己得免。朝廷知其能，召爲翰林天文。

周祖鎭鄴，奏參軍謀。會隱帝誅楊邠、史弘肇等，且將害周祖，修己知天命所在，密謂周祖曰：「釁發蕭牆，禍難斯作。公擁全師，臨巨屏，臣節方立，忠誠見疑。今幼主信讒，大臣受戮，公位極將相，居功高不賞之地，雖欲殺身成仁，何益於事？不如引兵南渡，詣闕自訴，則明公之命，是天所與也。天與不取，悔何可追！」周祖然之，遂決渡河之計。卽位，以爲殿中省尙食奉御，賜金紫。改鴻臚少卿，遷司天監。顯德中，累加檢校戶部尙書。嘗遣副翰林學士承旨陶穀，以御衣、金帶、戰馬、器幣賜吳越錢俶。宋初，遷太府卿，判監事，上章告老，優詔不許。建隆三年卒，年七十一。

王處訥，河南洛陽人。少時有老叟至舍，煑洛河石如麪，令處訥食之，且曰：「汝性聰悟，後當爲人師。」又嘗夢人持巨鑑，星宿燦然滿中，剖腹納之，覺而汗洽，月餘，心胸猶覺痛。因留意星曆、占候之學，深究其旨。晉末之亂，避地太原，漢祖時領節制，辟置幕府。即位，擢爲司天夏官正，出補許田令，召爲國子尚書博士，判司天監事。

周祖嘗與處訥同事漢祖，雅相厚善，及自鄴舉兵入汴，遽命訪求處訥，得之甚喜，因問以劉氏祚短事。對曰：「人君未得位，嘗務寬大；既得位，卽思復讎。漢氏據中土，承正統，所以運以歷數推之，其載祀猶永。第以高祖得位之後，多報讎殺人及夷人之族，結怨天下，所以運祚不長。」周祖蹶然太息。適發兵圍漢大臣蘇逢吉、劉銖等家，待且將行拏戮，遽命止之。逢吉已自殺，止誅劉銖，餘悉全活。

廣順中，遷司天少監。世宗以舊歷差舛，俾處訥詳定。曆成未上，會樞密使王朴作欽天曆以獻，頗爲精密，處訥私謂朴曰：「此曆且可用，不久卽差矣。」因指以示朴，朴深然之。

至建隆二年，以欽天曆謬誤，詔處訥別造新曆。經三年而成，爲六卷，太祖自製序，命爲應天曆。處訥又以漏刻無準，重定水秤及候中星、分五鼓時刻。俄遷少府少監。太平興國初，改司農少卿，並判司天事。六年，又上新曆二十卷，拜司天監。歲餘卒，年六十八。子熙元。

熙元，幼習父業，開寶中，補司天曆算。端拱初，改監丞，累遷太子洗馬兼春官正，加殿中丞。景德中，同判監事。東封，隨經度制置使詣祠所，禮畢，授權知司天少監。祠汾陰，眞拜少監。奉詔於後苑纘陰陽事十卷上之，眞宗爲製序，賜名靈臺祕要，及作詩紀之。初，上所修儀天曆，秋官正趙昭益言其二年後必差，又熒惑度數稍謬，後果驗。熙元頗伏其精一。上常對宰相言及曆算事，曰：「曆象，陰陽家流之大者，以推步天道，平秩人時爲功。」且言：「昭益能專其業，人鮮及也。」玉淸昭應宮成，以祗事之勤，授司天監。坐擇日差謬，降爲少監。以目疾，改將作監，致仕。天禧二年卒，年五十八。

苗訓，河中人，善天文占候之術。仕周爲殿前散員右第一直散指揮使。顯德末，從太祖北征，訓視日上復有一日，久相摩盪，指謂楚昭輔曰：「此天命也。」夕次陳橋，太祖爲六師推戴，訓皆預白其事。既受禪，擢爲翰林天文，尋加銀青光祿大夫、檢校工部尚書。年七十餘卒。子守信。

守信，少習父業，補司天曆算。尋授江安縣主簿，改司天臺主簿，知算造。太平興國中，以應天曆小差，詔與冬官正吳昭素、主簿劉內眞造新曆。及成，太宗命衞尉少卿元象宗與明律曆者同校定，賜號乾元曆，頗爲精密，皆優賜束帛。雍熙中，遷冬官正。端拱初，改太子洗馬、判司天監。淳化二年，守信上言：「正月一日爲一歲之首。每月八日，天帝下巡人世，察善惡。太歲日爲歲星之精，人君之象。三元日，上元天官，中元地官，下元水官，各主錄人之善惡。又春戊寅、夏甲午、秋戊申、冬甲子爲天赦日，及上慶誕日，皆不可以斷極刑事。」下有司議行。未幾，轉殿中丞、權少監事，立本品之下，俄賜金紫。

至道二年，上以梁、雍宿兵，彌歲凶歉，心憂之，令宰相召守信問以天道咎證所在。守信奏曰：「臣仰瞻玄象，及推驗太一經歷宮分，其荆楚、吳越、交廣並皆安寧。自來五緯陵犯，彗星見及水神太一臨井鬼之間，屬秦、雍分及梁、益之地，民罹其災。水神太一來歲入燕分，歲在房心，正當京都之地，自茲朝野有慶。」詔付史館。明年，眞授少監。咸平三年卒，年四十六。子舜卿，爲國子博士。

馬韶，趙州平棘人，習天文三式。開寶中，太宗以晉王尹京，申嚴私習天文之禁，韶素與太宗親吏程德玄善，德玄每戒韶不令及門。九年冬十月十九日，旣夕，韶忽造德玄，德玄恐甚，詰其所以來，韶曰：「明日乃晉王利見之辰，韶故以相告。」德玄惶駭，止韶一室，遽入白太宗。太宗命德玄以人防守之，將聞于太祖。及詰旦，太宗入謁，果受遺踐阼。韶以赦獲免。踰月，起家爲司天監主簿。太平興國二年，擢太僕寺丞，改祕書省著作佐郞。歷太子中允、祕書丞，出爲平恩令。歸朝復守舊任，與楚芝蘭同判司天監事，就遷太常博士。淳化五年，坐事，出爲博興令，移長山令。秩滿歸鄉里，卒於家。

楚芝蘭，汝州襄城人。初習三禮，忽自言遇有道之士，敎以符天、六壬、遁甲之術。屬朝廷博求方技，詣闕自薦，得錄爲學生。以占候有據，擢爲翰林天文。授樂源縣主簿，遷司天春官正、判司天監事。占者言五福太一臨吳分，當於蘇州建太一祠。芝蘭獨上言：「京師帝王之都，百神所集。且今京城東南一舍地名蘇村，若於此爲五福太一建宮，萬乘可以親謁，有司便於祗事，何爲遠趨江外，以蘇臺爲吳分乎？」輿論不能奪，遂從其議，仍令同定本宮四時祭祀儀及醮法。宮成，特遷尙書工部員外郎，賜五品服。淳化初，與馬韶同判監，俱坐事，芝蘭出爲遂平令。卒，年六十。錄其子繼芳爲城父縣主簿。

韓顯符，不知何許人。少習三式，善察視辰象，補司天監生，遷靈臺郎，累加司天冬官正。顯符專渾天之學，淳化初，表請造銅渾儀、候儀。詔給用度，俾顯符規度，擇匠鑄之。至道元年渾儀成，於司天監築臺置之，賜顯符雜綵五十匹。顯符上其法要十卷，序之云：

伏羲氏立渾儀，測北極高下，量日影短長，定南北東西，觀星間廣狹。帝堯即位，羲氏、和氏立渾儀，定曆象日月星辰，欽授民時，使知緩急。降及虞舜，則璇璣玉衡以齊七政。通占又云：「撫渾儀，觀天道，萬象不足以爲多。」是知渾儀者，實天地造化之準，陰陽曆數之元，自古聖帝明王莫不用是精詳天象，預知差忒。或鑄以銅，或飾以玉，置之內庭，遣日官近臣同窺測焉。

自伏羲甲寅年至皇朝大中祥符三年庚戌歲，積三千八百九十七年。五帝之後訖今，明曆象之玄，知渾天之奧者，近十餘朝，考而論之，臻至妙者不過四五；自餘徒誇重於一日，不深圖於久要，致使天象無準，曆算漸差，占候不同，盈虛難定。陛下講求廢墜，爰造渾儀，漏刻星躔，曉然易辨。若人目窺於下，則銅管運於上，七曜之進退盈縮，衆星之次舍遠近，占逆順，明吉凶，然後修福俾順其度，省事以退其災，悉由斯器驗之。

昔漢洛下閎修渾儀，測太初曆，云：「後五百年必當重製。」至唐李淳風，果合前契。貞觀初，淳風又言前代渾儀得失之差，因令銅鑄。七年，太宗起凝暉閣於禁中，俾侍臣占驗。既在宮掖，人莫得見，後失其處所。玄宗命沙門一行修大衍曆，蓋以渾儀爲證。又有梁令瓚造渾儀木式，一行謂其精密，思出古人，遂以銅鑄。今文德殿鼓樓下有古本銅渾儀一，制極疎略，不可施用。且曆象之作，非渾儀無以考眞僞；算造之士，非占驗不能究得失。渾儀之成，則司天歲上細行曆，益可致其詳密。

其制有九，事具天文志。自是顯符專測驗渾儀，累加春官正，又轉太子洗馬。大中祥符三年，詔顯符擇監官或子孫可以授渾儀法者。顯符言長子監生承矩善察躔度，次子保章正承規見知算造，又主簿杜貽範、保章正楊惟德皆可傳其學。詔顯符與貽範等參驗之。顯符後改殿中丞兼翰林天文。六年卒，年七十四。又詔監丞丁文泰嗣其事焉。

史序字正倫，京兆人。善推步曆算，太平興國中，補司天學生。太宗親較試，擢爲主簿。稍遷監丞，賜緋魚，隸翰林天文院。雍熙二年，廷試中選者二十六人，而序爲之首，命知算造，又知監事。

淳化三年，司天鄭昭晏言：「臣測金、火行度須有相犯。今驗之天，而火行漸南，金度漸北，有若相避，遂不相犯。」序又言：「木、火、金三星初夜在午，木在東，火在中，金最西，漸北行去火尺餘。此國家欽崇天道，聖德所感也。」

序後累遷夏官正、河西、環慶二路隨軍轉運、太子洗馬。修儀天曆上之，又嘗纂天文曆書爲十二卷以獻，改殿中丞，賜金紫，俄權監事。景德二年遷權知少監，大中祥符初卽眞。三年卒，年七十六。序愼密勤職，在監三十年，未嘗有過，衆頗稱之。

周克明字昭文。曾祖德扶，唐司農卿。祖傑，開成中進士，解褐獲嘉尉，歷弘文館校書郎。中和中，僖宗在蜀，傑上書言治亂萬餘言。擢水部員外郎，三遷司農少卿。傑精於曆算，嘗以大衍曆數有差，因敷衍其法，著極衍二十四篇，以究天地之數。時天下方亂，傑以天文占之，惟嶺南可以避地，乃遣其弟鼎求爲封州錄事參軍。傑，天復中亦棄官攜家南適嶺表。劉隱素聞其名，每令占候天文災變。傑自以年老，嘗策名中朝，恥以星曆事僭僞，乃謝病不出。龔襲位，彊起之，令知司天監事，因問國祚脩短。傑以周易筮之，得比之復，曰：「卦有二土，土數生五，成於十，二五相比，以歲言之，當五百五十。」龔大喜，賞賚甚厚。龔以梁貞明三年僭號，至開寶四年國滅，止五十五年。蓋傑舉成數以避害爾。大有中，遷太常少卿，卒，年九十餘。傑生茂元，亦世其學，事龔至司天少監，歸宋授監丞而卒，卽克明之父也。

克明精於數術，凡律曆、天官、五行、讖緯及三式、風雲、龜筮之書，靡不究其指要。開寶中授司天六壬，改臺主簿，轉監丞，五遷春官正。克明頗修詞藻，喜藏書。景德初，嘗獻所著文十編，召試中書，賜同進士出身。三年，有大星出氐西，衆莫能辨；或言國皇妖星，爲兵凶之兆。克明時使嶺表，及還，亟請對，言：「臣按天文錄、荆州占，其星名曰周伯，其色黃，其光煌煌然，所見之國大昌，是德星也。臣在塗聞中外之人頗惑其事，願許文武稱慶，以安天下心。」上嘉之，卽從其請。拜太子洗馬、殿中丞，皆兼翰林天文，又權判監事。屬修兩朝國史，其天文律曆事，命克明參之。大中祥符九年，坐本監擇日差互，例降爲洗馬。

天禧元年夏，火犯靈臺，克明語所親曰：「去歲太白犯靈臺，掌曆者悉被降譴，上天垂象，深可畏也。今熒惑又犯之，吾其不起乎！」八月，疽發背，卒，年六十四。克明久居司天之職，頗勤慎，凡奏對必據經盡言。及卒，上頗悼惜，遣內侍諭其壻直龍圖閣馮元，令主喪事，賜賻甚厚。

初，諸僭國皆有纂錄，獨嶺南闕焉。惟胡賓王、胡元興二家纂述，皆不之備。克明訪耆舊，采碑誌，孳孳著撰，裁十數卷，書未成而卒。

劉翰，滄州臨津人。世習醫業，初攝護國軍節度巡官。周顯德初，詣闕獻經用方書三十卷、論候十卷、今體治世集二十卷。世宗嘉之，命爲翰林醫官，其書付史館，再加衞尉寺主簿。

太祖北征，命翰從行。建隆初，加朝散大夫、鴻臚寺丞。時太祖求治，事皆覈實，故方技之士必精練。乾德初，令太常寺考較翰林醫官藝術，以翰爲優，絀其業不精者二十六人。自後，又詔諸州訪醫術優長者籍其名，仍量賜裝錢，所在廚傳給食，遣詣闕。開寶五年，太宗在藩邸有疾，命翰與馬志視之。及愈，轉尙藥奉御，賜銀器、緡錢、鞍勒馬。

嘗被詔詳定唐本草，翰與道士馬志、醫官翟煦、張素、吳復珪、王光祐、陳昭遇同議，凡神農本經三百六十種，名醫錄一百八十二種，唐本先附一百一十四種，有名無用一百九十四種，翰等又參定新附一百三十三種。旣成，詔翰林學士中書舍人李昉、戶部員外郎知制誥王祐、左司員外郎知制誥扈蒙詳覆畢上之。昉等序之曰：

三墳之書，神農預其一〔一〕。百藥旣辨，本草序其錄。舊經三卷，世所流傳。名醫別錄，互爲編纂。至梁陶弘景乃以別錄參其本經，朱墨雜書，時謂明白。而又考彼功用，爲之注釋，列爲七卷，南國行焉。逮乎有唐，別加參校，增藥餘八百味，添注爲二十卷。本經漏缺則補之〔二〕，陶氏誤說則證之。然而載歷年祀，又踰四百，朱字墨字，無本得同；舊注新注，其文互闕。非聖主撫大同之運，永無疆之休，其何以改而正之哉！

乃命盡考傳誤，刊爲定本。類例非允，從而革焉。至如筆頭灰，兔毫也，而在草部，今移附兔頭骨之下；半天河、地漿，皆水也，亦在草部，今移附土石類之間；敗鼓皮，移附於獸名；胡桐淚，改從於木類；紫鑛，亦木也，自玉石品而改焉；伏翼，實禽也，由蟲魚部而移焉；橘柚，附於果實；食鹽，附於光鹽；生薑、乾薑，同歸一類；至於雞腸、蘩蔞，陸英、蒴藋，以類相似，從而附之。仍採陳藏器拾遺、李含光音義，或窮源於別本，或傳效於醫家，參而較之，辨其臧否。至如突屈白，舊說灰類，今是木根；天麻根，解似赤箭，今又全異。去非取是，特立新條。自餘刊正，不可悉數。

下採衆議，定爲印板。乃以白字爲神農所說，墨字爲名醫所傳，唐附今附，各加顯注，詳其解釋，審其形性。證謬誤而辨之者，署爲今注；考文意而述之者，又爲今按。義既判定，理亦詳明。今以新舊藥合九百八十三種，并目錄二十一卷，廣頒天下，傳而行焉。

翰後加檢校工部員外郎。太平興國四年，命爲翰林醫官使，再加檢校戶部郎中。雍熙二年，滑州劉遇疾，詔翰馳往視之。翰還，言遇必瘳，既而卽死，坐責授和州團練副使。端拱初，起爲尙藥奉御。淳化元年，復爲醫官使。卒，年七十二。

王懷隱，宋州睢陽人。初爲道士，住京城建隆觀，善醫診。太宗尹京，懷隱以湯劑祗事。太平興國初，詔歸俗，命爲尙藥奉御，三遷至翰林醫官使。三年，吳越遣子惟濬入朝，惟濬被疾，詔懷隱視之。

初，太宗在藩邸，暇日多留意醫術，藏名方千餘首，皆嘗有驗者。至是，詔翰林醫官院各具家傳經驗方以獻，又萬餘首，命懷隱與副使王祐鄭奇、醫官陳昭遇參對編類。每部以隋太醫令巢元方病源候論冠其首，而方藥次之，成一百卷。太宗御製序，賜名曰太平聖惠方，仍令鏤板頒行天下，諸州各置醫博士掌之。懷隱後數年卒。

昭遇本嶺南人，醫術尤精驗，初爲醫官，領温水主簿，後加光祿寺丞，賜金紫。

趙自化，本德州平原人。高祖常，爲景州刺史，後舉家陷契丹。父知嵒脫身南歸，寓居洛陽，習經方名藥之術，又以授二子自正、自化。周顯德中，偕來京師，悉以醫術稱。知嵒卒，自正試方技，補翰林醫學。

會秦國長公主疾，有薦自化診候者，疾愈，表爲醫學，再加尙藥奉御。淳化五年，授醫官副使。時召陳州隱士萬適至，館于自化家。會以適補慎縣主簿，適素彊力無疾，詔下日，自化怪其色變，爲切脈曰：「君將死矣。」不數日，適果卒。

至道中，有布衣鄭元輔者，嘗依自化之姻吏部令史張崇敏家。元輔時從自化丐索，無所得，心銜之。乃詣檢上書，告自化漏泄禁中語及指斥、非所宜言等事。太宗初甚駭，命王繼恩就御史府鞫之，皆無狀，斬元輔於都市。自化坐交遊非類，黜爲郢州團練副使。未幾，復舊職。咸平三年，加正使。

景德初，雍王元份洎晉國長公主並上言：自化藥餌有功，請加使秩，領遙郡。上以自化居太醫之長，不當復爲請求，令樞密院召自化戒之。雍王薨，坐診治無狀，降爲副使。二年，復舊官。是冬卒，年五十七。遺表以所撰四時養頤錄爲獻，眞宗改名調膳攝生圖，仍爲製序。

自化頗喜爲篇什，其貶郢州也，有漢沔詩集五卷，宋白、李若拙爲之序。又嘗纘自古以方技至貴仕者，爲名醫顯秩傳三卷。

馮文智，并州人。世以方技爲業。太平興國中詣都自陳，召試補醫學，加樂源縣主簿。端拱初，授少府監主簿，逾年轉醫官，加少府監丞。嘗隸并代部署。淳化五年，府州折御卿疾，文智診療獲愈，御卿表薦之，賜緋，加光祿寺丞。咸平三年，明德太后不豫，文智侍醫，既愈，加尚藥奉御，賜金紫。六年，直翰林醫官院。東封，轉醫官副使。祀汾陰，又加檢校主客員外郎。大中祥符五年卒，年六十。

自建隆以來，近臣、皇親、諸大校有疾，必遣內侍挾醫療視，羣臣中有特被眷遇者亦如之。其有效者，或遷秩、賜服色。邊郡屯帥多遣醫官、醫學隨行，三年一代。出師及使境外、貢院鎖宿，皆令醫官隨之。京城四面，分遣翰林祗候療視將士。暑月，卽令醫官合藥，與內侍分詣城門寺院散給軍民。上每便坐閱兵，有被金瘡者，卽令醫官處療。

咸平中，有軍士嘗中流矢，自頰貫耳，衆醫不能取，醫官閻文顯以藥傅之，信宿而鏃出。上嘉其能，命賜緋。

又有醫學劉贇亦善此術。天武右廂都指揮使韓晸從太祖征晉陽，弩矢貫左髀，鏃不出幾三十年。景德初，上遣贇視晸，贇傅以藥出之，步履如故。晸請見，自陳感激，願得死所，又極稱贇之妙。特賜贇白金，遷醫官。

沙門洪蘊，本姓藍，潭州長沙人。母翁，初以無子，專誦佛經，旣而有娠，生洪蘊。年十三，詣郡之開福寺沙門智𨚗，求出家，習方技之書，後遊京師，以醫術知名。太祖召見，賜紫方袍，號廣利大師。太平興國中，詔購醫方，洪蘊錄古方數十以獻。眞宗在蜀邸〔三〕，洪蘊嘗以方藥謁見。咸平初，補右街首座，累轉左街副僧錄。洪蘊尤工診切，每先歲時言人生死，無不應。湯劑精至，貴戚大臣有疾者，多詔遣診療。景德元年卒，年六十八。

又有廬山僧法堅，亦以善醫著名，久遊京師，嘗賜紫方袍，號廣濟大師，後還山。景德二年，以雍王元份久被疾，召赴闕，至則元份已薨。法堅復歸山而卒。

蘇澄隱字棲眞，眞定人。爲道士，住龍興觀，得養生之術，年八十餘不衰老。後唐明宗嘗下詔召之，又令宰相馮道致書諭旨，歷淸泰、天福中繼有聘命，並辭疾不至。開運末，契丹主兀欲立，求有名稱僧道加以恩命，惟澄隱不受。當時公卿自馮道、李崧、和凝而下，皆在鎭陽，日造其室與談宴，各賦詩以贈。周廣順、顯德中，詔存問之。

太祖征太原還，駐蹕鎭陽，召見行宮，命中使掖升殿，謂之曰：「京師作建隆觀，思得有道之士居之，師累辭召命，豈懷土耶？」對曰：「大梁帝宅，浩穰繁會，非林泉之士所可寄迹也。」上察其意，亦不彊之，賜茶百斤、絹二百匹。又幸其觀，問曰：「師年踰八十而氣貌益壯，善養生者也。」因問其術，對曰：「臣之養生，不過精思鍊氣爾，帝王養生卽異於是。老子曰：『我無爲而民自化，我無欲而民自正。』無爲無欲，凝神太和，昔黃帝、唐堯享國永年，得此道也。」上大悅，賜紫衣一襲、銀器五百兩、帛五百匹。年僅百歲而卒。

丁少微，亳州眞源人。爲道士，持齋戒，奉科儀尤爲精至。嘗隱華山潼谷，密邇陳摶所居，與摶齊名。少微志尙清潔，摶嗜酒適性，其道不同，未嘗相往還。少微善服氣，多餌藥，年百餘歲，康強無疾。始，卜居山上，起壇場淨室，通夕朝禮，五十餘年未嘗稍懈。太平興國三年，召赴闕，以金丹、巨勝、南芝、玄芝爲獻。留數月，遣還山。七年冬卒。

趙自然，太平繁昌人，家荻港旁，以鬻茗爲業，本名王九。始十三，疾甚，父抱詣青華觀，許爲道士。後夢一人狀貌魁偉，綸巾素袍，鬢髮班白，自云姓陰，引之登高山，謂曰：「汝有道氣，吾將敎汝辟穀之法。」乃出青柏枝令啗，夢中食之。及覺，遂不食，神氣淸爽，每聞火食氣卽嘔，惟生果淸泉而已。歲餘，復夢向見老人，敎以篆書數百字，寤悉能記。寫以示人，皆不能識。或云：「此非篆也，乃道家符籙耳。」嘗爲元道歌，言修練之要。知州王洞表其事，太宗召赴闕，親問之，賜道士服，改名自然，賚錢三十萬。月餘遣還，住青華觀。後因病，飮食如故。大中祥符二年，詔曰：「如聞自然頗精修養之術。」委發轉使楊覃訪其行迹，命內侍武永全召至闕下，屢得對，賜紫衣，改青華觀曰延禧。自然以母老求還侍養，許之。

大中祥符中，又有鄭榮者，本禁軍，戍壁州還，夜遇神人謂曰：「汝有道氣，勿火食。」因授以醫術救人。七年，賜名自清，度爲道士，居上清宮。所傳藥能愈大風疾，民多求之，皆刺臂血和餅給焉。

又有秦州民家子趙抱一者，常牧牛田間。一夕，有叩門召之者，以杖引行，杖端有氣如煙，其香可悅。俄至山崖絕頂，見數人會飲，音樂交奏，與人間無異。抱一駭而不測。會巡檢使過其下，聞樂聲，疑羣盜歡聚，集村民梯崖而上。至則無所覩，抱一獨在，援以下之，具言其故。凡經夕，若俄頃。自是不喜熟食，凡火化者未嘗歷口。茹甘菊、柏葉、果實、井泉，間亦飲酒，貌如嬰兒。素不習文墨，口占辭句，頗成篇詠，有道家之趣。遂不親農事，野行露宿。大中祥符四年，至京師，猶丱角，詔賜名，度爲道士。自是間歲或一至京師，常令居太一宮，與人言多養生事焉。

校勘記

〔一〕神農預其一　「神」字原脫，據李時珍本草綱目所引開寶本草序及孔安國尚書序補。

〔二〕本經漏缺則補之　「缺」原作「切」，據開寶本草序改。

〔三〕眞宗在蜀邸　按眞宗未卽位前，於太平興國三年封韓王，端拱元年封襄王，淳化五年進封壽王，未嘗封於蜀，疑此處「蜀」字誤。

宋史卷四百六十二

列傳第二百二十一

方技下

賀蘭棲眞　柴通玄　甄棲眞　楚衍　僧志言　僧懷丙　許希
龐安時　錢乙　僧智緣　郭天信　魏漢津　王老志　王仔昔
林靈素　皇甫坦　王克明　莎衣道人　孫守榮

賀蘭棲眞，不知何許人。爲道士，自言百歲。善服氣，不憚寒暑，往往不食；或時縱酒，遊市廛間，能啖肉至數斤。始居嵩山紫虛觀，後徙濟源奉仙觀，張齊賢與之善。景德二年，詔曰：「師棲身巖壑，抗志煙霞，觀心衆妙之門，脫屣浮雲之外。朕奉希夷而爲教，法清靜以臨民，思得有道之人，訪以無爲之理。久懷上士，欲覿眞風，爰命使車，往申禮聘。師其暫別林谷，來儀闕庭，必副招延，無憚登涉。今遣入內內品李懷贇召師赴闕。」既至，眞宗作二韻詩賜之，號宗玄大師，賚以紫服、白金、茶、帛、香、藥，特蠲觀之田租，度其侍者。未幾，求還舊居。大中祥符三年卒，時大雪，經三日，頂猶熱，人多異之。

柴通玄字又玄，陝州閿鄉人。爲道士於承天觀。年百餘歲，善辟穀長嘯，唯飲酒。言唐末事，歷歷可聽。太宗召至闕下，懇求歸本觀。眞宗卽位，屢來京師。召對，語無文飾，多以修身愼行爲說。祀汾陰，召至行在，命坐，問以無爲之要。所居觀卽唐軒遊宮，有明皇詩石及所書道德經二碑。上作二韻詩賜之，幷賚以茶、藥、束帛。詔爲修道院，蠲其田租，度弟子二人。明年春，通玄作遺表，自稱羅山太一洞主，遣弟子張守元、李守一詣闕，以龜鶴爲獻；又召官僚士庶言生死之要。夜分，盥濯，然香庭中，望闕而坐，遲明卒。

時又召河中草澤劉巽、華山隱士鄭隱、敷水隱士李寧。巽年七十餘，以經傳講授，躬耕自給。授大理評事致仕，賜綠袍、笏、銀帶。隱以經術爲業，遇道士傳辟穀鍊氣之法，修習頗驗，居華山王刁巖踰二十年，冬夏常衣皮裘。寧精於藥術，老而不衰，常以藥施人，人以金帛爲報，輒拒之。景德中，萬安太后不豫，驛召寧赴闕，未至而后崩。大中祥符四年，賜號正晦先生。上並作詩爲賜，加以茶、藥、繒帛。獨隱辭賜物不受。

甄棲眞字道淵，單州單父人。博涉經傳，長於詩賦。一應進士舉，不中第，歎曰：「勞神敝精，以追虛名，無益也。」遂棄其業，讀道家書以自樂。初訪道於牢山華蓋先生，久之出遊京師，因入建隆觀爲道士。周歷四方，以藥術濟人，不取其報。祥符中，寓居晉州，性和靜無所好惡，晉人愛之，以爲紫極宮主。

年七十有五，遇人，或以爲許元陽，語之曰：「汝風神秀異，有如李筌。雖老矣，尚可仙也。」因授鍊形養元之訣，且曰：「得道如反掌，第行之惟艱，汝勉之。」棲眞行之二三年，漸反童顏，攀高躡危，輕若飛舉。乾興元年秋，謂其徒曰：「此歲之暮，吾當逝矣。」即宮西北隅自甃殯室。室成，不食一月，與平居所知敍別，以十二月二日衣紙衣臥磚塌卒。人未之奇也。及歲久，形如生，衆始驚，傳以爲尸解。

棲眞自號神光子，與隱人海蟾子者以詩往還。論養生祕術，目曰還金篇，凡兩卷。

楚衍，開封胙城人。少通四聲字母，里人柳曜師事衍，里中以先生目之。衍於九章、緝古、綴術、海島諸算經尤得其妙。明相法及聿斯經，善推步、陰陽、星曆之數，間語休咎無不中。自陳試宣明曆，補司天監學生，遷保章正。天聖初，造新曆，衆推衍明曆數，授靈臺郎，與掌曆官宋行古等九人製崇天曆。進司天監丞，入隸翰林天文。皇祐中，同造司辰星漏曆十二卷。久之，與周琮同管勾司天監。卒，無子，有女亦善算術。

僧志言，自言姓許，壽春人。落髮東京景德寺七俱胝院，事淸璲。初，璲誦經勤苦，志言忽造璲，跪前願爲弟子。璲見其相貌奇古，直視不瞬，心異之，爲授具戒。然動止軒昂，語笑無度，多行市里，褰裳疾趨，舉指畫空，佇立良久；時從屠酤遊，飲啗無所擇。衆以爲狂，璲獨曰：「此異人也。」

人有欲爲齋施，輒先知以至，不召，款門指名取供。温州人林仲方自其家以摩衲來獻，舟始及岸，遽來取去。仁宗每延入禁中，徑登坐結趺，飯畢遽出，未嘗揖也。王公士庶召卽赴，然莫與交一言者。或陰卜休咎，書紙揮翰甚疾，字體遒壯，初不可曉，其後多驗。仁宗春秋漸高，嗣未立，默遣內侍至言所。言所書有「十三郎」字，人莫測何謂。後英宗以濮王第十三子入繼，衆始悟。大宗正守節請書，言不顧，迫之，得「潤州」字。未幾，守節薨，贈丹陽郡王。見寺童義懷，撫其背曰：「德山、臨濟。」懷旣落髮，住天衣，說法，大爲學者所宗。其前知多類此。

普淨院施浴，夜漏初盡，門扉未啓，方迎佛而浴室有人聲，往視，則言在焉。有具齋薦鱠者，幷食之，臨流而吐，化爲小鮮，羣泳而去。海客遇風且沒，見僧操絙引船而濟。客至都下遇言，忽謂之曰：「非我，汝奈何？」客記其貌，眞引舟者也。與曹州士趙棠善，後棠棄官隱居番禺。人傳棠與言數以偈頌相寄，萬里間輒數日而達。棠死，亦盛夏身不壞。言將死，作頌，不可曉。已而曰：「我從古始成就，逃多國土，今南國矣。」仁宗遣內侍以眞身塑像置寺中，榜曰顯化禪師。其後善厚者禮之，見額上熒然有光，就視之，得舍利。

僧懷丙，眞定人。巧思出天性，非學所能至也。眞定構木爲浮圖十三級，勢尤孤絕。旣久而中級大柱壞，欲西北傾，他匠莫能爲。懷丙度短長，別作柱，命衆工維而上。已而却衆工，以一介自從，閉戶良久，易柱下，不聞斧鑿聲。趙州洨河鑿石爲橋，鎔鐵貫其中。自唐以來相傳數百年，大水不能壞。歲久，鄉民多盜鑿鐵，橋遂欹倒，計千夫不能正。懷丙不役衆工，以術正之，使復故。

河中府浮梁用鐵牛八維之，一牛且數萬斤。後水暴漲絕梁，牽牛沒于河，募能出之者。懷丙以二大舟實土，夾牛維之，用大木爲權衡狀鈎牛，徐去其土，舟浮牛出。轉運使張燾以聞，賜紫衣。尋卒。

許希，開封人。以醫爲業，補翰林醫學。景祐元年，仁宗不豫，侍醫數進藥，不效，人心憂恐。冀國大長公主薦希，希診曰：「鍼心下包絡之間，可亟愈。」左右爭以爲不可，諸黃門祈以身試，試之，無所害。遂以鍼進，而帝疾愈。命爲翰林醫官，賜緋衣、銀魚及器幣。希拜謝已，又西嚮拜，帝問其故，對曰：「扁鵲，臣師也。今者非臣之功，殆臣師之賜，安敢忘師乎？」乃請以所得金興扁鵲廟。帝爲築廟于城西隅，封靈應侯。其後廟益完，學醫者歸趨之，因立太醫局于其旁。

希至殿中省尙藥奉御，卒。著神應鍼經要訣行于世。錄其子宗道至內殿崇班。

龐安時字安常，蘄州蘄水人。兒時能讀書，過目輒記。父，世醫也，授以脈訣。安時曰：「是不足爲也。」獨取黃帝、扁鵲之脈書治之，未久，已能通其說，時出新意，辨詰不可屈，父大驚，時年猶未冠。已而病痺，乃益讀靈樞、太素、甲乙諸秘書，凡經傳百家之涉其道者，靡不通貫。嘗曰：「世所謂醫書，予皆見之，惟扁鵲之言深矣。蓋所謂難經者，扁鵲寓術於其書，而言之不詳，意者使後人自求之歟！予之術蓋出於此。以之視淺深，決死生，若合符節。且察脈之要，莫急於人迎、寸口。是二脈陰陽相應，如兩引繩，陰陽均，則繩之大小等。故定陰陽於喉、手，配覆溢於尺、寸，寓九候於浮沉，分四溫於傷寒。此皆扁鵲略開其端，而予參以內經諸書，考究而得其說。審而用之，順而治之，病不得逃矣。」又欲以術告後世，故著難經辨數萬言。觀草木之性與五藏之宜，秩其職任，官其寒熱，班其奇偶，以療百疾，著主對集一卷。古今異宜，方術脫遺，備陰陽之變，補仲景論。藥有後出，古所未知，今不能辨，嘗試有功，不可遺也，作本草補遺。

爲人治病，率十愈八九。踵門求診者，爲辟邸舍居之，親視飦粥藥物，必愈而後遣；其不可爲者，必實告之，不復爲治。活人無數。病家持金帛來謝，不盡取也。

嘗詣舒之桐城，有民家婦孕將產，七日而子不下，百術無所效。安時之弟子李百全適在傍舍，邀安時往視之。纔見，卽連呼不死，令其家人以湯溫其腰腹，自爲上下拊摩。孕者覺腸胃微痛，呻吟間生一男子。其家驚喜，而不知所以然。安時曰：「兒已出胞，而一手誤執母腸不復能脫，故非符藥所能爲。吾隔腹捫兒手所在，鍼其虎口，旣痛卽縮手，所以遽生，無他術也。」取兒視之，右手虎口鍼痕存焉。其妙如此。

有問以華佗之事者，曰：「術若是，非人所能爲也。其史之妄乎！」年五十八而疾作，門人請自視脈，笑曰：「吾察之審矣。且出入息亦脈也，今胃氣已絕，死矣。」遂屏卻藥餌。後數日，與客坐語而卒。

錢乙字仲陽，本吳越王俶支屬，祖從北遷，遂爲鄆州人。父穎善醫，然嗜酒喜游，一旦，東之海上不反。乙方三歲，母前死，姑嫁呂氏，哀而收養之，長誨之醫，乃告以家世。卽泣，請往迹尋，凡八九反。積數歲，遂迎父以歸，時已三十年矣。鄉人感慨，賦詩詠之。其事呂如事父，呂沒無嗣，爲收葬行服。

乙始以顱顖方著名，至京師視長公主女疾，授翰林醫學。皇子病瘈瘲，乙進黃土湯而愈。神宗召問黃土所以愈疾狀，對曰：「以土勝水，水得其平，則風自止。」帝悅，擢太醫丞，賜金紫。由是公卿宗戚家延致無虛日。

廣親宗子病，診之曰：「此可毋藥而愈。」其幼在傍，指之曰：「是且暴疾驚人，後三日過午，可無恙。」其家恚，不答。明日，幼果發癇甚急，召乙治之，三日愈。問其故，曰：「火色直視，心與肝俱受邪。過午者，所用時當更也。」王子病嘔泄，他醫與剛劑，加喘焉，乙曰：「是本中熱，脾且傷，奈何復燥之？將不得前後溲。」與之石膏湯，王不信，謝去。信宿寖劇，竟如言而效。

士病欬，面青而光，氣哽哽。乙曰：「肝乘肺，此逆候也。若秋得之，可治；今春，不可治。」其人祈哀，強予藥。明日，曰：「吾藥再瀉肝，而不少却；三補肺，而益虛；又加脣白，法當三日死。今尙能粥，當過期。」居五日而絕。

孕婦病，醫言胎且墮。乙曰：「娠者五藏傳養，率六旬乃更。誠能候其月，偏補之，何必墮？」已而母子皆得全。又乳婦因悸而病，既瘉，目張不得瞑。乙曰：「煑郁李酒飲之使醉，卽愈。所以然者，目系內連肝膽，恐則氣結，膽衡不下。郁李能去結，隨酒入膽，結去膽下，則目能瞑矣。」飲之，果驗。

乙本有羸疾，每自以意治之，而後甚，歎曰：「此所謂周痺也。入藏者死，吾其已夫。」既而曰：「吾能移之使在末。」因自製藥，日夜飮之。左手足忽攣不能用，喜曰：「可矣！」所親登東山，得茯苓大踰斗。以法啗之盡，由是雖偏廢，而風骨悍堅如全人。以病免歸，不復出。

乙爲方不名一師，於書無不闚，不靳靳守古法。時度越縱舍，卒與法會。尤邃本草諸書，辨正闕誤。或得異藥，問之，必爲言生出本末、物色、名貌差別之詳，退而考之皆合。末年攣痺寖劇，知不可爲，召親戚訣別，易衣待盡，遂卒，年八十二。

僧智緣，隨州人，善醫。嘉祐末，召至京師，舍于相國寺。每察脈，知人貴賤、禍福、休咎，診父之脈而能道其子吉凶，所言若神，士大夫爭造之。王珪與王安石在翰林，珪疑古無此，安石曰：「昔醫和診晉侯，而知其良臣將死。夫良臣之命乃見於其君之脈，則視父知子，亦何足怪哉！」

熙寧中，王韶謀取青唐，上言蕃族重僧，而僧結吳叱臘主部帳甚衆，請智緣與俱至邊。神宗召見，賜白金，遣乘傳而西，遂稱「經略大師」。智緣有辯口，徑入蕃中，說結吳叱臘歸化，而他族俞龍珂、禹藏訥令支等皆因以書款。韶頗忌惡之，言其撓邊事，召還，以爲右街首坐，卒。

郭天信字佑之，開封人。以技隸太史局。徽宗爲端王，嘗退朝，天信密遮白曰：「王當有天下。」既而即帝位，因得親暱。不數年，至樞密都承旨、節度觀察留後。其子中復爲閤門通事舍人，許陪進士徑試大廷，擢祕書省校書郎。未幾，天信覺已甚，乞還武爵，又從之。政和初，拜定武軍節度使、祐神觀使，頗與聞外朝政事。見蔡京亂國，每託天文以撼之，且云：「日中有黑子。」帝甚懼，言之不已，京由是黜。張商英方有時望，天信往往稱於內朝。商英亦欲借左右游談之助，陰與相結，使僧德洪輩道達語言。商英勸帝節儉，稍裁抑僧寺，帝始敬畏之，而近侍積不樂，間言浸潤，眷日衰。京黨因是告商英與天信漏泄禁中語言，天信先發端，窺伺上旨，動息必報，乃從外庭決之，無不如志。商英遂罷。御史中丞張克公復論之，詔貶天信昭化軍節度副使，單州安置，命宋康年守單，幾其起居。再貶行軍司馬，竄新州，又徙康年使廣東，天信至數月，死。京已再相，猶疑天信挾術多能，死未必實，令康年選吏發棺驗視焉。

魏漢津，本蜀黥卒也。自言師事唐仙人李良號「李八百」者，授以鼎樂之法。嘗過三山龍門，聞水聲，謂人曰：「其下必有玉。」即脫衣沒水，抱石而出，果玉也。皇祐中，與房庶俱以善樂薦，時阮逸方定黍律，不獲用。崇寧初猶在，朝廷方協考鐘律，得召見，獻樂議，言得黃帝、夏禹聲爲律、身爲度之說。謂人主稟賦與衆異，請以帝指三節三寸爲度，定黃鐘之律；而中指之徑圍，則度量權衡所自出也。又云：「聲有太有少。太者，淸聲，陽也，天道也。少者，濁聲，陰也，地道也。中聲在其間，人道也。合三才之道，備陰陽奇偶，然後四序可得而調，萬物可得而理。」當時以爲迂怪，蔡京獨神之。或言漢津本范鎭之役，稍竊見其制作，而京託之於李良云。

於是請先鑄九鼎，次鑄帝坐大鐘及二十四氣鐘。四年三月鼎成，賜號沖顯處士。八月，大晟樂成。徽宗御大慶殿受羣臣朝賀，加漢津虛和沖顯寶應先生，頒其樂書天下。而京之客劉昺主樂事，論太少之說爲非，將議改作。既而以樂成久，易之恐動觀聽，遂止。漢津密爲京言：「大晟獨得古意什三四爾，他多非古說，異日當以訪任宗堯。」宗堯學於漢津者也。漢津曉陰陽數術，多奇中，嘗語所知曰：「不三十年，天下亂矣。」未幾死。京遂召宗堯爲典樂，復欲有所建，而爲田爲所奪，語在樂志。後卽鑄鼎之所建寶成殿，祀黃帝、夏禹、成王、周、召而良、漢津俱配食。謚漢津爲嘉晟侯。

有馬賁者，出京之門，在大晟府十三年，方魏、劉、任、田異論時，依違其間，無所質正，擢至通議大夫、徽猷閣待制。議者咎當時名器之濫如此。

王老志，濮州臨泉人〔一〕。事親以孝聞。爲轉運小吏，不受賂謝。遇異人於丐中，自言吾所謂鍾離先生也，予之丹，服之而狂。遂棄妻子，結草廬田間，時爲人言休咎。

政和三年，太僕卿王亶以其名聞。召至京師，館于蔡京第。嘗緘書一封至帝所，徽宗啓讀，乃昔歲秋中與喬、劉二妃燕好之語也。帝由是稍信之，封爲洞微先生。朝士多從求書，初若不可解，後卒應者十八九，故其門如市。京慮太甚，頗以爲戒；老志亦謹畏，乃奏禁絕之。嘗獻乾坤鑑法，命鑄之。既成，謂帝與皇后他日皆有難，請時坐鑑下，思所以儆懼消變者。

明年，見其師，責以擅處富貴，乃丐歸，未得請，病甚，始許其去。步行出，就居，病已失矣。歸濮而死。詔賜金以葬，贈正議大夫。

初，王黼未達時，父爲臨泉令，問黼名位所至，卽書「太平宰相」四字。旋以墨塗去之，曰：「恐泄機也。」黼敗，人乃悟。

王仔昔，洪州人。始學儒，自言遇許遜，得大洞、隱書豁落七元之法，出游嵩山，能道人未來事。政和中，徽宗召見，賜號沖隱處士。帝以旱禱雨，每遣小黃門持紙求仔昔畫，日又至〔三〕，忽篆符其上，仍細書「焚符湯沃而洗之」。黃門懼不肯受，強之，乃持去。蓋帝默祝爲宮妃療赤目者，用其說一沃，立愈。進封通妙先生，居上清寶籙宮。獻議九鼎神器不可藏於外。乃於禁中建圓象徽調閣以貯之。

仔昔資倨傲，又少戇，帝常待以客禮，故其遇巨閹殆若童奴，又欲羣道士皆宗己。及林靈素有寵，忌之，陷以事，囚之東太一宮。旋坐言語不遜，下獄死。仔昔之得罪，宦者馮浩力最多。未死時，書示其徒曰：「上蔡遇冤人。」其後浩南竄，至上蔡被誅。

林靈素，温州人。少從浮屠學，苦其師笞罵，去爲道士。善妖幻，往來淮、泗間，丐食僧寺，僧寺苦之。

政和末，王老志、王仔昔既衰，徽宗訪方士於左道錄徐知常，以靈素對。既見，大言曰：「天有九霄，而神霄爲最高，其治曰府。神霄玉清王者，上帝之長子，主南方，號長生大帝君，陛下是也，既下降于世，其弟號青華帝君者，主東方，攝領之。已乃府仙卿曰褚慧，亦下降佐帝君之治。」又謂蔡京爲左元仙伯，王黼爲文華吏，盛章、王革爲園苑寶華吏，鄭居中、童貫及諸巨閹皆爲之名。貴妃劉氏方有寵，曰九華玉眞安妃。帝心獨喜其事，賜號通眞達靈先生，賞賚無算。

建上淸寶籙宮，密連禁省。天下皆建神霄萬壽宮。浸浸造爲青華正晝臨壇，及火龍神劍夜降內宮之事，假帝誥、天書、雲篆，務以欺世惑衆。其說妄誕，不可究質，實無所能解。惟稍識五雷法，召呼風霆，間禱雨有小驗而已。令吏民詣宮受神霄祕籙，朝士之嗜進者，亦靡然趨之。每設大齋，輒費緡錢數萬，謂之千道會。帝設幄其側，而靈素升高正坐，問者皆再拜以請。所言無殊異，時時雜捷給嘲詼以資媟笑。其徒美衣玉食，幾二萬人。遂立道學，置郎、大夫十等，有諸殿侍晨、校籍、授經，以擬待制、修撰、直閣。始欲盡廢釋氏以逞前憾，旣而改其名稱冠服。

靈素益尊重，升温州爲應道軍節度，加號元妙先生、金門羽客、沖和殿侍晨，出入呵引，至與諸王爭道。都人稱曰「道家兩府」。本與道士王允誠共爲怪神，後忌其相軋，毒之死。宣和初，都城暴水，遣靈素厭勝。方率其徒步虛城上，役夫爭舉梃將擊之，走而免。帝知衆所怨，始不樂。

靈素在京師四年，恣橫愈不悛，道遇皇太子弗斂避。太子入訴，帝怒，以爲太虛大夫，斥還故里，命江端本通判溫州，幾察之。端本廉得其居處過制罪，詔徙置楚州而已死。遺奏至，猶以侍從禮葬焉。

皇甫坦，蜀之夾江人。善醫術。顯仁太后苦目疾，國醫不能療，詔募他醫，臨安守臣張偁以坦聞。高宗召見，問何以治身，坦曰：「心無爲則身安，人主無爲則天下治。」引至慈寧殿治太后目疾，立愈。帝喜，厚賜之，一無所受。令持香禱青城山，還，復召問以長生久視之術，坦曰：「先禁諸欲，勿令放逸。丹經萬卷，不如守一。」帝歎服，書「清靜」二字以名其菴，且繪其像禁中。

荊南帥李道雅敬坦，坦歲謁道。隆興初，道入朝，高宗、孝宗問之，皆稱皇甫先生而不名。坦又善相人，嘗相道中女必爲天下母，後果爲光宗后。

王克明字彥昭，其始饒州樂平人，後徙湖州烏程縣。紹興、乾道間名醫也。初生時，母乏乳，餌以粥，遂得脾胃疾，長益甚，醫以爲不可治。克明自讀難經、素問以求其法，刻意處藥，其病乃愈。始以術行江、淮，入蘇、湖，鍼灸尤精。診脈有難療者，必沈思得其要，然後予之藥。病雖數證，或用一藥以除其本，本除而餘病自去。亦有不予藥者，期以某日自安。有以爲非藥之過，過在某事，當隨其事治之。言無不驗。士大夫皆自屈與游。

魏安行妻風痿十年不起，克明施鍼，而步履如初。胡秉妻病內祕腹脹，號呼踰旬，克明視之。時秉家方會食，克明謂秉曰：「吾愈恭人病，使預會可乎？」以半硫圓碾生薑調乳香下之，俄起對食如平常。盧州〔三〕守王安道風禁不語旬日，他醫莫知所爲。克明令熾炭燒地，灑藥，置安道于上，須臾而蘇。金使黑鹿谷過姑蘇，病傷寒垂死，克明治之，明日愈。及從徐度聘金，黑鹿谷適爲先排使，待克明厚甚。克明訝之，谷乃道其故，由是名聞北方。後再從呂正己使金，金接伴使忽被危疾，克明立起之，却其謝。張子蓋救海州，戰士大疫，克明時在軍中，全活者幾萬人。子蓋上其功，克明力辭之。

克明頗知書，好俠尙義，常數千里赴人之急。初試禮部中選，累任醫官。王炎宣撫四川，辟克明，不就。炎怒，劾克明避事，坐貶秩。後遷至額內翰林醫痊局，賜金紫。紹興五年卒〔四〕，年六十七。

莎衣道人，姓何氏，淮陽軍朐山人〔五〕。祖執禮，仕至朝議大夫。道人避亂渡江，嘗舉進士不中。紹興末，來平江。一日，自外歸，倏若狂者，身衣白襴，晝丐食于市，夜止天慶觀。久之，衣益敝，以莎緝之。嘗遊妙嚴寺，臨池見影，豁然大悟。人無貴賤，問休咎罔不奇中。會有瘵者乞醫，命持一草去，旬日而愈。衆翕然傳莎草可以愈疾，求而不得者，或遂不起，由是遠近異之。

孝宗一夕夢莎衣人跣哭來弔者，訊之，曰：「蘇人也。」詰其故，不肯言。帝寤，以語內侍。會后及太子薨，帝哀泣，內侍進前勉釋，并道前夢。帝迺矍然，因遣使召之，不至。帝念恢復大計，累歲未有所屬，后位虛且久，乃焚香默言：「何誠能仙顧，必知朕意。」遂遣中官致贄，不言所以。道人見之掉首，吳音曰：「有中國即有外夷，有日即有月，不須問。」趣之去。使者歸奏，帝甚異之，遂賜號通神先生，爲築庵觀中，賜衣數襲，皆不受。好事者強邀入庵，大笑而出，復於故處。衆日以珍饌餉之，每食于通衢，逮飽卽去。

帝歲命內侍卽其居設千道齋，合雲水之士，施予優普。一歲，偶踰期，衆咸訝而請，道人亟起于臥，搖手瞬目而招之曰：「亟來，亟來！」是日內侍至平望，衆益服其神。光宗卽位，召之，又不至。慶元六年卒。

孫守榮，臨安富陽人。生七歲，病瞽。遇異人教以風角、鳥占之術，其法以音律推五數，播五行，測度萬物始終盛衰之理。凡問者一語頃，輒知休咎。守榮既悟，異人授以鐵笛，遂去不復見。守榮因號富春子，吹笛市中，人初不異也。然其術率驗。

寶慶間，遊吳興，聞譙樓鼓角聲，驚曰：「旦夕且有變，士人當有典郡者。」見王元春，卽賀之曰：「作鄉郡者，必君也。」元春初不之信。越兩月，潘丙作亂，元春以告變功，果典郡。自是富春子之名大顯，貴人爭延致之。

淮南帥李曾伯薦諸朝。既至，謁丞相史嵩之，閽者以晝寢辭。守榮曰：「丞相方釣魚園池，何得云爾。」閽者驚異，入白丞相，丞相一見頗喜之。自是數出入相府。一日，庭鵲噪，令占之，曰：「來日晡時，當有寶物至。」明日，李全果以玉柱斧爲貢。嵩之又嘗得李全檄藏袖中，詢其事，守榮曰：「此李全詐假布囊二十萬爾。」剝封，果如其說。

士大夫咸詢履歷，守榮不盡答。私謂所知曰：「吾以音推諸朝紳，互有贏縮，宋祿其殆終乎！」後爲嵩之所忌，誣以他罪，貶死遠郡。

校勘記

〔一〕濮州臨泉人　按本書卷八五地理志濮州領臨濮縣而無臨泉縣，疑此處「臨泉」乃「臨濮」之誤。下文同。

〔二〕求仔昔畫日又至　「畫」，疑「書」、「一」兩字合刻之誤。長編紀事本末卷一二七作：「求仔昔書，皆禱雨也。一日中使又至，出紙求書……。」

〔三〕廬州　宋無「廬州」，疑此誤。

〔四〕紹興五年卒　按上文，克明爲「紹興、乾道間名醫」；克明又曾參與張子蓋救海州之役，據本書卷三六九張子蓋傳，子蓋救海州在紹興三十二年。疑此有誤。

〔五〕淮陽軍朐山人　按本書卷八八地理志，朐山爲淮南東路海州屬縣，不屬淮陽軍。

宋史卷四百六十三

列傳第二百二十二

外戚上

杜審琦 弟審瓊 審肇 審進 從子彥圭 彥鈞 孫守元 曾孫惟序 賀令圖 楊重進附 王繼勳 劉知信 子承宗 劉文裕 劉美 子從德 從廣 孫永年 馬季良附 郭崇仁 楊景宗 符惟忠 柴宗慶 張堯佐

自西漢有外戚之禍，歷代鑒之，崇爵厚祿，不畀事權；然而一失其馭，猶有肺附之變焉。宋法待外戚厚，其間有文武才諝，皆擢而用之；怙勢犯法，繩以重刑，亦不少貸。仁、英、哲三朝，母后臨朝聽政，而終無外家干政之患，將法度之嚴，禮統之正，有以防閑其過歟？抑母后之賢，自有以制其戚里歟？作外戚傳。

杜審琦，定州安喜人，昭憲皇太后之兄。太后昆仲五人，審琦最長，其次審玉，次審瓊，次審肇，次審進。世居常山，以積善聞。審琦仕後唐，爲義軍指揮使，天成二年卒，年三十五。審玉前一年卒，年二十二。太祖開國，贈審琦左神武軍大將軍，以其子彥超爲西京作坊使。彥超卒，贈左領軍衞大將軍。

審瓊，建隆初，授檢校國子祭酒。二年，拜左領軍衞將軍。三年，與其弟審肇、審進皆召赴闕。審瓊改左龍武軍大將軍，遷右衞大將軍。乾德初，領富州刺史。三年，以本官權判右金吾街仗事。四年春，步軍帥王繼勳坐事，詔審瓊兼點檢侍衞步軍司事。是秋，卒，年七十。太祖爲廢朝三日，發哀成服，贈太保、寧國軍節度使，謚恭僖。

審瓊性醇質，在公畏愼，宿衞勤謹，徼巡京邑，里閈淸肅，人皆稱之。景德三年春，加贈審瓊太傅，妻吳氏陳留郡太夫人。是秋，改葬陪陵，又贈審瓊太師、中書令。子彥圭。

審肇，建隆三年，起家授左武衞上將軍、檢校左僕射致仕，賜第於京師。乾德初，領濰州刺史。開寶二年，改左衞上將軍，仍致仕。三年，起爲右驍衞上將軍，俄出知澶州。太祖以審肇未嘗歷郡務，乃命司封郎中姚恕通判州事，以左右之。未幾，河大決，東匯于鄆、濮數郡，民田罹水害。太祖怒其不卽時上言，遣使案鞫，遂論恕棄市，審肇免官歸私第。俄復舊官，令致仕，特以濰州刺史月奉優給之。七年，卒，年七十二。太祖廢朝二日，素服發哀，贈太保、昭信軍節度，謚溫肅，遣中使護喪事。景德三年，加贈太傅，妻劉氏東海郡太夫人。子彥遵，至南作坊使。

審進，建隆三年，起家授右神武大將軍，改右羽林大將軍。乾德元年，領賀州刺史。二年，知陝州。三年，就改保義軍節度觀察留後。五年，加本軍節度。太祖郊祀西洛，審進來朝，頒賚甚厚。太宗嗣位，加檢校太傅。太平興國二年，會許昌裔刺虢州，捃拾使州闕失事上訴，詔右拾遺李幹〔二〕鞫之。幹因上言，請支郡不復隸藩鎭，皆得專達，從之。

三年秋，以審進妻卒，廢朝。十一月郊禮畢，加檢校太尉。四年，上親征河東，審進與嵐州團練使周承晉〔三〕、德州刺史孫方進、成州刺史慕容福起皆上言願率所部擊太原。上以審進耆年，不許。五年，來朝。是歲，契丹寇邊，出師捍禦。上幸大名勞軍，留審進警巡，都邑肅然。六年，復歸陝，親王宴餞，供帳甚盛。其年，就加檢校太師。九年夏，上以審進年高，不當煩以劇務，授右衞上將軍，奉給如故。

雍熙四年，復授靜江軍節度。端拱元年，上親耕籍田，審進預其禮，恩賜彌渥，加開府儀同三司。是歲，卒，年七十九。上趣駕臨喪，哭之慟，廢朝三日，設次成服，親王公主以下並詣其第舉哀。贈中書令，謚恭惠。

審進鎭陝二十餘年，勸農敦本，民庶便之。雖居位節制，無驕矜之色，人推其醇厚。景德三年，追封京兆郡王，妻趙氏南陽郡太夫人。後贈尚書令。子彥鈞、彥彬。彥彬至禮賓副使而卒。

彥圭，起家六宅副使，遷翰林使。開寶五年，領信州刺史。六年，改領饒州團練使，俄加領本州防禦使。從征太原，與曹翰、孫繼業攻城西面。北征班師，命彥圭與孟玄喆、藥可瓊、趙延進率兵屯中山，坐市竹木矯制免算，責授洛苑使、饒州刺史，裁數日牽復。餘年，遷沙州觀察使，出知定州。

雍熙中北伐，命副米信爲幽州西北道行營都部署。彥圭不容軍士晡食，設陣不整，以致亡失，坐左遷均州團練副使。雍熙三年，卒于貶所，年五十九，贈歸義軍節度。景德三年春，加贈中書令。是秋，又贈太師。子守元。

彥鈞，起家補供奉官，累遷崇儀使。端拱初，加莊宅使，領羅州刺史。淳化四年，特置昭宣使，以彥鈞洎王延德、王繼恩爲之。未幾，加領恩州防禦使。西鄙用兵，命爲永興軍駐泊鈐轄。眞宗嗣位，改領潁州防禦使，出知河中府，占謝便坐，求解內使之職，可之。歷知邠、慶、延、鳳四州。景德中，爲天雄軍副都部署。車駕駐澶淵，爲駕前東面貝冀路副都部署。契丹騎兵攻月城，彥鈞率兵擊走之，以勞優加封邑。召還，再任河中。

彥鈞由戚里進，保位而已。會有言政事不舉者，徙西京水南北都巡檢使。大中祥符五年，復知莫州。馬知節爲潁州防禦使，彥鈞換秦州。九年，拜密州觀察使，出爲并代副都部署。天禧元年，卒，贈安化軍節度。錄其子贇文爲供奉官，贇寧爲殿直，孫宗壽爲三班奉職。

守元，開寶中，補左班殿直，得侍便殿，帶御器械，遷供奉官、莫州監軍。契丹入邊，與州將固守城壁，出兵邀擊，獲生口羊馬，以功加崇儀副使。未幾，改正使秩。歷如京、洛苑使。至道三年，領梧州刺史，連爲并代、鎭、定、高陽關鈐轄。大中祥符二年，副趙稹使契丹，復涖鎭定。頃之屬疾，詔遣其子殿直惟慶挾太醫乘驛診候，既至而卒，年五十八。

惟序字舜功，自三班奉職累遷知惠州、莫州，以供備庫使爲梓夔路鈐轄，徙環慶路〔三〕，知邢州，又權慶州。會任福敗，以騎兵數千繇懷安路破賊三砦，斬首數百級，獲牛馬千計。以功領忠州刺史，爲涇原鈐轄，敕巡警邊州。

久之，改六宅使、知雄州。時契丹勒兵燕、薊間，遣使求割地。未至，而惟序購得其草，先以聞，徙知滄州，又徙定州。再遷東上閤門使、知涇州。改四方館使、知瀛州，復知滄州。入朝，爲祁州團練使，出知恩州，徙大名府路總管，改乾州團練使，卒。

賀令圖，開封陳留人。父懷浦，孝惠皇后兄也，仕軍中爲散指揮使。太平興國初，出爲岳州刺史，領兵屯三交。雍熙三年，從楊業北征，死於陣。

令圖少謹愿，隸太宗左右，洎卽位，補供奉官，改綾錦副使、知莫州，遷崇儀使、知雄州。雍熙二年，領平州刺史，充幽州行營壕砦使，以所部下固安、新城兩縣，克涿州。會父戰死，起家爲六宅使，領本州團練使，護瀛州屯兵。

先是，令圖握兵邊郡十餘年，恃藩邸舊恩，每歲入奏事，多言邊塞利害，及幽薊可取之狀。上信之，故有岐溝之舉。既而師敗，議者皆咎其貪功生事。

令圖輕而無謀，契丹將耶律遜寧號于越者，使諜紿令圖曰：「我獲罪本國，旦夕願歸南朝，無路自拔，幸君侯少留意焉。」令圖不虞其詐，私遺以重錦十兩。是年十二月，于越率衆入寇，大將劉廷讓與戰于君子館，令圖爲先鋒，被圍數重。于越傳言軍中「願得見雄州賀使君」，令圖嘗爲所紿，意其來降而終獲大功，卽引麾下數十騎逆之。將至其帳數步外，于越據床罵曰：「汝常好經度邊事，乃今送死來邪！」麾左右盡殺其從騎，反縛令圖而去。令圖與其父首謀北伐，一歲中父子皆陷焉。令圖時年三十九。是役也，武州防禦使、高陽關部署楊重進死之。

重進，太原人。少有膂力，周祖鎭大名，以隸帳下。廣順初，補衞士。宋初，累遷至內殿直都虞候。太平興國初，改龍衞軍都校，領徐州刺史。從征太原，出爲萊州刺史。隨曹彬北征，爲右廂排陣使，改武州防禦使、高陽關部署〔四〕。會契丹兵至，與之力戰，遂沒於陣。年六十五。

王繼勳，彰德節度饒之子，孝明皇后同母弟也。生時，其母見一人赤髮，狀貌怪異，入室中，遂生繼勳。及長，美風儀，性兇率無賴。以后故，爲內殿供奉官、都知，溪州刺史。建隆二年，加領恩州團練使，又改龍捷右廂都指揮使，尋領永州防禦使。四年，收復湖南，改領彭州防禦使。是秋，將討西蜀，命繼勳戒期，將大閱。繼勳素與大校馬仁瑀不協，陰勒部下市白梃，將以相圖。太祖知之，爲出仁瑀密州。俄遷保寧軍節度觀察留後，領虎捷左右廂都虞候、權侍衞步軍司事。

繼勳所爲多不法。會新募兵千餘隸雄武，將遣出征，多無妻室，太祖謂繼勳曰：「此必有願爲婚者，不須備聘財，但酒炙可也。」繼勳不能諭上旨，縱令掠人子女，京城爲之紛擾。上聞大驚，遣捕斬百餘人，人情始定。時后已崩，上追念后，故不之罪也。

乾德四年，繼勳復爲部曲所訟，詔中書鞫之。解兵柄，爲彰國軍留後，奉朝請。繼勳自以失職，常怏怏，專以臠割奴婢爲樂，前後多被害。一日，天雨牆壞，羣婢突出，守國門訴冤。上大駭，命中使就詰之，盡得繼勳所爲不法事。詔削奪官爵，勒歸私第，仍令甲士守之。俄又配流登州，未至，改右監門率府副率。

開寶三年，命分司西京。繼勳殘暴愈甚，強市民家子女備給使，小不如意，即殺食之，而棺其骨棄野外。女儈及鬻棺者出入其門不絕，洛民苦之而不敢告。太宗在藩邸，頗聞其事。及即位，人有訴者，命戶部員外郎、知雜事雷德驤乘傳往鞫之。繼勳具伏，自開寶六年四月至太平興國二年二月，手所殺婢百餘人。乃斬繼勳洛陽市，及爲彊市子女者女儈八人、男子三人。長壽寺僧廣惠常與繼勳同食人肉，令折其脛而斬之。洛民稱快。

其後家寓西洛潁陽，孫惟德不肖，不能自立，丐食以給。眞宗聞而憫之，授惟德汝州司士參軍。

劉知信字至誠，邢州人。父遷，晉天福末鳳翔帳前軍使，改滑州奉國軍校，從驍將皇甫暉禦邊有功，早卒。母卽昭憲太后之妹也，乾德初，封京兆郡太君，六年，進本郡太夫人，開寶三年十月，卒。太祖廢朝發哀，追封齊國太夫人，陪葬安陵，贈遷太保。

知信三歲而孤，宣祖憐其敏慧。建隆三年，起家授供奉官，丁內艱，轉六宅副使。開寶五年，遷軍器庫使，掌武德司。六年，領錦州刺史。屬郊祀西洛，爲行宮使，駐洛中，又爲西京武德、皇城、宮苑等使。車駕出郊，又充大內留守。

太宗卽位，進領本州團練使，拜武德使。從征河東，又爲行宮使。太平興國五年，坐遣親信市竹木於秦、隴，矯制免所過算緡，入官多取其直，左授軍器庫使，領錦州刺史，俄復爲武德使。會改武德爲皇城司，卽爲皇城使。七年，坐秦王廷美事，改右衞將軍。是秋，出爲靜難軍節度行軍司馬。九年，起爲左衞將軍，領營州刺史。

雍熙初，改左神武軍將軍，尋領檀州團練使，護屯兵于鎭州。會大舉北伐，與六宅使符昭壽爲押陣都監。師還，諸將失道，知信獨整所部以歸。俄知定州兼兵馬鈐轄，押大陣右偏。一日，宴犒將士，契丹騎乘間至，知信不介而出，追之數十里，斬獲甚衆，以功就拜邕州觀察使。四年，召入，改幷州路副都部署。端拱中，代還，知杭州。淳化四年，又知天雄軍府。太宗崩，充修奉永熙陵部署。

咸平初，拜建武軍節度觀察留後，知永平軍府。契丹犯邊，復知天雄軍。眞宗北巡，充駕前副都部署，歷知河陽、昇州。景德元年，車駕幸澶淵，命爲東京都巡檢使，復知定州。二年，以疾求還京，至鎭州卒，年六十三。廢朝，贈太尉、天平軍節度。

知信以戚里致貴，尤被親任，中外踐歷，最爲舊故。雖無顯赫稱，亦以循謹聞于時。子承宗、承渥。

承宗，幼善射，兼習書數，以蔭補殿直，寄班祗候。咸平初，轉供奉官、鎭定高陽關三路承受公事，還，掌軍器庫。會眞宗臨幸，見其整肅，面授閤門祗候。知信卒，轉內殿崇班。未幾，爲河北緣邊安撫都監。大中祥符初，就加內殿承制，歷如京、文思二副使，徙河東緣邊安撫，又知保州。俄拜東染院使、知定州。副薛瑛使契丹，使還，歸本任，又兼鎭定路兵馬鈐轄，俄改宮苑使、知雄州、河北緣邊安撫使。在郡有治迹，詔書嘉奬，召歸。時靈昌決河初塞，擇守臣，以承宗爲皇城使、知滑州。未幾，復代還。

會西邊言吐蕃唃廝囉作文法，頗爲邊患。命副龍圖閣直學士陳堯咨爲鄜延、邠寧環慶、涇原儀渭、秦州路巡撫使，詔令堯咨等所至軍州犒官吏將校，諮訪民間利害、郡官使臣能否功過以聞。或有陳訴屈抑，經轉運、提點司區斷不當，卽按鞫詣實，杖以下依法區理，徒以上驛聞，仍取繫囚躬親錄問，催促論決。既行，就命堯咨知秦州，承宗爲西上閤門使，充鈐轄。乾興初，進東上閤門使，徙鄜延都鈐轄而卒。中使護柩至京師，賜以葬地。

承渥蔭補殿直，累任使，喜爲條奏，至供奉官、閤門祗候。承宗子永釗，右侍禁、閤門祗候。

劉文裕字以寧，保州保塞人。祖正，晉幽州營田使兼平州刺史。父審奇，武牢關使。簡穆皇后卽文裕祖姑也。審奇三子，長文遠，建隆中爲供奉官，與幷人戰萬善而沒。次卽文裕，開寶四年，起家補殿直。八年，權管雲騎員僚直，預討江南，中弩矢，神色自若。太宗在藩邸，多得親接。太平興國二年，擢爲內弓箭庫副使，特封其母張氏清河縣太君，出爲秦、隴巡檢。

有李飛雄者，太保致仕鏻之孫，秦州節度判官若愚之子。性兇險，不爲其家所容，常往來京師、魏博間，與無賴惡少游處，縱酒蒱博爲務。以其父故，盡知秦州倉庫所積，及地形險易、兵籍多少。又有妻父張季英爲鳳翔盩厔尉，飛雄自京師往省之，因乘季英馬詐爲使者，夜抵廐置呼卒索馬。卒秉炬出迎，飛雄以私市馬纓示之，卒不能辨，卽授以馬。一卒乘一馬前導，以巡邊爲名，因矯詔率巡驛殿直姚承遂，至隴州率監軍供奉官王守定，至吳山縣率縣尉盧贊，皆從行。先是，秦州內屬，羌人爲寇，朝廷遣周承瑨、田仁朗、王侁、梁崇贊、韋韜、馬知節及文裕領兵屯淸水縣，飛雄至，稱制盡縛之。承瑨等見姚承遂數輩同至，不覺其詐。仁朗獨號泣求詔書，飛雄叱之曰：「我受密旨，以若輩逗撓不用命，令盡誅。汝豈不聞封州殺李鶴邪？詔書汝豈得見！」先是，上卽位，分命親信於諸道廉官吏善惡密以聞。嶺南使者言封州李鶴不奉法，誣奏軍吏謀反，詔卽誅之。故飛雄引以爲言。將械承瑨等詣秦州戮之，因據城叛，遂驅承瑨等行。

初，飛雄詐宣制時，自言我上南府時親吏，文裕因哀告飛雄曰：「我亦嘗依晉邸，使者豈不營救之乎？」飛雄低語謂文裕曰：「爾能與我同富貴否？」文裕覺其詐，僞許之。飛雄卽命左右釋文裕縛。文裕策馬前附耳語仁朗，仁朗佯墜馬，若卒中風眩狀。飛雄共前視之，又釋其縛。仁朗奮起搏飛雄，與文裕共擒之。飛雄尙呼云：「田仁朗等謀反殺使者。」送秦州獄鞫得實，飛雄、承遂、守定、贊坐要斬，夷飛雄家。捕先與飛雄善者何大舉等數輩，悉棄市，既置卒亦夷其族。因下詔：中外臣庶之家，子弟或有乖檢，甚爲鄉黨所知，雖加戒勗曾不悛改者，並許本家尊長具名聞，州縣遣吏錮送闕下，當配隸諸處。敢有藏匿不以名聞者，異時醜狀彰露，期功以上悉以其罪罪之。

文裕後遷軍器庫使。四年，車駕征太原，命文裕與通事舍人王侁分兵控石嶺關。六年，領儒州刺史。明年，爲高陽關都監。會契丹萬餘騎入，文裕與大將崔彥進擊卻之。雍熙初，徙屯三交，加領順州團練使。會李繼遷率折遇乜寇邊，初詔田仁朗與王侁等討之，仁朗坐逗遛，命文裕代仁朗。繼遷等遁去。

從潘美北征，坐陷失驍將楊業，削籍，配隸登州，事具業傳。歲餘，上知業之陷由王侁，召文裕還。俄起爲右領軍衞大將軍，領端州團練使，封其母清河郡太夫人，賜翠冠霞帔，授其弟文質殿直。踰月，文裕遷容州觀察使，出爲鎭州兵馬部署。端拱元年，卒於屯所，年四十五。上甚悼惜，贈寧遠軍節度，命中使護喪歸葬京師。弟文扆至供奉官、閤門祗候，文質至內園使、連州刺史。

劉美字世濟，并州人。四世祖質，絳州刺史。曾祖維嶽，不仕。祖延慶，右驍衞將軍。父通，宋初掌禁旅，從潘美征廣南，又累戰北面，積勞至虎捷都指揮使，領嘉州刺史，太平興國中，扈蹕太原，卒于師，贈潁州防禦使。長女爲眞宗德妃，加贈定國軍節度兼侍中。大中祥符五年，德妃正位中宮，又贈維嶽忠正軍節度、檢校太傅，延慶彰德軍節度、檢校太尉，通永興軍節度兼中書令，追封曾祖母宋氏吳國太夫人，祖母河南縣君元氏許國太夫人，母龐氏徐國太夫人。初，通之卒，窆京城西。天禧二年，詔贈太師、尙書令，謚武懿，七月，遣昇王府諮議參軍張士遜具鹵簿鼓吹，改葬于祥符鄧公原。皇后親臨奠，眞宗御製祭文置靈坐右。

美卽后之兄也。初事眞宗于藩邸，以謹力被親信，卽位，補三班奉職，再遷右侍禁。咸平中，傅潛失律流房州，擇美監軍，及徙潛潁州，又爲自京至陳、潁巡檢。石保吉在陳州大治廨舍，修城壁，不以聞，僮奴輩假威擾民。會有言者，遣美廉其狀，美曰：「保吉世受國恩，擁高貲，列藩閫，營繕過度，拙於檢下，誠或有之，自餘保無他患。」上意乃解。歸朝，充閤門祗候。

大中祥符二年，護屯兵于漢州，歷遷供奉官，徙嘉州。士卒有病皆給醫藥，親察視撫循之。召還，改內殿崇班，提點在京倉場、東西八作司，以舉職聞，遷洛苑副使。八年，預修大內，以勞改南作坊使、同勾當皇城司。天禧初，遷洛苑使，領勤州刺史，與周懷政聯職。懷政姦恣，美未嘗阿附，懷政左右有過，必痛繩之。親從卒偵邏者多不時更易，美按籍分番次均使焉。上屢欲委之兵柄，以皇后懇讓故，中輟者數四。三年，授龍、神衞四廂都指揮使，領昭州防禦使，改侍衞馬軍都虞候。五年，加武勝軍節度觀察留後。卒，年六十。廢朝三日，贈太尉、昭德軍節度，錄其子從德供備庫使，從廣內殿崇班，旁親遷補者數人，追封美亡妻宋氏河內郡夫人。

仁宗嗣位，尊皇后爲皇太后，贈維嶽鎭寧軍節度兼侍中，延慶建雄軍節度兼中書令，通彭城郡王，曾祖母宋氏陳國太夫人，祖母元氏衞國太夫人，母龐氏鄆國太夫人，美亦贈侍中。天聖二年，郊祀，加贈維嶽彰信軍節度兼中書令，延慶鎭安軍節度兼中書令，通鄭王，宋氏楚國太夫人，元氏韓國太夫人，龐氏魏國太夫人。五年，再郊，又贈維嶽天平軍節度、中書令兼尚書令，延慶彰化軍節度、許國公，通開府儀同三司、魏王，宋氏安國太夫人，元氏齊國太夫人，龐氏晉國太夫人，從德和州刺史，從廣內殿承制。有龔知進者，即通之友壻也，亦贈衞尉卿，其妻追封南安郡君。

從德子復本〔五〕，父美卒，年十四，自殿直遷至供備庫副使〔六〕。弟從廣是歲始生，亦補西頭供奉官，遷內殿崇班。太后臨朝，從德以崇儀使眞拜恩州刺史，改和州，又遷蔡州團練使，出知衞州，改恩州兵馬都總管，知相州。從德齒少無才能，特以外家故，恩寵無比。其在衞州，縣吏李熙輔者善事從德，乃薦其才於朝。太后喜曰：「兒能薦士，知所以爲政矣。」即日擢熙輔京官。從事鄭驤因緣從德亦擢美官。從德妻，嘉州王蒙正女也。蒙正家豪右，以厚賂結納至郎官，爲郡守。既而從德病，召還，道卒，年二十四。贈保寧軍節度使，封榮國公，謚康懷。太后悲憐之尤甚，錄內外姻戚門人及僮隸數十人。從德姊壻龍圖閣直學士馬季良、母越國夫人錢氏兄惟演子集賢校理曖及蒙正皆遷二官。尙書屯田員外郎戴融嘗佐從德衞州，以爲三司度支判官。御史曹修古、楊偕、郭勸、推直官段少連上疏論之，皆坐貶。子永年。

從廣字景元，少出入禁中，侍仁宗左右，太后愛之如家人子。太后崩，眞拜崇州團練使。娶荆王元儼女。爲滁州防禦使，時年十七。趙元昊反，從廣自言待罪行間，不能扞患疆埸，坐耗縣官，願上所給公使錢，帝嘉納之。爲羣牧都監，改副使。

從廣自爲防禦使十年不遷，特拜宣州觀察使、同勾當三班院，請補外自效，以知洺州。

漳水溢，從廣穿隋故渠以殺水勢，洛人便之。徙邢州，籍鄉軍之罷老者聽引子弟自代，著爲令。召還，復領三班院。出知襄州，徙眞定府路馬步軍副都總管。卒，贈昭慶軍節度使，謚良惠。從廣性謹飭，然喜交士大夫，時頗稱之。

永年字君錫，生四歲，授內殿崇班，許出入兩宮。仁宗使賦小山詩，有「一柱擎天」之語。帝誤投金杯瑤津亭下，戲謂左右曰：「能取之乎？」永年一躍持之而出，帝拊其首曰：「奇童子也。」常置內中，年十二，始聽出外。累遷廉州團練使，爲陝州都監。郭邈山等爲盜，永年密遣壯士夜渡河，殺其兇桀二十餘人，衆遂散。遷鈐轄，代還召見，問破賊狀，擢幹辦皇城司，改單州團練使、永興軍路總管。

契丹遣使來請帝繪像，選副張昪〔七〕報使。契丹以未得志，夜取巨石塞驛門，衆皆恐，永年素有力，手擲棄之，契丹驚以爲神。

出知涇州，帝賜詩寵之。郡兵歲以香藥爲折支，三司不時輦致。振武卒素驕，突入通判聽事，請以他物代給，讙譁語不遜。永年召至庭下數其罪，斬爲首二人，餘不敢動。同提舉在京諸司庫務。凡三除防禦使，皆爲言者所論而寢。

知代州。契丹取西山木積十餘里，輦載相屬於路，前守不敢遏，永年遣人焚之，一夕盡。上其事，帝稱善。契丹移檄捕縱火盜，永年曰：「盜固有罪，然發在我境，何預汝事？」乃不敢復言。帝嘗問禦戎策，對合旨，書「忠孝」字以賜。

英宗立，遷沂州防禦使，復知代州。歷步軍馬軍殿前都虞候、太原定州路副都總管。王師征安南，永年請先士卒，度富良江取賊以獻，不許。遷邕州觀察使、步軍副都指揮使。卒，贈崇信軍節度使，謚曰莊恪。

馬季良字元之，開封府尉氏人。家本茶商，娶劉美女。初補越州上虞尉，改秘書省校書郎，知明州鄞縣，入爲刑部詳覆官。太后臨朝，遷光祿寺丞。頃之，擢秘閣校理、同判太常禮院，再遷太子中允、判三司度支勾院，以太常丞、直史館提舉在京諸司庫務，擢龍圖閣待制。三丞充近職，非故事也。遷尙書工部員外郎、龍圖閣直學士、同知審官院。劉從德卒，遺表季良遷二官，辭不就，而請以其子直方爲館閣讀書。

會江南旱，出爲安撫使，再遷兵部郎中。太后崩，換濠州防禦使，赴本州。御史中丞范諷言季良徼倖得官，降屯衞將軍，滁州安置。開封府劾奏季良冒立券，庇占富民劉守謙免戶役，詔許季良自陳，以地給還。歲餘，徙壽州，致仕，還京師卒。

季良因緣以進，無他行能，在禮院嘗建言，攝祠事官致齋三日無供帳飲食，非所以重祠事也。自是翰林、儀鸞司供帳，大官給食於祠所云。

郭崇仁字永年，守文之子，章穆皇后弟也。淳化四年，補左班殿直，遷東頭供奉官、閤門祗候。契丹入寇，齎密詔諭河北諸將，還奏稱旨，累遷崇儀副使兼閤門通事舍人。章穆崩，特除莊宅使、康州刺史，再遷宮苑使、昭州團練使。丁母憂，起復雲麾將軍，拜解州團練使，改蔡州，擢捧日天武四廂都指揮使、賀州防禦使、高陽關路馬步軍副都總管。以疾落軍職，改磁州防禦使。卒，贈彰德軍節度觀察留後。

崇仁雖外戚，朝廷未嘗過推恩澤，其爲解州團練使十年不遷，嘗除知相、衞二州，皆辭不行，蓋性愼靜，不樂外官也。

楊景宗字正臣，章惠皇太后從父弟。少蒲博無賴，客京師，以罪黜隸致遠務。章惠入宮爲美人，奏補茶酒班殿侍，累遷西頭供奉官、閤門祗候，坐事降左侍禁、鄆州兵馬都監。未久復官，累遷東染院副使。章惠爲太后，進崇儀使，領連州刺史、揚州兵馬鈐轄。未幾，授秦州刺史，徙滑州鈐轄，遷舒州團練使，爲兵馬總管。

章惠崩，遷成州防禦使，坐入臨皇儀殿被酒讙譟，出爲兗州總管，改天雄軍副都總管。時呂夷簡守魏，常以官屬禮飭戒之，而景宗肆志不悛，遂以不法奏。貶齊州都監，徙衞州，又徙鄆州鈐轄。召還，同勾當景靈宮、提舉四園苑。章獻、章懿二后升祔太廟，帝念章惠，故特拜景宗徐州觀察使，給留後奉。逾年，領軍頭引見司，出知磁州，爲建寧軍節度觀察留後、知潞州，給節度使奉。領皇城司，坐衞士入禁中謀爲亂，貶徐州觀察使、知濟州。還，提舉萬壽觀，復建寧軍留後，復領軍頭引見。又坐從卒王安挾刃入皇城，謫左監門衞大將軍，均州安置，起爲汝州鈐轄。祀明堂覃恩，願還所改官，求爲郡。帝謂輔臣曰：「景宗性貪虐，老而益甚，郡不可予也。」乃復以爲建寧軍留後、提舉四園苑，改提舉在京諸司庫務。卒，贈安武軍節度使兼太尉，謚莊定。

景宗起徒中，以外戚故至顯官，然暴戾，所至爲人患。復使酒任氣，在滑州嘗毆通判王述仆地。帝深戒毋飲酒，景宗雖書其戒坐右，頃之輒復醉。其奉賜亦隨費無餘。始，宰相丁謂方盛，築第敦教坊，景宗爲役卒負土第中，後謂敗，仁宗以其第賜景宗，居三十年乃終。

符惟忠字正臣，彥卿曾孫也。以外祖母賢靖大長公主蔭，爲三班奉職，後擢閤門通事舍人、勾當東排岸司。三司使寇瑊繩下急，漕米數不足綱，吏卒率論以自盜。惟忠爭曰：「在法，欠不滿四百者不坐，若以自盜論，則計直八百即當坐徒矣。」瑊怒曰：「敢抗三司使邪？」惟忠曰：「職有當辨，非抗也。」瑊益怒，惟忠爭愈力，如所議乃已。

以西染院副使權提舉倉草場、提點開封府界縣鎮公事。開封主簿樂誥，宰相王曾外孫也。或風使薦之，惟忠不從，曰：「誥無善狀，安可以勢使我。」既而誥果以贓敗。時吳奎爲長垣尉，惟忠厚遇奎，白府共薦之。

惠民河與刁河合流，歲多決溢，害民田，惟忠自宋樓鎮碾灣、橫隴村置二斗門殺水勢，以接鄭河、圭河，自是無復有水害。陝西用兵，除涇原路兵馬鈐轄兼知涇州。三司使鄭戩奏留都大管勾汴河使，建議以爲渠有廣狹，若水闊而行緩，則沙伏而不利於舟，請卽其廣處束以木岸。三司以爲不便，後卒用其議。再遷西上閤門副使。契丹遣使求地，惟忠副富弼往報使，遷閤門使，至武彊縣，疽發背卒。贈客省使、眉州防禦使。

柴宗慶字天祐，大名人。祖禹錫，鎭寧軍節度使。父宗亮，太子中舍。宗慶尙太宗女魯國長公主，升其行爲禹錫子，拜左衞將軍、駙馬都尉，領恩州刺史。禹錫卒，眞拜康州防禦使，改復州。

舊制，諸公主宅皆雜買務市物，宗慶遣家僮自外州市炭，所過免算，至則盡鬻之，復市於務中。自是詔雜買務罷公主宅所市物。從祀汾陰，爲行宮四面都巡檢，進泉州管內觀察使。又自言陝西市材木至京師，求蠲所過稅。眞宗曰：「向諭汝毋私販以奪民利，今復爾邪！」既而河東提點刑獄劾宗慶私使人市馬不輸稅，貸不問。授武勝軍節度觀察留後，歷拜彰德軍節度使。

仁宗卽位，徙靜難軍，又徙永清、彰德軍，拜同中書門下平章事，徙節武成軍，出知澶州，未行，改陝州、潞州。後判鄭州，以縱部曲擾民，召還奉朝請，歲減公用錢四百萬。久之，出判濟州，用御史中丞賈昌朝言，留不遣，盡停本使公使錢。卒，贈中書令，謚曰榮密。主累封楚國大長公主，先宗慶沒。

宗慶歷官多過失，性極貪鄙，積財鉅萬，而薄於自奉，甚至優人以爲戲，宗慶雖知，莫能改也。無子。及終，願以貲產送官，仁宗以其女尙幼，不許。人謂宗慶選尙榮貴逾四十年，晚上積奉以裨軍用，蓋亦追補前過云。

張堯佐字希元，河南永安人，温成皇后世父也。舉進士，歷憲州、筠州推官。吉州有道士與商人夜飲，商人暴死，道士懼而遁，爲邏者所獲，捕繫百餘人。轉運使命堯佐覆治，盡得其冤。改大理寺丞、知汜水縣，遷殿中丞、知犀浦縣。犀浦地狹民繁，多田訟。堯佐正其疆界，條衆敝以曉之，訟遂簡。知開州，還，判登聞鼓院。

時温成方爲脩媛，欲以門閥自表異，故堯佐稍進用，權開封府推官，又提點府界公事。諫官余靖言：「用堯佐不宜太遽，頃者郭后之禍起於楊尚，不可不監。」未幾，遷三司戶部判官，又爲副使。擢天章閣待制、吏部流內銓，累遷兵部郎中、權知開封府，加龍圖閣直學士，遷給事中、端明殿學士，拜三司使。

明年，諫官包拯、陳升之、吳奎言：「比年以來，水冒城郭，地震河溢，蓋小人道盛。天下皆謂堯佐主大計，諸路困於誅求，內帑煩於借助，法制刓敝，實自堯佐。臣等竊惟親昵之私，聖人不免，惟處之有道，使不踐危機，斯爲得矣。」仁宗祀明堂，改戶部侍郎，尋拜淮康軍節度使、羣牧制置使、宣徽南院使、景靈宮使，賜二子進士出身。拯等復言：「陛下卽位僅三十年，未有失道敗德之事，乃五六年來擢用堯佐，羣口竊議，以謂其過不在陛下，在女謁、近習與執政大臣也。蓋女謁、近習知陛下繼嗣未立，旣有所私，莫不潛有趨向；執政大臣不能規諫，乃從諛順旨，高官要職惟恐堯佐不滿其意，致陷陛下於私昵後宮之過。制下之日，陽精晦塞，氛霧蒙孛，宜斷以大義，亟命追寢。必不得已，宣徽、節度擇與一焉。如此，則合天意，順人情矣。」御史中丞王舉正留百官班，欲廷議，不許。乃詔曰：「近臺諫官乞罷堯佐三司，及言不可用爲執政，若優與之官，於體爲善，朕用其言，遂有是命。今復以爲不可，前後反覆，於法當黜。其令中書戒諭之。自今言事官，相率上殿，先取旨。」是日，堯佐辭宣徽、景靈使，從之。

未幾，復以宣徽使判河陽，舉正又抗章論之，至于三。時吳育判西京留臺，河陽民訟有不決者多詣育，育於狀尾判曲直。堯佐畏恐，即奉行之。召還，徙鎮天平軍。卒，贈太師，賜其家僦舍錢日三千。

堯佐起寒士，持身謹畏，頗通吏治，曉法律，以戚里進，遽至崇顯，戀嫪恩寵，爲世所鄙。子山甫，引進副使、樞密副都承旨。

從弟堯封，孝謹好學，舉進士，爲石州推官卒。次女，卽溫成皇后也。累贈至中書令、清河郡王，諡曰景思。

校勘記

〔一〕李幹　長編卷一八、編年綱目卷三作「李瀚」。

〔二〕周承晉　按長編卷一九，有秦隴州巡檢「周承瑨」，後爲秦州都巡檢使屯淸水縣禦戎人，與本卷劉文裕傳略同。疑與此爲一人。

〔三〕環慶路　原作「懷慶路」，據長編卷一三一改。

〔四〕高陽關部署　「關」下原衍「都」字，據本卷賀令圖傳、長編卷二七删。

〔五〕從德子復本　按從德爲劉美子，年二十四死，曹修古等論其遺奏恩濫坐貶，時爲天聖九年（見本書卷九仁宗紀），與「父美卒，年十四」相合（美死於大中祥符五年，見上文）；其子永年另有傳。「復本」不當爲從德子，疑此處「子」字爲「字」之訛。

〔六〕供備庫副使　上文云「錄其子從德供備庫使」，與長編卷九七「錄其子殿中丞從德爲供備庫使」正合。此處「副」字疑衍。

〔七〕張昇　原作「張昪」，據本書卷三一八張昇傳改，參看該卷校勘記。

宋史卷四百六十四

列傳第二百二十三

外戚中

王貽永　李昭亮　李用和子璋　瑋　珣　李遵勗子端懿　端愿　端慤　端愿子評　曹佾從弟偕　子評　誘　高遵裕弟遵惠　從姪士林　士林子公紀　公紀子世則　向傳範從姪經　綜　經子宗回　宗良　張敦禮　任澤

王貽永字季長，溥之孫也。性淸愼寡言，頗通書，不好聲技。初生十餘歲時，其舅魏咸信見而奇之，曰：「後當類我。」

咸平中，尙鄭國公主，授右衞將軍、駙馬都尉。從封泰山，領高州刺史，再遷右監門衞大將軍、獎州團練使。求外補，得知單州。眞宗戒之曰：「和衆靜治，卿所當先也。」眞拜洺州團練使，徙徐州。河決滑州，徐大水，貽永作隄城南以禦之。改衞州團練使，進懷州防禦使，知澶、定二州，徙成德軍。

會有告曹汭變者，貽永奏治之。遷耀州觀察使，復知澶州。歷彰化、武定軍節度使觀察留後，拜安德軍節度使。出知天雄軍，徙保寧軍節度使、知鄆州。州自咸平中徙城，而故治爲通衢，介梁山，春夏多水患，貽永相度地勢，爲築東西道三十餘里，民便之。復徙定州，又徙成德軍。擢同知樞密院事，改副使，加宣徽南院使，進樞密院使。久之，拜同中書門下平章事，遂加兼侍中。

徙節鎭海，以疾求罷，手詔撫諭，遣上醫診視。帝臨問，頒尙方珍藥，手取糜粥食之。貽永自言寵祿過盛，願罷樞筦，解使相還第。帝冀其愈也，乃聽罷侍中，徙彰德節度使，同平章事、樞密使如故。疾稍間，入見，命其子道卿掖登垂拱殿。仍賜五日一朝，遇朝參起居，許休於殿側。至和初，復以疾辭，拜尙書右僕射、檢校太師兼侍中、景靈宮使。卒，贈太師、中書令，謚康靖。

當時無外姻輔政者，貽永能遠權勢，在樞密十五年，迄無過失，人稱其謙靜。

子道卿，西上閤門使。

李昭亮字晦之，明德太后兄繼隆子也。四歲，補東頭供奉官，許出入禁中。繼隆北征契丹，遣昭亮持詔軍中，問方略及營陣衆寡之勢，昭亮年雖少，還奏稱旨。累遷西上閤門使。出爲潞州兵馬鈐轄，徙領麟府路軍馬事，尋爲管勾軍頭引見司兼三司衙司。軍士有逃死而冒請官廩者數百人，昭亮按發之。領高州刺史，知代州。以四方館使復領麟府路軍馬事。遷引進使，領賀州團練使。歷知瀛定二州、成州團練使、寧州防禦使、延州觀察使、感德軍節度觀察留後。擢殿前都虞候、秦鳳路馬步軍副都總管、經略招討副使。徙永興路馬步軍副都指揮使、并代州路副都總管、安撫招討副使。未幾，守代州，再徙眞定路都總管。

保州兵叛，殺官吏，詔遣王果招降之，叛者乘埤呼曰：「得李步軍來，我降矣。」於是遣昭亮，昭亮從輕騎數十人，不持甲盾弓矢，叩城門呼城上曰：「爾輩第來降，我保其無虞也。不爾，幾無噍類矣。」卒稍稍縋城下。明日，相率開城門降。改淮康軍節度觀察留後，復知定州，敕使存勞，賜黃金三百兩，給節度使奉，以褒其功。都轉運使歐陽脩言：「昭亮入保州，以叛卒女口分隸諸軍，有輒私入其家者。」置不問。

明年，拜武寧軍節度使，代李用和爲殿前副都指揮使。時承平久，將士多因循樂縱弛。昭亮本將家子，雖以恩澤進，然習軍中事，既統宿衞，政尙嚴，多所建請。萬勝、龍猛軍蒲博爭勝負，徹屋椽相擊，士皆惶駭，昭亮捕斬之，杖其主者，諸軍爲之股慄。帝祠南郊，有騎卒亡所挾弓，會赦，當釋去，昭亮曰：「宿衞不謹，不可貸。」卒配隸下軍，禁兵自是頓肅。以宣徽北院使判河陽，徙延州。以南院使判澶州，徙幷州、成德軍，拜同中書門下平章事，判大名府。仁宗以塗金紋羅書曰「李昭亮親賢勳舊」，命其子惟賢持以賜。徙定州，改天平、彰信、泰寧軍節度使。在定州數言老疾不任邊事，願還京師，乃以爲景靈宮使，又改昭德軍節度使。卒，贈中書令，謚良僖。

昭亮爲人和易，練習近事，於吏治頗通敏，善委任僚佐，以故數更藩鎭無他過。昭亮妻早亡，內嬖三妾迭預家政，莫能制也。

子惟賢，字寶臣，以父蔭爲三班奉職，後爲閤門祗候、通事舍人。累遷西上閤門使，尋領高州刺史，知莫州，州倉粟陳腐，戍兵大譟，弗肯受，州人皆恐，惟賢馳往諭曰：「邊兵衆則積粟多，廩數多且積久，能無陳腐乎？欲盡取新，則陳者何所歸？」遂斬首惡一人，流十人，軍中帖然。召還，提舉諸司庫務，領榮州團練使，知冀州。會遷補禁軍，自隸籍後犯贓汚者皆絀爲下軍，惟賢曰：「武士何可責以廉節？且抵罪在昔，今不可以新令繩之。」帝爲更其制。徙恩州，後遷四方館使，卒。惟賢善宣辭令，習朝儀，仁宗頗愛之。

李用和字審禮，章懿皇太后弟也。少窮困，居京師鑿紙錢爲業。劉美求用和於民間，奏爲三班奉職。累遷右侍禁、閤門祗候、權提點在京倉草場、考城縣兵馬都監。太后崩，詔赴喪。既葬，遷禮賓副使，領八作司。遷禮賓使，同領皇城司。遷崇儀使、賀州刺史。改葬太后于永安，領捧日、天武兵護梓宮。

明年春，又詔乘傳行太后陵。還，授寧州刺史。歷遷澤州團練、慶州防禦、鄜州觀察使。既而擢殿前都虞候、鄜延路馬步軍副都總管。未行，拜永清軍節度觀察留後，改眞定府、定州路。舊制，刺史以上所賜公使錢得私入，而用和悉用爲軍費。歷侍衞親軍步軍馬軍副都指揮使，拜建武軍節度使、殿前副都指揮使。以老乞罷軍職，拜宣徽北院使。逾月，改彰信軍節度使、同中書門下平章事、景靈宮使。以疾告，仁宗臨問，賜銀飾肩輿，進兼侍中。

初，未有居第，詔寓館芳林園，用和固辭，又假以惠寧坊之官第。病革，帝入見臥內，擢其次子珣爲閤門使，賜所居第，并日給官舍僦錢五千。既卒，帝哭之慟，贈太師、中書令、隴西郡王，輟朝五日，制服禁中，謚恭僖。帝撰神道碑，書曰「親賢之碑」。其妻卒，亦輟朝成服。

初，仁宗以太后不逮養，故外家褒寵特厚。用和列位將相，能小心靜默，推遠權勢，論者以此稱之。子瑋。

瑋字公明，以章懿皇后恩，補三班借職，積官爲天平軍節度觀察留後，知澶州。護塞商胡，會河漲，訛言水且至，瑋據廳事自若，人心乃安，河亦不溢。徙曹州觀察使，累遷武勝軍節度使、殿前都指揮使。仁宗書「忠孝李瑋」字并秘書賜之。宴近臣羣玉殿，酒半，命大盞二，飲韓琦及瑋，如有所屬。帝崩，執政欲增京城甲士，瑋曰：「例出累代，不宜輒易。」時禁衞相告乾興故事，內給食物中有金，既而果賜食，衆視食中，瑋曰：「天子未臨政已優賞，汝何功復云云，敢諠者斬！」衆乃定。

以武成軍節度使知鄆州。京東盜白日殺縣令，略人道中，瑋信賞罰擒捕，盜爲衰止。歲大雨水，競以船筏邀利，多溺死者，瑋一切籍之，約所勝載如黃河法。發卒城州西關，調夫修路數十里，夾道植柳，人指爲「李公柳」。知鄧州，坐失舉，改節振武軍，知郢州。還朝，道卒，年五十三。贈太尉，謚曰良惠。弟瑋、珣。

瑋，選尙兗國公主，積官濮州團練使。以樸陋與主不協，所生母又忤主意，主入訴禁中，瑋皇恐自劾，坐罰金。後數年，終不協，主還宮。瑋自安州觀察使降建州，落駙馬都尉，知衞州。未幾，主徙封岐國，復瑋都尉。主薨，以奉主亡狀，貶郴州團練使，陳州安置。遇赦還京師，至建武軍節度使、檢校太師。卒，哲宗臨奠，哭之，贈太師、中書令。

珣字公粹，以蔭爲閤門祗候。時兄璋爲閤門副使，珣又求通事舍人，仁宗曰：「爵賞所以與天下共也，儻盡用親戚，何以待勳舊乎？」後一年乃命之。車駕視用和疾，自西上閤門副使累遷均州防禦使，知相州，賜御製詩、飛白字寵其行。未幾，遷相州觀察使。時劉永年亦同除官，知制誥楊畋以爲不可開僥倖之門，詔他舍人草制，御史范鎭復論之，命遂寢。

使契丹，預釣魚會，獲多。契丹遺以金器，使還，悉上之，更賜黃金及「李珣忠孝」字。熙寧中，遷宣州觀察使，知潁州。哲宗初，進泰寧軍留後、提舉萬壽觀。故事，正任遇覃恩止移鎭，唯宗室乃遷官。至是，珣與李端懿皆特遷，戚里一覃恩遷官自此始。復知相州。卒，年七十四。

李遵勗字公武，崇矩孫，繼昌子也。生數歲，相者曰：「是當以姻戚貴。」少學騎射，馳冰雪間，馬逸，墜崖下，衆以爲死，遵勗徐起，亡恙也。

及長，好爲文詞，舉進士。大中祥符間，召對便殿，尙萬壽長公主。初名勗，帝益「遵」字，升其行爲崇矩子。授左龍武將軍〔一〕、駙馬都尉，賜第永寧里。主下嫁，而所居堂甓或瓦甓多爲鸞鳳狀，遵勗令鑱去；主服有龍飾，悉屛藏之：帝歎喜。

領澄州刺史，坐私主乳母，謫均州團練使，徙蔡州。踰年，起爲太子左衞率府副率，復左龍武軍將軍，領宏州團練使，眞拜康州團練使，給觀察使祿。時繼昌官刺史，遵勗請班其下，許之。後繼昌守涇州，暴感風眩，遵勗馳省不俟命，帝遣使令乘驛赴之。既還，上表自劾，帝使輔臣慰諭之。

遷澤州防禦使，又遷宣州觀察使。求補郡自試，出知澶州，賜宴長春殿。在郡，會河水溢，將壞浮梁，遵勗督工徒，七日而堤成。遷昭德軍節度觀察留後，拜寧國軍節度使，徙鎭國軍，知許州。水軍多不練習而隸籍，遵勗命部校按劾，拔去十七八。後以疾請援唐韋嗣立故事，求山林號，詔不許。

初，天聖間，章獻太后屛左右問曰：「人有何言？」遵勗不答。太后固問之，遵勗曰：「臣無他聞，但人言天子既冠，太后宜以時還政。」太后曰：「我非戀此，但帝少，內侍多，恐未能制之也。」嘗上三說五事以論時政。晉國夫人林氏，以太后乳母多干預國事，太后崩，遵勗密請置之別院，出入伺察之，以厭服衆論。其補助居多類此。所居第園池冠京城。嗜奇石，募人載送，有自千里至者。構堂引水，環以佳木，延一時名士大夫與宴樂。師楊億爲文，億卒，爲制服。及知許州，奠億之墓，慟哭而返。又與劉筠相友善，筠卒，存恤其家。通釋氏學，將死，與浮圖楚圓爲偈頌。卒，贈中書令，謚曰和文。有間宴集二十卷、外館芳題七卷。子端懿。

端懿字元伯，性和厚，喜問學，頗通陰陽、醫術、星經、地理之學。七歲，授如京副使。侍眞宗東宮，尤所親愛，嘗解方玉帶賜之。稍長，出入宮禁如家人。

七遷濟州防禦使，爲羣牧副使。杜衍爲樞密，擇外戚子弟試外官，乃以端懿知冀州。爲政循法度，民愛其不擾。轉運使移州捕妖人李教，教已死。恩州王則據城叛，人有言教不死，在賊軍中。遂降單州團練使、知均州，改滑州兵馬鈐轄。賊平，實無李教者，乃以爲汝州防禦使、提舉在京諸司庫務。

遷蔡州觀察使、同勾當三班院。徙華州觀察使。以母喪，起復爲鎭國軍〔三〕節度觀察留後，願終制，許之，仍給全奉。服除，提舉集禧觀，出知鄆州兼京東西路安撫使。是歲，京東水，民多饑，大發倉廩以賑之。置弓手局，教以戰鬭，遂如精兵。治汶陽堤百餘里，以却水患，民便之。

尋除寧遠軍節度使、知澶州。御史中丞韓絳奏端懿無功，不當得旄節，不拜。以留後赴澶州，數月卒。訃聞，帝方宴禁中，爲徹樂，贈其家黃金三百兩，贈感德軍節度使，謚良定，再贈兼侍中。

端懿能自刻厲，聞善士，傾身下之，以故士大夫與之遊，甚得名譽。弟端愿。

端愿字公謹，以穆獻公主恩，七歲授如京副使，四遷爲恩州團練使。仁宗以歲旱，御便殿慮囚，放宮女。端愿上疏，謂：「縱釋有罪，小人之幸；放宮女爲宦者專制，反失所歸，何以弭災變？」

累進邢州觀察使、鎭東軍留後，知襄、郢二州。本路轉運使獻羨財數十萬被賞，端愿言常賦三折，其民不堪，即上其事。帝怒，奪轉運使賞，申折變之禁。移廬州，富弼謂曰：「肥上之政何以減於襄陽？」端愿曰：「初官喜事，飾廚傳以干名，則譽者至；更事既久，知抑豪彊、制猾吏，故毁隨之。」弼深然其言。

英宗初，同提舉在京諸司庫務。帝以疾拱默，端愿求對，進曰：「陛下當躬攬權綱，以係人心，不宜退託，失天下望。」拜武康軍節度使、知相州。請歸，除醴泉觀使。

神宗卽位，遣使就其家錄取異時章奏，賜詔褒之。河東城囉兀，端愿手寫趙普諫太宗北伐疏以聞。

連年請老，以太子少保致仕。凡大禮成，賜金帶、器幣，品數視執政。哲宗嗣位，進太子太保。欽聖皇后以甥舅之故，嘗幸其第，致禮於獻穆祠堂，命近侍掖端愿勿拜。元祐六年，卒，帝輟朝臨奠，賻典加等，贈開府儀同三司。弟端懿，子評。

端懿字守道，官左藏庫使，執獻穆喪，辭起復，詔特給奉。累遷東上閤門使、幹辦三班院。嘗侍宴羣玉殿，仁宗獨賜珠花、飛白字，寵顧特異。知邢、冀、衞三州，至蔡州觀察使。元祐中，以安德軍留後卒，贈昭德軍節度使，謚曰恭敏。

兄端懿，在嘉祐時嘗密請建儲，人無知者，卒於澶淵，端懿走護其喪以歸。元豐間因進對，袖舊稿上之，神宗歎曰：「近世之賢戚也。」由是端懿之名益著。

評字持正，由東頭供奉官八遷皇城使。以父告老，授西上閤門使，爲樞密都承旨。出使陝西、河東，還，言鄜延之人皆謂城囉兀非便，乞速毀撤，解一路之患。師出安南，調兵及河東，又言王師南征，而取卒於西北，使蠻聞之，得以窺我。所論事頗多，或見施行。然天資刻薄，招權不忌，多布耳目，采聽外事自效以爲忠。僥倖進用，中外仄目。以榮州刺史出知潁州，還，幹當三班院。副韓縝報聘契丹，且分畫河東地界，凡二年乃決。賜袍帶、金帛以賞勞。進成州團練使，知蔡州。卒，年五十二。贈冀州觀察使，賜白金千兩。

評少涉書傳，嘗以公主遺奏召試學士院，改殿中丞，意不滿，辭之。後二年再召試，復止遷一官，愈不悅，至上書辨論。及卒，人無憐者。

曹佾字公伯，韓王彬之孫，慈聖光獻皇后〔三〕弟也。性和易，美儀度，通音律，善奕射，喜爲詩。自右班殿直累進殿前都虞候、安化軍留後。言者謂年未四十毋典軍，出知澶、靑、許三州，徙河陽。以建武軍節度使爲宣徽北院使，知鄆州，改保靜保平軍節度使、同中書門下平章事、景靈宮使，加兼侍中，封濟陽郡王。

神宗每咨訪以政，然退朝終日，語不及公事。帝謂大臣曰：「曹王雖用近親貴，而端拱寡過，善自保，眞純臣也！」進對未嘗名。元豐中以疾告，既愈入謝，帝曰：「舅久不覲太皇太后，宜少憩內東門，朕當自啓。」已而召入，歷上下儒釋道五閣、大椿蟠桃亭，再升殿乃退。

以護國軍節度使、司徒兼中書令爲中太一宮使〔四〕，給朱衣雙引騎吏前馬。慈聖喪終，請郡，帝曰：「時見舅如面慶壽宮，奈何欲遠朕，得無禮遇有不至乎？」佾皇恐。即城南爲園池，給八作兵庀役，疏惠民河水灌之，且將爲築三百楹第，固辭乃止。高麗獻玉帶，爲秋蘆白鷺紋極精巧，詔後苑工以黄金倣其製，爲帶賜佾。生日，賚予如宰相、親王，用教坊樂工服色衣侑酒，以示尊寵。哲宗即位，加少保。坤成節獻壽，特綴宰相班，優詔減拜。卒，年七十二，贈太師，追封沂王。從弟偕，子評、誘。

偕字光道，少讀書知義，以節俠自喜。爲許州都監，幕客史沆傾險刼持爲不法，上下畏之。偕從容置酒，對客數沆十罪，將擊殺之，沆起拜謝，偕罵曰：「復不改，必殺汝。」沆爲斂迹。累遷東上閤門使、帶御器械。知雄州，議者欲廢塘濼爲田，偕曰：「何承矩、李允則營此累年，所以限契丹，廢之不可。」進華州防禦使，知相州，徙河陽總管，卒。嘗從梅堯臣學詩，堯臣稱之，爲序其詩。

評字公正，以父任累官至引進使，知審官西院，積遷温州防禦使。元祐中，提舉萬壽觀，丐外，樞密院白爲眞定路鈐轄，哲宗曰：「先帝待慈聖家極厚，其以爲總管。」徽宗卽位，遷相州觀察使，歷龍神衞捧日天武都指揮使、殿前都虞候、馬步軍副都指揮使、寧遠軍留後、平海軍節度使、佑神觀使。使契丹者四，館伴者十二。在閤門十二年，預修儀制，多所增損。

性喜文史，書有楷法。慈聖命書屏以奉，神宗卽賜玉帶旌其能。尤善射，左右手如一，夜或滅燭能中。伴契丹使者射，嘗雙破的，客驚竦。在戚里號爲湛厚。卒，年六十六，贈開府儀同三司。

誘字公善，以蔭至左藏庫副使。熙寧中，父佾以疾告入謝，神宗面授誘閤門通事舍人。元祐中，以東上閤門使爲眞定府、定州路兵馬鈐轄，遷文州刺史。

使契丹，至其宮門，館客者下馬邀誘同入，誘曰：「北朝使至，及朝堂門，兩朝積好久，無妄生事。」卒乘馬入。使還，爲樞密副都承旨。徽宗時，進都承旨。歷慶州團練、恩州防禦、晉州觀察使，保慶軍留後。大觀中，進安德軍節度使、醴泉觀使。與兄評同日拜，立雙節堂於家，戚里榮之。

性謹密，習熟典故。卒，年六十五，贈開府儀同三司，謚曰忠定。

高遵裕字公綽，忠武軍節度使瓊之孫也。以父任累遷供備庫副使、鎭戎軍駐泊都監。夏人寇大順城，諒祚中矢遁。會英宗晏駕，遣遵裕告哀，抵宥州下宮，夏人遣王盥受命，以吉服至，遵裕切責之，遂易服。旣而具食上宮，語及大順城事，盥曰：「剽掠輩耳。」遵裕曰：「若主寇邊，扶傷而遁，斯言非妄邪！」夏人以爲辱，亟遣人代對，終食不敢發口，輒忿怒曰：「王人蔑視下國，弊邑雖小，控弦十數萬，亦能躬執櫜鞬，與君周旋。」遵裕瞋目曰：「主上天縱神武，毋肆狂蹶，以干誅夷。」時諒祚覘於屏間，搖手使止。神宗聞而嘉之，擢知保安軍。橫山豪欲向化，帝使遵裕諭种諤圖之，諤遂取綏州。帥怒諤擅發兵，欲正軍法，諤懼，稱得密旨於遵裕，故諤被罪，遵裕亦降爲乾州都監。遷通事舍人，主管西路羌部，駐古渭砦，分所部羌兵爲三等，敎以軍法。

熙寧初，朝廷用王韶復洮、隴，命爲秦鳳路沿邊安撫，以遵裕副之。尋以古渭爲通遠軍，命知軍事。明年，持附順羌部圖籍及繪青唐、武勝形勢入獻，擢引進副使、帶御器械，俾歸治師。師次慶平堡，夜行，晨至野人關，羌人旅拒，引親兵一鼓破之，進營武勝城下，羌衆逃去，遂據其城。詔建爲鎭洮軍，又命知軍事。尋以熙、河、洮、岷、通遠爲一路，進西上閤門使、滎州刺史、充總管，復知通遠軍。

明年，詔欲取河州，遵裕曰：「古渭舉事，先建堡砦，以漸而進，故一舉拔武勝。今兵與糧未備，一旦越數舍圖人之地，使彼阻要害，我軍進退無所矣。」詔與李憲笑曰：「君何遽相異邪？」檄使守臨洮。詔攻河州，果不克。帝善遵裕議，令專管洮、岷、疊、巖未款附者。

遵裕以俞龍珂地有鹽井，遂築鹽川砦。瞎吳叱率諸羌脅青唐，欲擾邊，詔遣張玉攻討。遵裕曰：「青唐無罪，第爲生羌所脅耳。」遣裨將與龍珂率衆禦之。青唐人見龍珂泣訴，瞎吳叱知不附己，潰去。從詔取岷州，下之，令士衆曰：「生獲老幼與得級同。」全活者以數萬。捷聞，加岷州刺史。

明年，羌乘景思立之敗，圍河、岷二州，道路不通者幾月。或請退保，遵裕曰：「敢議此者斬！」岷城軍缺〔三〕，守者恐，遵裕登西門，命將縱擊，別選精騎由南門譟而出，合擊之，羌敗走。時朝廷以岷城遠難守，議棄之。詔至，賊已潰矣。以功進團練使、龍神衞都指揮使，知熙州。坐薦張穆之爲轉運使，而穆之有罪，罷知潁州。未幾，徙慶州，又坐事黜知淮陽軍。

元豐四年，復知慶州。詔與諸路討夏國，請濟師，得東兵十一將，騎不足用，以羣牧馬益之。又令節制涇原兵，劉昌祚先至靈州，幾得城，遵裕嫉之，故不用其計，遂以潰歸，語在昌祚傳。貶郢州團練副使。哲宗卽位，復右屯衞將軍，主管中嶽廟。卒，年六十，贈永州團練使。紹聖中，崇贈奉國軍節度觀察留後。從弟遵惠。

遵惠字子育，以蔭爲供奉官。熙寧中，試經義中選，換大理評事。歷三班院主簿、軍器丞。元祐初，上疏言：「法度更張，事有當否，如先帝所施設，未可輕議。」擢太僕少卿，進太府卿，出知河中府。改河北路都轉運使，未行，拜工部侍郎，以集賢殿修撰知鄆州、河南潁昌府，加寶文閣待制。知成德軍。召爲戶部侍郎，以龍圖閣學士知慶州。卒，年五十八，贈樞密直學士。

方宣仁后臨朝，繩檢族人一以法度，乃擧家事付遵惠，遵惠躬表率之，人無間言。亦能遠嫌自保，故不罹紹聖之禍。從姪士林。

士林字才卿，宣仁聖烈皇后之弟也。累官內殿崇班、殿直，英宗書「謹守法律」四字誨之曰：「能此則爲良吏矣。」每欲進擢，后屢辭輒止。喜儒學，涉閱經史，通大義，尤有巧智。

嘗監揚州召伯牐稅，木舊用火印，士林改刃其印文，鑿以爲識，尤簡便，傍郡皆效焉。卒，贈德州刺史。神宗立，加贈昭德軍節度使。紹興初，追封普安郡王。子公紀。

公紀字君正，歷閤門祗候、通事舍人，累進寧州刺史、團練使、永州防禦使、集慶留後。性儉約，珍異聲伎無所好，奉祿多以給諸族，得任子恩，均及孤遠。持宣仁后喪未終，卒，贈感德軍節度使，謚曰懷僖。紹興初，追封新興郡王。子世則。

世則字仲貽，幼以恩補左班殿直，至內殿崇班。復用父遺表恩爲閤門祗候，後除親衞郎。以通經典，轉內殿承制。累遷康州防禦使，知西上閤門事。

宣和末，金泛使至，徽宗命世則掌客。世則記問該洽，應對有據，帝聞，悅之，自是掌客多命世則。金人軍城下，又命世則使其軍，還，進秩二等，遷知東上閤門使。金遣燕人吳孝民請和，孝民邀宰執、親王詣軍前議事，高宗在康邸，請行。是日，世則入對，遂除計議副使以從。康王復使河北，世則改華州觀察使，充參議官。召對，賜金帶。

當高宗艱難中，世則嘗在左右，寢處不少離。大元帥府建，改元帥府參議官，因請布檄諸路，以定人心。進遙郡承宣使，不拜。高宗承制，轉越州觀察使。及卽位，除保靜軍承宣使，提舉萬壽觀。詔令編類元帥府事迹付史館，召爲樞密都承旨兼提舉京畿監牧，再提舉萬壽觀。

世則居温州，帝遣中使諭守臣以時給奉祿，凡積二萬緡，因請以裨郡費。常病瘍，艱於據鞍，又以舊所御肩輿賜焉。帝每念宣仁聖烈皇后保祐三朝，中遭誣詆，外家班秩無顯者，制以爲感德軍節度使，充萬壽觀使，進開府儀同三司，奉朝請，賜第臨安。除景靈宮使，兼判温州。尋以病丐罷，復爲萬壽觀使。十四年，召入覲，進少保，懇求還。卒，年六十五，贈太傅，賜田三十頃，謚曰忠節。

向傳範字仲模，尚書左僕射敏中之子。以父任爲衞尉丞。娶南陽郡王惟吉女，改內殿崇班、帶御器械，歷知相、恩、邢三州。入管幹客省、閤門、皇城司。知陝州，仁宗賜詩以寵其行。

熙寧初，知鄆州兼京東西路安撫使〔六〕。諫官楊繪言：「傳範領安撫使，無以杜外戚僥求之源。」樞密使文彥博曰：「傳範累典郡，非緣外戚。」神宗曰：「得諫官如此言，甚善，可以止他日妄求者。」以密州觀察使卒，贈昭德軍節度使，謚曰惠節。

傳範，宰相子，聯戚里，所至有能稱。以槖中貲千餘萬葬族人在殯者六十四喪。從姪經、綜。

經字審禮，以蔭至虞部員外郎。神宗爲潁王，選經女爲妃，改莊宅使。帝即位，妃爲皇后，進光州團練使。

以濰州防禦使知陳州，歲中閱囚，活重辟三人。西華令掠人至死，誣以疾，吏畏令，莫敢言。經得其情，卒窮治如法。歲大雪，輒弛公私僦錢以寬民，有司持不可，經曰：「上使我守陳，民窮蓋我責，我自爲此，不爾累也。」方鎭別賜公使錢，例私以自奉，去則盡入其餘，經獨斥歸有司，唯以供享勞賓客軍師之用。知河陽，會旱蝗，民乏食，經度官廩歲用無餘，乃先以圭田租入振救之，富人爭出粟，多所濟活。

徙徐州，遷明州觀察使。召還，提舉景靈宮。進定國軍留後，復出知青州。既行，官給車徒，三宮皆遣使送之，車馬相屬於道。未踰歲，得疾還，卒于淄州，年五十四。詔內侍迎其喪，皇后出哭于新昌第。喪至，慶壽、寶慈宮交遣謁者予醊，后臨于國門之外。贈侍中，謚曰康懿。將葬，遣近臣典護穿復土，給太常鹵簿。帝出郊奠之，周視其柩。葬三日，后臨于墓下，賜篆碑首曰「忠勤懿戚」。

經所至勤吏治，事皆自省決，頗欲以才見於用，故數請外補。嘗因太祖忌日，百官班開元殿下，后召經見行幄，勉以盡忠朝廷，經亦以善事三宮爲言，不及其家事。子宗回、宗良。

綜字君章，知歙縣，籍閭里惡少年，有盜發，用以推迹輒得。通判桂州、常州，知隨、鼎、潭、汾、密、棣、沂七州。沂阻山多盜，綜請用重法繩禁，歲斷大辟減半。兵久惰，會初置官提舉，敎之急，衆不悅，監兵夜排闥告變，綜疑有他謀，就寢自若。明日大閱，申嚴號令，賞其高彊，罰其不進者，卒亦無事。性寬裕，善治劇，於姦惡不少恕。官累中散大夫，卒。

宗回字子發，累官相州觀察使。徽宗立，進彰德軍留後。歷安國、保信、鎭南、保平軍節度使，檢校司空，封永陽、寧海、安康、漢東郡王，開府儀同三司。崇寧初，有告其陰事者，詔開封府鞫實，御史中丞吳執中臨問，宗回惶懼，上還印綬，以太子少保致仕。言者不已，削官爵流郴州。行二日，聽家居省咎。踰年，盡還其故官。

宗回少驕恣，有小才，嘗權羣牧都監，數以蕃息被賞。出知蔡州，擒劇賊，殲其黨類。歲饑，發廩興力役，饑者得濟，而官舍帑廩一新。欽聖后服除，起奉朝請，繼命止朝朔望。卒，年六十二，帝制服苑中，贈檢校少師，謚曰榮縱。

宗良字景弼，歷秀州刺史、利州觀察使、昭信軍留後，奉國、淸海、鎭東、武寧、寧海軍節度使，永嘉郡王，開府儀同三司。欽聖后臨朝時，嘗爲陳瓘論其與蔡京相結。及預政事，亦能恪共自守。宣和中，卒，年六十六，贈少保。

張敦禮，熙寧元年選尙英宗女祁國長公主，授左衞將軍、駙馬都尉，遷密州觀察使。元祐初，疏言：「變法易令，始於王安石，成於蔡確。近者退確進司馬光，以臣觀之，所得多矣。」進武勝軍留後。

章惇爲政，言：「敦禮忘德犯分，醜正朋邪。密封章疏，詆毀先烈。引譽罪首，謂當褒崇，欲其黨儔盡見收用。」乃責授左千牛衞大將軍，勒止朝參。徽宗立，有司以敦禮在貴籍，奏齎恩賜，帝與欽聖后皆以爲當與。惇等執前疏，欽聖曰：「戚里何必預知朝廷事，當時罰亦太重矣。」復和州防禦使，進保信軍留後。

崇寧初，拜寧遠軍節度使。諫官王能甫言：「敦禮以匹夫之賤，一日而富貴具焉。神宗親愛隆厚，禮遇優渥，而敦禮詆毀盛德，罪大謫輕。今復與之節鉞，無乃傷陛下『紹述』之志乎！」乃奪節，仍爲集慶軍留後。大觀初，復節度寧遠軍，徙雄武。卒，贈開府儀同三司。

任澤字天錫，仙遊夫人母弟也。英宗入繼大統，召至延和殿，授西頭供奉官，賜第一區，寵賚甚厚。神宗時，累遷皇城使，領昌州刺史。護仙遊柩還祔于濮園，眞拜嘉州刺史。卒，贈崇信軍節度使，謚曰恭僖，賜墓寺，寺額爲「旌孝」。澤起田里，際會恩寵，能自安繩檢。帝欲廣其居，固辭。當任子，弗請，其篤謹如此。

校勘記

〔一〕左龍武將軍　「將」字原脫，據宋會要帝系八之四七、東都事略卷一二五李崇矩傳附遵勗傳補。

〔二〕鎭國軍　歐陽修歐陽文忠公文集卷三三李公墓誌銘、隆平集卷九本傳、東都事略卷一二五李遵勗傳都作「鎭潼軍」。

〔三〕慈聖光獻皇后　「獻」原作「憲」，據本書卷二四二本傳、卷二五八曹彬傳改。

〔四〕中太一宮使　「中」字原脫，據長編卷四二五、東都事略卷一一九本傳補。又據長編卷三〇三、三〇八，曹佾領中太一宮使和封濟陽郡王都在兼中書令後。

〔五〕岷城軍缺 「軍」，長編卷二五二、長編紀事本末卷八五都作「岸」。

〔六〕京東西路安撫使 「東」字原脫，據本書卷三三二楊繪傳補。

宋史卷四百六十五

列傳第二百二十四

外戚下

孟忠厚　韋淵　錢忱　邢煥　潘永思　吳益弟蓋　李道
鄭興裔　楊次山

孟忠厚字仁仲，隆祐太后兄、追封咸寧郡王彥弼子也。后退居瑤華宮，哲宗恩眷不衰，故忠厚得以仕進。宣和中，官至將作少監。靖康元年，知海州，召權衞尉卿。金人圍城，后宮火，出居忠厚家，由是免北遷。金兵退，張邦昌迎后聽政，后遣忠厚持書遺康王。王卽位，將迎后，授忠厚徽猷閣待制，提舉一行事務，尋兼幹辦奉迎太廟神主事。

帝幸揚州，除顯謨閣直學士，臺諫交章論列，帝以太后故，難之。后聞，卽命易武秩，遂授常德軍承宣使，幹辦皇城司。未幾，奉太后幸杭州。苗傅亂平，趙鼎謂張浚曰：「太后復辟，其功甚大，當推恩外家。」浚乃奏忠厚寧遠軍節度使。尋奉太后幸南昌，歸至越，以母憂解職。

頃之，后崩，以祔廟恩，起復鎮潼軍節度使〔一〕，開府儀同三司。及后大祥，封信安郡王，充禮儀使，奉太后神御幸温州。紹興九年，判鎮江府，改判明州兼安撫使，改判婺州。既而帝以太后攢會稽，乃命忠厚判紹興府兼修奉攢宮事，加少保。三梓宮歸，充迎護使。及營佑陵，秦檜當爲總護使，憚往，乃除忠厚樞密使以代其行。檜與忠厚僚壻也，然心實忌之。山陵事畢，忠厚欲歸樞密府，檜諷言路引故事論列，遂判福州。

時海寇猖獗，帝憂忠厚不能弭其患，改判建康府，又改判紹興府。會郊赦加恩，謝表有「本無時才，出爲世用」語。中丞詹大方希檜意，論忠厚表辭輕侮，謂今日不足與有爲，遂罷爲醴泉觀使。檜死，召還行在，授保寧軍節度使，判平江府，再改判紹興府，過闕入見，復詔充萬壽觀使，提舉秘書省。二十七年，卒，贈太保。

忠厚奉昭聖太后訓，避遠權勢，不敢以私干朝廷。明受之變，太后垂簾，忠厚乞裁節本家恩澤，如有夤緣，令三省執奏。御史劾秦檜當國，親姻扳援以進，忠厚獨與之忤。自越入見，語所善王銍曰：「忠厚與檜雖有親好，每懷疑心，今欲求一不傷時忌對劄。」銍敎之，但言乞免提舉學事而已，然亦見廢。帝以太后擁佑功，故眷忠厚特優。后在瑤華三十年，恩澤未嘗陳請，詔賜忠厚田三十頃以賞之。既奉內祠，金使至，特命押班，且令月過局，如宰執例。及卒，三子皆除直秘閣，親屬六人各進以一官。

韋淵，顯仁太后季弟也。靖康末，官至拱衞大夫、忠州防禦使、勾當軍頭引見司。金人退，張邦昌遣淵持書遺康王于濟南。王卽位，遷親衞大夫、寧州觀察使、知東上閤門事，言：「橫行五司尙未遵元豐舊制，乞併引進司歸客省，東西上閤門合而爲一，以省冗費。」從之。遂命同管客省、四方館、閤門事。

淵性暴橫，不循法度，帝慮其有過，難於行法，遂遷福建路副總管。淵引疾丐祠，許之。淵乃言，自宣和及今，十二年未嘗磨勘，乞遷秩。吏部言，在法，橫行無以年勞磨勘者，帝遂不許。久之，落階官，除德慶軍節度使。召赴行在，除開府儀同三司。會建康軍帥邊順疾篤，留守呂頤浩奏以淵代，帝不欲以戚里管軍，不許。淵陳乞恩數，帝詢太后家故例，賜田五十頃，房緡錢日二十千。帝久不予淵官，聞太后將入境，乃封平樂郡王，令逆于境上。既從后歸，卽令致仕。又詔奉朝請，遷少師。淵在內不得逞，乞致仕，任便居住。從之。

未幾，帝恐其肆橫於外，復詔落致仕，還居賜第。太后朝景靈宮，淵見后，出言詆毀，詔侍御史余堯弼卽其家鞫治，淵具伏誣罔，責授寧遠軍節度副使，袁州安置。數年復故職，累遷太保、太傅。卒，贈太師。子三人：訊、謙、讜。

訊，紹興中，官至達州刺史，坐過，用太后旨降武德郎，與嶺外監當。謙好學能詩，官至建康軍節度使。

謙子璞，淳熙末，仕至太府少卿。高宗崩，擢司農少卿，爲金國告哀使。金主錫宴，其館使欲用樂，璞不可，自朝至夜漏下三十刻，金人不能奪。及入見，其閤門令璞吉服入，璞又不可。日將中，乃以凶服見。紹熙初，除煥章閣，論者以爲非祖宗舊制，遂換授明州觀察使，十年不遷。寧宗嘉其恬退，授清遠軍節度使，致仕。卒，贈太尉。

錢忱字伯誠，吳越王俶五世孫。父景臻，尙仁宗第十女秦魯國大長公主，生忱，神宗命賜名，除莊宅副使、騎都尉。帝嘗諭景臻曰：「主賢，宜有子，爲擇嘉配。」娶唐介孫女，又晁迥外孫。忱從二家遊，伯父勰在翰苑，因得識一時名卿。哲宗愛之，常使侍左右。徽宗覃八寶恩，爲邕州觀察使，遷武寧軍觀察留後。喜其靖共，除瀘川節度使。欽宗加檢校少保，尋納節。高宗立，復拜檢校少保、瀘川節度使、中太一宮使，御書「忠孝之家」四字賜之，進開府儀同三司。紹興十五年，以秦魯主終喪，除少保，封榮國公。三十年，遷少師，仍舊節，致仕，給眞奉。明年卒，年八十餘，贈太師。子端禮，自有傳。

邢煥字文仲，開封人。以父任調孟州汜水縣主簿，監在京藥局、平準務、茶場，以勞改宣德郎、莫州司錄。移知開封府陽武縣，都大提舉開德、大名府堤埽。歷開封府士、工、儀曹。

詔納其女爲康王妃。靖康初，主管亳州明道宮。王卽位，升右文殿修撰，進徽猷閣待制。諫議大夫衞膚敏言，后父不當班從臣，遂改光州觀察使，除樞密都承旨。煥屢奏馬伸言事切當，宗澤忠勞可倚，黃潛善、汪伯彥誤國，其言多所裨益。

遷保靜軍承宣使。苗、劉之變，煥自度不能爭，迺病免。兼提舉萬壽觀，求去不已，改江州太平觀，遂徙居忠州。

紹興二年，入對，首陳川、陝形勢利害，請幸荆南，分兵以圖恢復，凡數百言，帝甚嘉之。

復以爲都承旨，引疾不拜。擢慶遠軍節度使，提舉洞霄宮。煥涉學有文，節儉自持，未嘗恃恩私請，識者取焉。是年，卒，贈開府儀同三司，謚恭簡，加贈少師，追封嘉國公。

潘永思，賢妃叔父也。妃初進封，詔以梁師成第賜永思。建炎初，爲閤門宣贊舍人、帶御器械。元祐太后在虔，帝遣永思迎歸，權三省、樞密事。盧益頗與之交結，爲諫官吳表臣所論，范宗尹請出永思，帝曰：「未可，姑罷祿以困之，庶知悔過。」遂奪職。既而辛企宗言永思嘗捕魔賊有功，復爲帶御器械。

未幾，大理推治僞告，事連永思，帝曰：「永思雖戚里，既有過，安可廢法！」乃罷職就逮。獄成，追一官。尋復爲閤門宣贊舍人，遷同知閤門事。永思乞增給飧錢，戶部言其不應格法，乃止。紹興八年，自右武郎擢右武大夫，知閤門事，尋卒。

吳益字叔謙，蓋字叔平，俱憲聖皇后弟也。益，建炎末，以恩補官，累遷幹辦御輦院、帶御器械。蓋，紹興五年，以恩補官，累遷宣贊舍人。帝與后皆喜翰墨，故益、蓋兄弟師法，亦有書名。后受册推恩，益加成州團練使，蓋加文州刺史。帝爲置皇后宅大小學教授，以王鎡爲之。鎡明經，善訓導，益、蓋折節事之。

益娶秦檜長孫女，又與王繼先交相薦引，故三家姻族皆躐美官。益歷官至保康軍節度使，加太尉、開府儀同三司〔二〕。初既建節，以檜故，授文資，直秘閣。檜進徽宗御製，辭免加恩，帝乃特命賜益三品服，累加秘閣修撰，直徽猷閣。以檜提舉編修寬恤詔令，又加益直寶文閣。檜死，其子熺復請於帝，又升敷文閣待制。中丞湯鵬舉言，益以庸瑣之才，恃親昵之勢，乞褫職名，以示至公。帝謂：「鵬舉所論甚切當，然朕於奠檜日，諭檜妻子，許以保全其家，今若遽出其壻則傷恩，臣僚無得更有論列。」自是不復遷。顯仁太后葬，爲攢宮總護使，始進少保。孝宗嗣位，進少傅，又進太師，封太寧郡王。乾道七年，卒，年四十八，謚莊簡，追封衞王。

蓋官至寧武軍節度使〔三〕，亦累升太尉、開府儀同三司、少保，封新興郡王。乾道二年，卒，年四十二。贈太傅，追封鄭王。

益子琚，習吏事，乾道九年，特授添差臨安府通判，其後歷尚書郎、部使者，換資至鎮安軍節度使，復以才選，除知明州兼沿海制置使。寧宗初，乃得祠，奉朝請。尋知鄂州，再知慶元府，位至少師，判建康府兼留守，卒。方孝宗崩，光宗以疾不能執喪，大臣請太后垂簾，册立寧宗。琚言於后曰：「垂簾可暫不可久。」后遂以翌日徹簾。琚嘗使金，金人嘉其信義。琚死後，宋遣使至金議和，屢不合，金人言南使中惟吳琚言爲可信。

琚弟璹，仕至保靜軍節度使。蓋子瓌，亦至昭化軍節度使。

李道字行之，相州人。其中女爲光宗后。初，道與兄旺聚衆歸宗澤，澤因事斬旺，命道掌其軍。澤薨，道引軍依襄陽鎮撫使桑仲，仲以爲副都統制兼知隨州，奏于朝，授武義郎、閤門宣贊舍人。仲爲霍明所殺，道與統制李横率兵縞素圍明于郢，明亡去。劉豫遣人持書招道，道不從，執其使以聞，詔嘉奬之。豫怒，遣將穆楷攻道，道拒破之。除鄧、隨州鎮撫使兼知鄧州。時李横已命别將守鄧，道憚横，不敢受，遂命仍知隨州。樞密院以道能察軍情，不受鎮撫之命，理宜褒賞。詔領榮州團練使，進武義大夫。

胡安中守唐州，勢孤不能自立，遂附豫。道招之，安中復來歸。會李成入寇，鎮撫使李橫棄襄陽去，道亦棄隨南歸，至江州。詔道屬岳飛爲選鋒軍統制，入唐州，擒僞將，除唐鄧郢州、襄陽都統制。從飛收復襄陽等郡，授行營護軍。累至復州防禦使、果州觀察使。戍鄂州，加中侍大夫、武勝軍承宣使，又升御前諸軍統制。

武興蠻楊再興連歲寇掠，道破其衆，擒再興及其二子，遷保寧軍承宣使。羣盜朱持等聚桂陽，詔道移軍衡州經理，道遣高仲等擊平之。落階官，加龍、神衞四廂都指揮使，遷鎭南軍承宣使。

金將渝盟，命道以所部戍荆南府。帥臣劉錡奏改爲御前前軍、右軍，就命道統之。錡召奏事，道代爲御前諸軍都統制。金將劉士蕚屯光化境，道掩擊，焚其舟，蕚遂遁去。尋因大將言道與鄂帥不協，罷。踰年，起授捧日、天武四廂都指揮使，知荆南府。

隆興初，湖北諸司劾其過，帝曰：「道恃戚里妄作，可罷。」久之，再爲湖北副總管。及卒，乃拜慶遠軍節度使，贈太尉，謚忠毅。后既貴，進封楚王。孫孝友、孝純，皆至節度使。

鄭興裔字光錫，初名興宗，顯肅皇后外家三世孫也。曾祖紳，封樂平郡王。祖翼之，陸海軍節度使。父藩，和州防禦使。興裔早孤，叔父藻以子字之，分以餘貲，興裔不受，請立義莊贍宗族。及藻沒，遂解官致追報之義。初以后恩授成忠郎，充幹辦祗候庫。聖獻后葬，充攢宮內外巡檢，累至江東路鈐轄。

乾道初，建康留司請治行宮備巡幸，興裔奏勞人費財，乞罷其役，且言都統及馬軍帥皆非其人。徙福建路兵馬鈐轄，過闕入見，詢以守令臧否，興裔條析以對。帝曰：「卿識時務，習吏事，行當用卿。」會復置武臣提刑，就命爲之，加遙領高州刺史。郡縣積玩，檢驗法廢，興裔創爲格目，分畀屬縣，吏不得行其姦，因著爲令。

建、劍、汀、邵鹽筴屢更，漕臣請易綱運爲鈔法，興裔極言其不可。海寇倏去忽來，調兵常無及，興裔請置澳長，寇至徑率民兵禦之。又言禁兵事藝不精，多充私役，乞行禁止；尉以捕盜改秩，多僞，當加審實。帝善其數論事，詔加成州團練使。

時傳聞金欲敗盟，召興裔爲賀生辰副使〔四〕以覘之，使還，言無他，卒如所料。累差浙東、浙西、江東提刑，請祠以歸。尋詔知閤門事兼幹辦皇城司，又兼樞密副都承旨。軍婦楊殺鄰舍兒，取其臂釧而棄其屍，獄成，刑部以無證左，出之。命興裔覆治得實，帝喜，賜居第。丁母憂去官，服闋，復故職，除均州防禦使。

再使金，還，遷潭州觀察使。復請祠，起知廬州，移知揚州。揚與廬爲鄰。初，興裔在廬嘗卻鄰道互送禮，至是按郡籍，見前所卻者有出無歸，遂奏嚴其禁。揚有重屯，糧乏，例糴他境，興裔搜括滲漏以補之，食遂足。民舊皆茅舍，易焚，興裔貸之錢，命易以瓦，自是火患乃息。又奏免其償，民甚德之。修學宮，立義塚，定部轄民兵升差法，郡以大治。楚州議改築城，有謂韓世忠遺基不可易者，命興裔往視，既至，闢地丈餘增築之。帝閱奏，喜曰：「興裔不吾欺也。」

紹熙元年〔五〕，遷保靜軍承宣使，召領內祠，充明堂大禮都大主管大內公事。寧宗即位，除知明州兼沿海制置使。告老，授武泰軍節度使。卒，年七十四，贈太尉，謚忠肅〔六〕。興裔歷事四朝，以材名結主知，中興外族之賢，未有其比。子三人：挺以橫行團練使歷淮、襄兩道帥，損登進士甲科，與抗皆有位于朝。

楊次山字仲甫，恭聖仁烈皇后兄也，其先開封人。曾祖全，以材武奮，靖康末，捍京城死事。祖漸，以遺澤補官，仕東南，家于越之上虞。

次山儀狀魁偉，少好學能文，補右學生。后受職宮中，次山遂霑恩得官，積階至武德郎。后爲貴妃，累遷帶御器械、知閤門事。丐祠，除吉州刺史，提舉佑神觀。后受册，除福州觀察使，尋拜岳陽軍節度使。后謁家廟，加太尉。韓侂胄誅，加開府儀同三司。尋進少保，封永陽郡王。南郊恩加少傅，充萬壽觀使。致仕，加太保，授安德軍、昭慶軍節度使，改封會稽郡王。

次山能避權勢，不預國事，時論賢之。嘉定十二年，卒，年八十一，贈太師，追封冀王。子二人。

谷至太傅、保寧軍節度使，充萬壽觀使、永寧郡王。

石字介之，乾道間入武學，以恭聖仁烈后貴，賜第。慶元中，補承信郎，差充閤門看班祗候，尋帶御器械。嘉泰四年，充賀正旦接伴使。時金使頗驕倨，自矜其善射，石從容起，挽弦三發三中的，金使氣沮。嘉定改元，除揚州觀察使、知閤門事，進保寧承宣使。久之，授保寧節度使，提舉萬壽觀，奉朝請，進封信安郡侯。十五年，以檢校少保進封開國公。

寧宗崩，宰相史彌遠謀廢皇子竑而立成國公昀，命石與谷白后，后不可，曰：「皇子，先帝所立，豈敢擅變。」谷、石凡一夜七往反以告，后終不聽。谷等拜泣曰：「內外軍民皆已歸心，苟不從，禍變必生，則楊氏且無噍類矣！」后默然良久，曰：「其人安在？」彌遠等召昀入，遂矯詔廢竑爲濟王，立昀，是爲理宗。授開府儀同三司，充萬壽觀使。

時寶慶垂簾，人多言本朝世有母后之聖。石獨曰：「事豈容概言？昔仁宗、英宗、哲宗嗣位，或尚在幼沖，或素由撫育，軍國重事有所未諳，則母后臨朝，宜也。今主上熟知民事，天下悅服，雖聖孝天通，然不早復政，得無基小人離間之嫌乎？」乃密疏章獻、慈聖、宣仁所以臨朝之由，遠及漢、唐母后臨朝稱制得失上之，后覽奏，卽命擇日徹簾。進石少保，封永寧郡王。以壽明慈睿仁福三册太后寶，進至太傅。

石性恬澹，每拜爵命必力辭。恭聖祔廟，除太師。兄谷疑於辭受，石力言曰：「吾家非有元勛盛德，徒以恭聖故致貴顯，曩吾父不居是官，吾兄弟今偃然受之，是將自速顚覆耳。劉恭聖抑遠族屬，意慮深遠，言猶在耳，何可遽忘？」乃合疏懇辭，至再三，不受。及屬疾，除彰德、集慶節度使，進封魏郡王。卒，年七十一，贈太師。

校勘記

〔一〕起復鎭潼軍節度使　「潼」原作「海」，據繫年要錄卷四五、汪藻浮溪集卷一一孟忠厚特授起復制改。

〔二〕開府儀同三司　「開府」二字原脫，據曹勛松隱文集卷三五吳益墓誌銘補。

〔三〕寧武軍節度使　「寧武」二字原倒，據同上書同卷吳蓋墓誌銘、繫年要錄卷一七二改。

〔四〕賀生辰副使　「副」字原脫。按鄭興裔副韓元吉爲賀金主生辰使，見金史卷六一交聘表；周必大周益國文忠公集平園續稿卷三〇鄭興裔神道碑正作「副使」。據改。

〔五〕紹熙元年　「紹熙」原作「紹興」，據周益國文忠公集平園續稿卷三〇鄭興裔神道碑改。

〔六〕忠肅　周益國文忠公集平園續稿卷三〇鄭興裔神道碑作「惠肅」。

宋史卷四百六十六

列傳第二百二十五

宦者一

宋世待宦者甚嚴。太祖初定天下，掖庭給事不過五十人，宦寺中年方許養子爲後。又詔臣僚家毋私蓄閹人，民間有閹童孺爲貨鬻者論死。去唐未遠，有所懲也。厥後，太宗却宰相之請，不授王繼恩宣徽；眞宗欲以劉承規爲節度使，宰相持不可而止。中更主幼母后聽政者凡三朝，在於前代，豈非宦者用事之秋乎！祖宗之法嚴，宰相之權重，貂璫有懷姦慝，旋踵屛除，君臣相與防微杜漸之慮深矣。

然而宣政間童貫、梁師成之禍，亦豈細哉！南渡苗、劉之逆，亦宦者所激也。坊記曰：「君子之道，辟則坊與！大爲之坊，民猶踰之。」可不戒哉！作宦者傳。

竇神寶，父思儼，五代時爲內侍，宋初皇城使。兄神興，左領軍衛大將軍致仕。神寶初爲黃門，太平興國中，從征太原，擐甲登城，中流矢，稍遷入內高品，監幷州戍兵。屢出襲賊，前後破砦三十六，斬千餘級，大獲鎧甲、牛馬、橐駝，因築三砦。詔褒之。九年，命與尹憲屯夏州，時岌伽羅膩等十四族久叛，神寶率兵大破之，焚其廬帳，斬千餘級，虜獲甚衆。

雍熙中，朝廷遣使綏、宥、麟、府州，募邊部願攻契丹者，賜以金帛。神寶上言：「狼子野心，由此或生邊隙。」乃止。俄轉殿頭高品。淳化中，使河東，閱視堡柵兵騎。慕容德豐自邢臺徙延州，未至郡，詔神寶乘傳權州事。環州近邊內擾，與陳德玄討之，破牛家族二十八部，且規度通遠入靈武路，就命環慶同駐泊。牛家族復結衆叛，又破之，殲餘黨於極泉鎭，獲其渠帥九人。西戎寇鄜，以援之之勞，遷供奉官，與田紹斌部送靈州芻糧，即命駐泊。

李繼遷入寇，與慕容德豐襲破其堡砦，焚帳幕，獲人畜數萬計。連詔嘉獎，遷內殿崇班。至道初，繼遷再寇靈武，神寶遣人間道告急闕下。賊圍之歲餘，地震二百餘日，城中糧糗皆竭，潛遣人市糴河外，宵運以入。間出兵擊賊，賊引去，以功拜西京作坊副使。又命于浦洛河、淸遠軍援芻糧，與楊允恭議造小車三千，運粮至環州。三年，遷西京左藏庫副使。出使靈武，還，奏對稱旨，面授供備庫使。

咸平中出爲高陽關鈐轄，徙貝、冀巡檢。會原州野俚族三千餘衆徙帳于順成谷，大蟲堪與熟魏族接戰，詔神寶和洽之，至則定其經界，遣悉還舊地。入爲內侍右班副都知。眞宗朝陵，留與劉承珪同掌大內事。大中祥符初，勾當三班院，又掌諸王宮事。遷西京左藏庫使、領密州刺史兼掌往來國信。

神寶涖職精恪，性吝嗇，畜貨鉅萬。天禧初，以皇城使罷內職。三年，卒，年七十一。錄其子守志爲入內供奉官。

王仁睿，不知何許人。年十餘歲，事太宗于晉邸，服勤左右，甚淳謹；及卽位，宣傳指揮頗稱旨。歷入內小底都知、洛苑副使。命典宮闈出納之命，最居親近。嘗與柴禹錫等發秦邸陰事。雍熙四年被疾，遣太醫診視。卒，年四十一，特贈內侍省內侍。

國朝以來，內侍都知、押班不領他職。淳化、至道後，皆內殿崇班以上兼充，多至諸司使，有領觀察使者，沒皆有贈官，官給葬事。

舊制，內侍人許養一子，以充繼嗣。開寶四年，以其爭財起訟，詔自今滿三十無養父者，始聽養子，仍以其名上宣徽院，違者準前詔抵死。咸平中，徐志通爲温、台等州巡檢，坐取李歡男四人爲假子，又縱卒略民家小兒，致其母抱兒投海死，决杖配掃灑班，復申前詔以戒厲之。

王繼恩，陝州陝人。周顯德中爲內班高品。初養於張氏，名德鈞。開寶中求復本宗，太祖召見，許之，因賜名焉。累爲內侍行首。

會討江南，與竇神興等部禁兵及戰船抵采石。九年春，改裏面內班小底都知，賜金紫。十月，加武德使。太祖崩，副杜彥圭案行陵地，尋充永昌陵使。太平興國三年，遷宮苑使。久之，領河州刺史，掌軍器弓槍庫。

雍熙中，王師克雲、朔，命繼恩率師屯易州，又爲天雄軍駐泊都監。自岐溝關、君子館敗績之後，河朔諸路爲契丹所擾，城壘多圮。四年，詔繼恩與翟守素、田仁朗、郭延濬分路按行增築之。及遣將北伐，又爲排陣都監，屯中山。改皇城使。端拱初，領本州團練使，又爲鎮、定、高陽關三路排陣鈐轄〔一〕。淳化初，賜甲第一區。五年，加昭宣使，勾當皇城司。

李順亂成都，命爲劍南兩川招安使，率兵討之。軍事委其制置，不從中覆。管內諸州繫囚，非十惡正贓，悉得以便宜決遣。二月，命馬步軍都軍頭王杲趣劍門、崇儀使尹元由峽路分遣討賊，並受繼恩節度。詔前軍所至，其賊黨敢抗王師者，卽須殺戮；如本非同惡，受制凶徒，先被脅從今能歸順者，悉釋其罪。四月，繼恩由小劍門路入研石砦破賊，斬首五百級，逐北過青彊嶺，平劍州，進破賊五千于柳池驛，斬千六百級，賊衆望風奔走，殺戮溺死者不可勝計。又克閬、綿二州。五月，至成都，破賊十萬餘，斬首三萬級，獲順及鎧甲、僭僞服用甚衆。

朝議賞功，中書欲除宣徽使。太宗曰：「朕讀前代史書，不欲令宦官預政事。宣徽使，執政之漸也，止可授以他官。」宰相力言繼恩有大功，非此任無足以爲賞典。上怒，深責相臣，命學士張洎、錢若水議別立宣政使，序位昭宣使上以授之。進領順州防禦使〔二〕。

繼恩握重兵，久留成都，轉餉不給，專以宴飲爲務。每出入，前後奏音樂。又令騎兵執博局棋枰自隨，威振郡縣。僕使輩用事恣橫，縱所部剽掠子女金帛，軍士亦無鬭志。餘賊迸伏山谷間，州縣有復陷者。太宗知之，乃命入內押班衞紹欽同領其事。又遣樞密直學士張鑑、西京作坊副使馮守規〔三〕乘傳督其捕賊。議分減師徒出蜀境，以便粮運。

高品王文壽者，隸繼恩麾下，繼恩遣領虎翼卒二千，分逐州路追討。文壽御下嚴急，士卒皆怨。一夕臥帳中，指揮使張嶙遣卒排闥入，斬文壽首以出。會夜昏黑，嶙猶疑其非，然炬照之，曰：「是也。」時嘉州賊帥張餘有衆萬餘，嶙卽以所部與之合，賊勢甚盛。初奏至，太宗欲盡誅軍人妻子，近臣或請勿殺，悉索營中書，遣帥招撫，諭以釋罪，親屬皆全，必自引來歸，因可破賊。上然之，令巡檢程道符諭旨。亡卒斬嶙，函首送繼恩，皆自拔來歸。因使爲鄉導擊賊，悉平之。

至道二年春，布衣韓拱辰詣闕上言：「繼恩有平賊大功，當秉機務，今止得防禦使，賞甚薄，無以慰中外之望。」上大怒，以拱辰惑衆，杖脊黥面配崖州。俄召繼恩。太宗崩，命與李神福按行山陵，加領桂州觀察使。

繼恩初事太祖，特承恩顧。及崩夕，太宗在南府，繼恩中夜馳詣府邸，請太宗入，太宗忠之，自是寵遇莫比。喜結黨邀名譽，乘間或敢言薦外朝臣，由是士大夫之輕薄好進者從之交往，每以多寶院僧舍爲期。有潘閬者能詩詠，賣藥京師，繼恩薦之，召見，賜進士第。尋察其狂妄，追還詔書。

及眞宗初，繼恩益豪橫，頗欺罔，漏泄機事，與參知政事李昌齡緘題往來，多請託，至有連宮禁者。素與胡旦善，時將加恩，密諉其爲褒辭。又士人詩頌盈門。上惡其朋結，黜爲右監門衞將軍，均州安置，籍沒貲產，多得蜀土僭擬之物。昌齡責忠武軍節度行軍司馬，旦削籍，長流潯州。詔中外臣僚曾與繼恩交識及通書尺者，一切不問。

咸平二年，卒於貶所，遣使將其家屬還京師，假官舍處之。四年，聽歸葬。大中祥符三年，特詔追復官爵，以白金千兩賜其家。子懷珪，轉入內高班。

李神福，開封人。父繼美，仕後唐爲內侍，顯德初爲御廚都監。時內臣止以服色爲貴，太祖特賜紫，後至右領軍衞將軍。神福少給事晉王府，謹恪解上意，未嘗少怠。太宗卽位，授入內高品。從征太原，攻城之際，往來梯衝間宣傳詔命，卽行在所遷殿頭。太平興國六年，擢入內高品押班，遷副都知、勾當翰林司，轉入內內班都知，兼勾當祗候內品班。淳化四年，遷崇儀副使、勾當皇城司。屬初易黃門之號，轉入內黃門都知，俄加宮苑使。太宗好筆札，神福每侍側，多獲別本之賜。及不豫，神福朝夕左右，躬侍藥膳。

眞宗卽位，遷皇城使、內侍省入內內侍都知，領恩州團練使、勾當永熙陵行宮事。時模寫太宗聖容，以神福立侍。未幾，求罷都知，加昭宣使、勾當皇城司，賜第宮城側，遣修內工爲葺之。咸平二年秋，閱兵東郊，以神福爲大內都部署。是冬，幸大名，與王繼英並爲行宮使。四年，勾當三班，部修含光殿，賜賚甚優。景德初，兼領親王諸宮使。三年，改宣政使。從謁諸陵，復爲行宮使。進幸西京，賜酺，命神福主其事。

大中祥符初，天書降夕，神福與劉承珪、鄧永遷、李神祐、石知顒、張景宗、藍繼宗同直禁中，賜以器幣、緡錢。京師酺會，又令神福與白文肇、閻承翰同典之。是歲封泰山，與曹利用同經度行宮道路。及車駕進發，又爲行宮使。禮畢，授宣慶使，領昭州防禦使，整肅禁衛。先是，諸司使止于宣政，故特置使額以寵之。三年，卒，年六十四。贈潤州觀察使。神福性恭愿和易，每爲衞紹欽所詬罵，皆引避不校。在禁闥五十年，稱爲長者。然久掌三班，無規制，遠近失敘，有請託者不能拒之，人譏其所守。子懷斌、懷贇。弟神祐。

神祐，初以父任授殿頭高品。太祖將納孝章皇后，命神祐奉聘禮于華州。乾德五年，征太原，負御寶從行。開寶二年，又從征太原，時有詔緣邊和市軍儲，車駕在潞州聞之，且慮擾民，令神祐馳驛止之。時詔下已五日，神祐一夕而及晉陽。一日，甲士旣陣，賊潛縱火焚梯衝，亟命神祐部衞兵爲援，斬賊甚衆，餘悉潰去。王師伐廣州，隨軍賞給。劉鋹平，先部帑藏之物赴京師。及士寇周瓊等叛，又副尹崇珂討平之。六年〔四〕，隨曹彬南征。克關城，擒僞將朱令贇，命神祐馳入獻捷書，賜錦袍、金帶。

太宗卽位，遷南作坊副使。錢俶歸朝，命神祐往按府藏之積。再征太原，領工徒千人隨駕，以備繕完甲兵。劉繼元表納降款，太宗陳儀衞城北臺以受之，繼元移時未至，神祐馳單騎入城，俄頃，引繼元至。及北伐燕薊，命與劉廷翰〔三〕統精騎爲大陣之援。車駕還，又令率兵屯定州以備契丹。太平興國六年，滑州治河防，材葦未具，命神祐馳往垣曲，伐薪蒸四百萬以濟其用。七年，契丹寇邊，命領兵屯瀛州，俄改崇儀使，提點左右藏庫，遷洛苑使。至道初，西鄙不寧，命爲靈、環排陣都監，率衆至烏白池而還。俄駐永興，復護糧運抵朔方。

眞宗嗣位，轉內園使、邠州都監。車駕北巡，改天雄軍都監、子城內巡檢。時北兵充斥，道途阻塞，命神祐單騎諭密旨於諸將。敵騎數百忽至，神祐乃周麾而呼，若召伏兵，敵懼而逃，遂達其命。俄充邢州排陣都監，勾當西八作司。景德初，上幸澶州，領隨駕壕砦。

三年，遷入內都知。從東封還，遷南作坊使。時內侍將遷秩，有扈從升山、不升山或不預從祀者，令神祐第其勤狀，上親閱而敍遷之。有范守遜、皇甫文、史崇貴、張延訓等，皆嘗有譴累而互陳勞効，且言神祐等品第非當，泣訴于上，止而復來者數四。守遜等先改內常侍，上怒，悉停其官。神祐洎石知顒、副都知張景宗、藍繼宗並坐削職。尋掌御廚七年，卒，年六十六。大中祥符六年，錄其孫永和爲三班奉職。神祐性謹愿，曉音律，頗好篇詠。

子懷岊，太宗時嘗請爲道士，後復內侍。多屯邊郡，常持大鐵鞭以斸賊，屢中流矢，至供奉官。懷儼爲內殿崇班。

劉承規字大方，楚州山陽人。父延韜，內班都知。承規，建隆中補高班，太宗即位，超拜北作坊副使。時泉帥陳洪進歸朝，遣承規疾置封其府庫。會土民嘯聚爲寇，承規與知州喬維岳率兵討定之。太平興國四年，命與內衣庫使張紹勍等六人率師屯定州，以備契丹，又護滑州決河。雍熙中，勾當內藏庫兼皇城司，出爲鄜延路排陣都監，改崇儀使，遷洛苑使。至道中，與周瑩同簽書提點樞密、宣徽諸房公事，仍加六宅使。承規懇辭，帝雖不許而嘉其退讓。

眞宗立，瑩爲宣徽使，以承規領勝州刺史、簽書宣徽院公事。尋讓宣徽之務，加莊宅使。咸平三年，遷北作坊使。時邊境未寧，議修天雄軍城壘，命承規乘傳經畫，又命提舉內東、崇政殿等諸門，遷宮苑使。上詢承規西事，請益環州木波鎭戍兵，以爲諸路之援，從之。俄兼勾當羣牧司。

景德二年，與李允則使河間，按視嘗經戰陣等處將卒之勞。是歲，置官提舉京師諸司庫務，以承規領之。所創局署，多所規制。改皇城使。與林特、李溥議更茶法。四年，三司上言新課增羨，承規以勞加領昭州團練使。

大中祥符初，議封泰山，以掌發運使遷昭宣使、長州防禦使。會修玉清昭應宮，以承規爲副使。祀汾陰，復命督運。議者以自京至河中，由陸則山險，具舟則湍悍，承規決議水運，凡百供應，悉安流而達。自朝陵、東封及是皆留掌大內。禮成，當進秩，表求休致，手詔敦勉，仍作七言詩賜之。拜宣政使、應州觀察使。

五年，以疾求致仕。修宮使丁謂言承規領宮職，藉其督轄，望勿許所請，第優賜告詔，特置景福殿使名以寵之，班在客省使上。仍改新州觀察使，上作歌以賜。承規以廉使月稟歸於有司，手詔褒美，復定殿使奉以給之。本名承珪，以久疾羸瘵，上爲取道家易名度厄之義，改珪爲規。疾甚，請解務還私第，聽之。仍許皇城常務上印日，內藏庫有創制，就取商度。又再表求罷，官檢校太傅、左驍衞上將軍、安遠軍節度觀察留後致仕。七月卒〔六〕，年六十四。廢朝，贈左衞上將軍、鎭江軍節度，謚曰忠肅。

承規事三朝，以精力聞，樂較簿領，孜孜無倦。自掌內藏僅三十年，檢察精密，動著條式。又製定權衡法，語在律曆志。性沈毅徇公，深所倚信，尤好伺察，人多畏之。上崇瑞命，修祠祀，飾宮觀，承規悉預聞。作玉清昭應宮，尤爲精麗。屋室有少不中程，雖金碧已具，必毁而更造，有司不敢計所費。二聖殿塑配饗功臣，特詔塑其像太宗之側。承規遇事亦或寬恕，鑄錢工常訴本監前後盜銅瘞地數千斤，承規佯爲不納，因密遣人發取送官，不問其罪。咸平中，朱昂、杜鎬編次館閣書籍，錢若水修祖宗實錄，其後修册府元龜、國史及編著讐校之事，承規悉典領之。頗好儒學，喜聚書，間接文士質訪故實，其有名於朝者多見禮待，或密爲延薦。

自寢疾惟以公家之務爲念，遺奏求免贈賻詔葬，上甚嗟惜之，遣內臣與鴻臚典喪，親爲祭文。玉淸昭應宮成，加贈侍中，遣內侍鄧守恩就墓告祭。子從愿，爲西染院使。

閻承翰，眞定人。周顯德中爲內侍。入宋事太祖，以謹愿稱。太宗時擢爲殿頭高品，稍遷內侍供奉官、內殿崇班。先是，八作司材木頗有隱弊，承翰建議於都城西置事材場，治材以給之。雍熙中，知廣州徐休復奏轉運使王延範不軌狀，遣承翰馳往同逮捕下獄，就鞫之，考掠過苦，延範遂坐誅。李順亂蜀，命爲川峽招安都監。賊平，授西京作坊副使。會增募金吾兵，以承翰及劉承蘊分充左右金吾都監兼街仗司事，俄罷之。

眞宗卽位，改西京作坊使、內侍左班副都知。咸平三年，河決鄆州王陵埽，遣承翰護塞。時議徙鄆州以避河患，又詔承翰與工部郎中陳若拙乘傳規度，徙于舊治之東南。五年，入內都知韓守英爲鎭、定、高陽關三路排陣都鈐轄，上以其素無執守，議別擇人，因謂宰相曰：「承翰雖無武勇，然涖事勤恪。」乃令代守英。時中山屯兵甚衆，艱於飛輓，承翰請鑿渠，計引唐河水自嘉山至定州三十二里，又至蒲陰東六十二里，合沙河經邊吳泊入界河以濟饋運，亦可旁爲方田，上嘉而從之。渠成，人以爲便，優詔褒之。

景德初，契丹謀寇順安軍，承翰奉詔發雄、霸精兵，與荆嗣、張延同築壘禦之，俄又遣詣德清軍規度重修城壘。車駕北征，承翰先在澶州北城，奏契丹兵在近，請不度河，上不聽，促駕度浮橋。二年，加領廉州刺史，勾當羣牧司，多條上馬政，遂兼羣牧副使。時契丹結好，始置國信司主交聘之事，以承翰領之，多所規置。

大中祥符初，改西京左藏庫使，充夏州趙德明加恩官告使。還，請於浦洛河置館，以待夏臺進奉使，上以荒夐勞役，不許。四年，遷內園使、左班都知，領奬州團練使。有西京左藏庫副使趙守倫久典廐牧，至是又掌估馬，與承翰聯職任，雖素爲姻家，然不相得，遂各訟訴，並付御史臺。承翰坐擅用羣牧司錢，當贖金三十斤；守倫坐違制移估馬司，當免所居官；典吏當杖脊。詔寬其罰：承翰贖金十斤，守倫贖金二十斤，典吏亦降從杖。羣牧都監張繼能、判官陳越田穀、勾當騏驥院楊保用、估馬楊繼凝皆釋之，制置使陳堯叟特免按問。

六年，上製內侍箴賜之，承翰表請刻石省中。明年，建應天府爲南京，作鴻慶宮，設太祖、太宗像，遣承翰自京奉往。授南作坊使、入內都知。未幾，卒，年六十八。贈懷州防禦使。

承翰性剛彊，所至過於檢察，乏和懿之譽。子文應，西京左藏庫使。

秦翰字仲文，眞定獲鹿人。十三爲黃門，開寶中遷高品。太平興國四年，崔彥進領衆數萬擊契丹，翰爲都監，以善戰聞。太宗因加賞異，謂可屬任。雍熙中出爲瀛州駐泊，仍管先鋒事，遷入內殿頭高品、鎭、定、高陽關三路排陣都監。淳化四年，補入內押班。趙保忠叛，命李繼隆率師問罪，翰監護其軍。次延州，翰慮保忠遁逸，卽乘驛先往，矯詔安撫以緩其陰計。王師至，翰又諷保忠以地主之禮郊迎，因並驅而出，保忠遂就擒，以功加崇儀副使。至道初，爲靈環慶州、淸遠軍四路都監。眞宗卽位，加洛苑使、入內副都知。咸平中，河朔用兵，以爲鎭、定、高陽關排陣都監，敗契丹于莫州東，追斬數萬，盡奪所掠老幼。詔褒之，徙定州行營鈐轄。

王均之亂，爲川峽招安巡檢使。時上官正與石普不協，翰恐生事，爲曉譬和解之。親督衆擊賊，中流矢不却，五戰五捷，遂克益州，上手札勞問。翼日，進至廣都，斬首千餘級，獲馬數千匹。歸朝，遷內園使，領恩州刺史。

出爲鎭、定、高陽關前陣鈐轄，又徙後陣，破契丹二萬衆于威虜軍西，俘其鐵林大將等十五人。又爲邠寧、涇原路鈐轄兼安撫都監，率所部按行山外，召戎落酋帥，諭以恩信，凡三千餘帳相率內附。未幾，康奴族拒命，翰與陳興、許均深入擊之，斬級數千，焚其廬帳，獲牛馬甚衆。復與陳興、曹瑋襲殺章埋軍主于武延鹹泊川。詔書加奬，賜錦袍、金帶、白金五百兩、帛五百匹。

景德初，車駕將北巡，先遣翰乘傳往澶、魏裁制兵要，許便宜從事。俄充邢洺路鈐轄，與大軍會德淸軍，張犄角之勢。又召爲駕前西面排陣鈐轄，管勾大陣。翰即督衆環城浚溝洫以拒契丹。功畢，契丹兵果暴至，翰不脫甲胄七十餘日，契丹乞和，凱旋，留泊澶州。月餘，令率所部兵還京師，加宮苑使、入內都知。出爲涇原儀渭鈐轄。先是，西鄙無藩籬之蔽，翰規度要害，鑿巨塹，計工三十萬，役卒數年而成，不煩於民。就遷皇城使、入內都知。以翰在邊久，宣力勤盡，特置是名以寵異焉。翰表讓，不聽。

大中祥符初，求從東封，手詔諭以西垂委任之異。改昭宣使，又爲羣牧副使，祀汾陰。是歲，夏州屬戶有擾境上者，即日遣翰往腓上按視，遍巡邊部。及翰至，事寧，復還扈從，凡行在諸司細務，悉令裁決，不須中覆。禮畢，加領平州團練使，奉祀亳州，掌如汾陰。八年，營葺大內，詔翰參領其事。閏六月，暴卒於內庭之廨，年六十四。上甚悼惜，爲之泣下。贈貝州觀察使，賻襚加等。修內畢，詔遣使以襲衣、金帶賜其家。

翰倜儻有武力，以方略自任。前後戰鬬，身被四十九創。李繼遷之未賓也，翰因使常出入其帳中，無疑間，嘗白太宗言：「臣一內官不足惜，願手刺此賊，死無所恨。」太宗深嘉其忠。

翰性溫良謙謹，接人以誠信，羣帥有剛狠不和者，翰皆得其懽心。輕財好施，與將士同休戚，能得衆心，皆樂爲用。其歿也，禁旅有泣下者。

九年，重贈彰國軍節度，詔楊億撰碑文，億以其不蓄財，表辭所贄物，雖朝廷不許，而時論美之。子懷志，內殿崇班。

周懷政，并州人。父紹忠，以黃門事太宗，從征河東，得懷政于亂屍間，養爲子。給事禁中，累至入內高品。大中祥符初，眞宗東封，命修行宮頓遞。及奉泰山天書馳驛赴闕，轉殿頭。天書每出宮，與皇甫繼明並爲夾侍。東封禮成，與內殿崇班康宗元留泰山，修圜臺，轉入內西頭供奉官。祀汾陰，轉東頭。六年，劉承規卒，擢內殿崇班、入內押班、勾當皇城司。會朝謁太清宮，與閤承翰等同管勾大內事。七年，奉天書摹刻于乾元殿，爲刻玉都監，又爲修兗州景靈宮、太極觀都監，俄遷內殿承制。是冬，命起居舍人、知制誥盛度爲會眞宮醮告使，懷政爲都監。還，爲玉清昭應宮都監兼掌景靈宮、會靈觀使。刻玉成，遷如京副使。九年，建資善堂，以懷政爲都監。壽丘宮觀成，優賜襲衣、金帶，遷崇儀使。天禧大禮，又爲修奉寶册都監，加領長州刺史，是冬遷洛苑使。二年春，遷左藏庫使。仁宗爲皇太子，命爲入內副都知、管勾左右春坊，轉左騏驥使。三年，領英州團練使，加昭宣使。

懷政日侍內廷，權任尤盛，於是附會者頗衆，往往言事獲從，同列位望居右者，必排抑之。中外帑庫皆得專取，因多入其家。性識凡近，酷信妖妄。有朱能者，本單州團練使田敏廝養，爲人凶狡，遂賂懷政親信，得見，因與侍卒姚斌妄談神怪以誘之。懷政大惑，援能至御藥使、領階州刺史。俄於終南山修道觀，與劉益輩造符命，託神言國家休咎，否臧大臣。時寇準鎭永興〔七〕，能爲巡檢，倚準舊望，欲實其事。準好勝，喜其附己，多依違之。朝臣屢言懷政之妄，眞宗含忍不斥，然漸疏遠之。懷政憂懼，時使小黃門自禁中出，詐稱宣召，入內東門，坐別室，久之而還，以欺同類。會準爲相，踰年而罷，懷政愈畏獲譴，不自安。

四年七月，與弟禮賓副使懷信謀潛召客省使楊崇勳、內殿承制楊懷吉、閤門祗候楊懷玉會皇城司，期以二十五日竊發，殺丁謂等，復相寇準，奉眞宗爲太上皇，傳位太子。前夕，崇勳、懷吉詣丁謂第密告之，謂卽夜偕崇勳、懷吉至曹利用第計議。翌日，利用入奏，眞宗怒，命收懷政，令宣徽北院使曹瑋與崇勳於御藥院鞫訊，具伏。帝坐承明殿臨問，懷政但祈哀而已，命斬于城西普安寺。父內殿承制紹忠及懷信並杖配復岳州，子姪勒停，貲產沒官。朱能父左武衞將軍致仕諤、母周氏，罰銅百斤，子守昱、守吉分配邵、蔡、道州〔九〕。懷政僕使、親從並杖配海島、遠州，部下使臣貶秩有差。懷政之未敗也，紹忠嘗詬之曰：「斫頭豎子終累我！」懷信謂之曰：「兄前事必敗，宜早詣上首實，庶獲輕典。」及其謀亂，又泣拜止之，不聽，故皆得免死。

右街僧錄澄遠以預聞妖詐，決杖黥配郴州。內供奉官譚元吉、高品王德信、高班胡允則、黃門楊允文與懷政協同妖妄，皆杖配遠州。入內押班鄭志誠與能書問往還，削兩任，配房州。入內供奉官石承慶嘗爲懷政所召，夜二鼓不下皇城門鑰以待，黃門黃守忠見之，戒門卒勿納，至是言其事，承慶坐削兩任，配宿州。楊懷玉次日始詣樞密院自陳，責授侍禁、杭州都監。擢崇勳內客省使、桂州觀察使，懷吉如京使，賜以金帶、金銀。

懷政既誅，亟遣入內供奉官盧守明、鄧文慶馳驛永興，捕朱能。劉益、李貴、康玉、唐信、道士王先、張用和悉免死，配遠州。能偵知使者至，束甲出，殺守明以叛。詔遣內殿承制江德明、入內供奉官于德潤發兵捕之，能入桑林自縊死。永興、乾耀都巡檢供奉官李興、本軍十將張順斷能及其子首以獻，補興閤門祗候，順牢城都頭。以劉益等十一人黨能害中使，磔于市。王先、李貴、唐信、張用和八人皆處斬。能母妻子弟皆決杖配隸，閤門祗候穆介、知永興軍府朱巽、轉運使梅詢劉楚、知鳳翔府臧奎等坐與懷政、能交結相稱薦，皆論罪。降寇準太常卿，再貶道州。凡朝士及永興、鳳翔官吏與準厚善者，悉降黜焉。

張崇貴，眞定人。太祖時爲內中高品，稍遷殿頭。太平興國中，以善射選爲御帶。錢俶納土，命馳往閱城防儲偫之數。親征太原，從崔彥進、李漢瓊先路視水草。端拱初，補內供奉官。

淳化四年，命乘傳之延州招羌戎之內附者，發庫錢犒給，以金幣賜酋領。將行，轉內班右班押班，就命管勾鄜延屯兵，李繼隆討李繼遷，詔崇貴以延安兵犄角進討。及擒趙保忠，留崇貴與石霸守綏州，徙平夏民以實之。繼遷扼橐駝路，驅脅內屬戎人，崇貴與田敏率熟倉族亂遇戰於雙堆，殺二千餘級，掠牛羊、橐駝、鎧甲甚衆，連詔褒諭。繼遷走漠中，遣其將佐趙光祚、張浦求納款，會于石堡砦，崇貴椎牛釃酒犒諭之，給以錦袍帶。會改內班爲黃門，命爲黃門右班押班，仍加內殿崇班，又改黃門爲內侍，職隨易焉。既而繼遷貢槖駝、名馬待罪，遣崇貴往賜器幣、茶藥、衣物。

至道元年，進崇儀副使、內侍右班副都知。時繼遷復叛，刼芻餽于浦洛河。二年，詔李繼隆大發師進討。賊圍靈州急，太宗將棄之，廷議未決，命崇貴與馮訥乘傳往議其事，乃益兵固守，就命爲靈環慶州、淸遠軍路監軍，又爲排陣都監。

眞宗立，拜洛苑使、右班都知、管勾幷州軍馬。自至道後，五路討賊，兵戰相繼，卒無成功。及是，保吉復修貢，詔以定難節度授之，命崇貴持詔命、衣帶、器幣以賜。使還，加六宅使。

咸平元年，又命管勾鄜延屯兵，洎延安，改駐洎都監，又爲鈐轄。其後繼遷復與熟戶李繼福爲隙，因緣內擾，崇貴與張守恩擊之，焚廬舍，獲貲畜、器甲、生口甚衆。又與王榮禦賊，獲具裝馬數十匹，再詔褒飭。四年，詔歸。俄領獎州刺史，復涖鄜延，仍制置沿邊靑白鹽事。與衞超領軍入敵境，焚廬舍帳幕，獲廩糗、牛羊，復被詔獎。崇貴屢詗契丹事傳遞以聞，願身當一隊爲前鋒，詔不允。

景德元年，保吉死，其子德明尚幼，崇貴移書諭朝廷恩信，德明請俟釋服稟命。詔書慰撫，以向敏中爲緣邊安撫使。自是邊防事宜，經制小大，皆崇貴專主之。築臺保安北十里許，召戎人會議，與之盟約。二年春，召赴闕面授方略，許德明以定難節度、西平王，賜金帛緡錢各四萬、茶二萬斤，給內地節度奉，聽回圖往來，放青鹽禁，凡五事。而令德明納靈州土疆，止居平夏，遣子弟入宿衞，送略去官吏，盡散蕃漢兵及質口，封境之上有侵擾者稟朝旨，凡七事。德明悉如約，惟以子弟入質及納靈州爲難，故亦禁鹽如舊，不許回圖。

三年九月，以德明誓表來上，崇貴因請入朝，許之。以功拜皇城使、內侍左右班都知，領誠州團練使〔九〕。又持旌節誥命授德明，太常博士趙湘爲之副。四年，使還，會車駕上陵，次瓊林苑，崇貴對于苑中，卽命爲行宮使。是秋，復還延安。供奉官曹信時監邊軍，信善琴，崇貴與石普軍中宴集，令信奏之，信以久廢爲辭；崇貴與普因摭其他過以聞，眞宗知其誣奏，不問。大中祥符元年，加昭宣使。

崇貴久在邊，善識羌戎情僞，西人畏服。每德明有所論述及境上交侵，皆先付裁制。夏州趣邊有二路，其文移至環慶者，皆付延州議焉。嘗請置緣邊安撫使，如北面之制。上曰：「西鄙別無經營，苟德明能守富貴，無慮朝廷失恩信也。增置署局，徒爲張皇，不若委卿靜制之。」二年，上言久去鄉里，願得告歸葬父母。許之，錫與甚厚。復命爲都鈐轄，提舉榷場。崇貴乞留京師，面諭委屬之意，聽歲入奏事。四年八月，卒，年五十七。帝悼惜之，贈豐州觀察使，內侍護喪還京師。子承素，東染院副使。

張繼能字守拙，并州太原人。父贊，晉末爲內班。繼能，建隆初以黃門事禁中，太平興國初爲內品。從征河東，命主城南洞屋，以勞遷高品。契丹入寇，命爲高陽、鎮、定路先鋒都監，從崔彥進戰長城口，多所俘馘。明年，又與彥進敗契丹于唐興口，轉殿頭高品。

雍熙中，夏州叛，命李繼隆爲銀、夏都部署，以繼能監軍。俄徙護定州屯兵，領驍捷卒三千，屯五回嶺。端拱初，遷入內殿頭，從趙保忠討李繼遷。保忠薦其有材，命與保忠同經略其事。代還，掌內弓箭庫。淳化三年，與白承睿護芻粟入靈武。會繼遷復寇邊，命繼能、承睿與知靈州侯延廣領驍卒五千，同主軍務，俄留爲本州都監。及鄭文寶議城威州、清遠軍，繼能護其役。工畢，命與西京作坊副使張延洲同知軍事，又與田紹斌同掌積石砦。就遷內供奉官、靈環慶、清遠軍後陣都監，與西人轉鬭，敗走之。復還清遠。詣闕奏事，遷內殿崇班。未幾，拜供備庫副使，復遣護環州屯兵，徙涇原儀渭都巡檢使。

眞宗卽位，遷崇儀使、靈環十州軍兵馬都監兼巡檢安撫使。咸平三年王均之亂，命爲川峽兩路招安巡檢使。成都平，留爲利州招安巡檢，尋召歸。會銀、夏寇擾，復爲邠寧駐泊都監。夏人寇清遠軍，營于積石河，繼能與楊瓊、馮守規在慶州逗遛，不時赴援，致陷城堡，又焚棄青岡砦，特詔下御史府，免死，長流儋州。景德二年，會赦，還，爲內侍省內常侍，又爲陝西捕賊巡檢，獲千餘人，改內殿崇班。從朝陵，爲行宮四面巡檢。

四年，宜州卒陳進爲亂。初，知州劉永規馭下嚴酷，課澄海卒伐木葺州廨，數不中程即杖之，至有率妻孥趣山林以采者，雖甚風雨，不停其役。故進因衆怨，殺永規及監軍國鈞，擁判官盧成均爲帥，據其城。

七月奏至，詔東上閤門使忠州刺史曹利用、供備庫使賀州刺史張煦爲廣南東、西路安撫使，如京副使張從古及繼能副之，虞部員外郎薛顏同勾當轉運事，發荆湖、蘄黃州兵討之。上語近臣曰：「番禺寶貨雄富，賊若募驍果，立謀主，沿流東下趣廣州，則爲患深矣。」遣內侍高品周文質使廣州，監屯兵，會鄰路巡檢使控要路，集東西海戰櫂，扼端州峽口。賊悉衆來攻柳城縣，殿直韓明、許貴、郝惟和以所部兵千餘禦敵，明、貴死之，惟和僅以身免，成均奉宜州印遣使詣舒賁求赦罪。是夕，進復陷柳城，官軍退保象州。賊又寇懷遠軍，知軍殿直任吉與邕桂巡檢、殿直張崇寶、侍禁張守榮擊走之。賊退而復集者累日，吉輩固守，屢與鬥，大獲其器甲。又攻天河砦，砦兵甚少，監軍奉職錢吉部分嚴整，一戰敗之。賊衆屢衄，頗潰去，衆心攜貳，將棄宜州，以家屬之悼耄者五百人隕江中，率其衆裁三千趣柳、象，將入容管。初至柳州，限江不能渡。知州王昱望賊遁走，城遂陷。

朝廷以詔書四十分揭要路，諭賊歸順者悉釋其罪。賊挈族居思順州，分兵攻象州。利用命入內高班于德潤以千兵倍道襲逐，利用等繼至，遇賊武仙縣之李練鋪。賊初不知覺，惟進率衆來拒，直犯前軍，前軍寄班侍班郭志言麾騎士左右縱擊。賊衣順水甲、執標牌以進，飛矢攢鋒不能卻，前軍卽持棹刀巨斧破其牌，史崇貴登山大呼曰：「賊走矣，急殺之！」賊心動，衆遂潰。逐北至象州城下，賊呰猶有據長竿瞰城中者，咸均始挈其族以詔書來降，乃斬進幷其黨，生擒賊帥六十餘人，斬首級、獲器甲戰馬甚衆。

利用分兵捕餘寇，遣于德潤馳奏其事。授利用引進使，煦如京使，從古莊宅副使，繼能供備庫使，志言供備庫使。又以御前忠佐馬步軍副都軍頭郭全豐爲都軍頭，領勤州刺史。歸遠軍士手殺進者李昊、劉宗、趙敏並補本軍都頭〔一〇〕，張守榮爲供奉官、閤門祗候，張崇寶、任吉並爲供奉官，錢吉爲右侍禁。又以知象州大理寺丞何邴最有勞，優拜祠部員外郎，賜緋。又賜邴三子知道、知古、知常出身，邴之親屬同扞寇者悉甄敍之。升象州爲防禦使。

初，賊攻象州，城在高丘上，素無井，閉壘之日，皆以乏水爲慮。賴天雨，停水將竭而雨復下，如是者兩月，汲之以濟。山中無烽候，每欲破賊，卽禱於城西神祠，或見巨蟒吞龜，是日果有克獲，衆以爲神靈助順之應。張守榮俄病瘴，遣尙醫馳往視之，未至而卒，贈如京使，錄其子官。

十二月，餘寇悉平。東封，留繼能爲京舊城內巡檢鈐轄，俄加東染院使。

大中祥符二年，入內都知李神祐〔二〕等坐事悉罷，擢繼能入內內侍省副都知。時宗室多召侍講說書，上嘉其勤學，令講誦日別給公膳，專遣繼能主之。俄又與內殿承制岑保正提點郡縣主諸院事。三年，兼羣牧都監。祀汾陰，留掌大內兼舊城內巡檢鈐轄，俄領會州刺史。謁太淸宮，爲天書扶侍都監。七年，以疾求解職，不許。命爲涇原儀渭鎭戎軍路鈐轄〔三〕。未幾，徙鄜延都鈐轄。先是，內屬戶殺漢口者止罰孳畜，繼能則麗於常法，由是西人畏而不敢犯。德明雖受朝命，而羌部不絕寇境。繼能日課卒截竹爲簽，署字其上，且言以備將士記殺獲功狀，賊聞之甚懼。歸朝，復涖羣牧。仁宗在儲宮，嘗親書一幅賜之。繼能以聞，眞宗亦爲標題其末，人以爲榮。九年，坐前護修莊穆皇后陵摧陷，左授西染院使，掌往來國信。

天禧初，復西京左藏庫使。國信司吏陳誠者，頗巧黠，繼能欲援置羣牧司，而誠先隸羣牧，坐事停職。至是，羣牧吏左宗抉其宿負，白制置使曹利用，故誠不遂所求。繼能怒宗之沮己，密遣親事卒偵宗。會宗弟元喪妻，宗嘗爲假敦駿軍校馬送葬，及還，元抵飲肆與酒保相毆，繫府中，而假馬之事未發。誠卽白繼能，請屬府中幷劾其事。知府樂黃目受屬，獄未就，爲羣牧副使楊崇勳所發，繼能坐罷內職，降授西京作坊使，出爲邠寧鈐轄。繼能自陳不願外任，得掌瑞聖園，尋領往來國信所。三年，復爲西京左藏庫使、內侍右班副都知。未幾，遷崇儀使，以衰老求解職，轉內園使，掌瓊林苑。五年，卒，年六十五。特贈汀州團練使，錄其子懷忠爲大理寺丞，孫遜爲三班奉職，遜爲借職、春坊祗候。

繼能性沉密知兵，頗勇敢，喜讀書，然好治生。晚年急於聚蓄，衆以此少之。

何邴後歸朝，知磁州而卒。一子知崇裁十餘歲，特補太廟齋郎。又徙其姪平夷尉知古爲滏陽尉。省郎無賞延之例，猶以城守勞，故甄錄焉。

衞紹欽，開封人。父漢超，內侍高品。紹欽始以中黃門給事晉邸，太宗卽位，補入內高品，甚被親倚。從征太原，命督諸將攻城，劉繼元降，命領驍卒先入城，燒其營栅，遷殿頭高品。雍熙二年，擢入內西頭供奉官。淳化中，部修皇城，功畢，授入內押班。五年，加崇儀副使。

李順之亂，王師致討，與王繼恩同領招安捉賊事，遇賊，鬥學射山南。又攻清水堳，破雙流砦，招降數萬衆，斬千餘級。順死，餘黨保險爲寇，又與楊瓊先扼要路以邀之，擒斬萬餘人，獲器甲槍槊千餘。遣別將曹習領兵捕餘賊于安國鎭，斬三百級。時嘉、眉二州賊尙擾城郭，又遣內殿崇班宿翰討之。兩川平，召還，深被褒勞。

眞宗嗣位，拜宮苑使，領愛州刺史，充入內副都知、修奉永熙陵都監，旣復土，遂爲陵使。景德元年，改皇城使。從幸河朔，命爲車駕前後行宮四面都巡檢。次澶淵，命領扈駕兵守河橋。三年，加昭宣使。朝諸陵，復爲行宮巡檢。駐洛陽，命爲皇城內外都巡檢。歷掌三班院、皇城儀鸞翰林司。卒，年五十六。

紹欽苛愎少恩，不爲衆所附。太平興國中，江東有僧詣闕請修天台壽昌寺，且言寺成願焚身以報。太宗允其請，命紹欽往督營繕。旣訖役，遽積薪於廷，請僧如願，僧言欲見至尊面謝，紹欽曰：「昨朝辭日，親奉德音，不煩致謝。」僧惴怖偃蹇，顧道俗望有救之者，紹欽卽促令躋薪上，火旣盛，僧欲投下，紹欽遣左右以叉抑按而焚之。子承慶，至內殿承制。

石知顒，眞定人。曾祖承渥，梁尙食使。祖守忠，晉內供奉官。父希鐸，高品。知顒形貌甚偉，建隆中授內中高品。太宗卽位，改供奉官。雍熙中，諸將征幽薊，以知顒隨軍。歸，掌儀鸞司。

淳化中，明州初置市舶司，與蕃商貿易，命知顒往經制之。轉內殿崇班、親王諸宮都監。從王繼恩平蜀寇，就遷西京作坊副使。咸平初，遷正使、帶御器械。契丹犯邊，上北巡，命爲天雄軍、澶州巡檢使，俄改德、博等州緣河巡檢使兼安撫，加領長州刺史。三年，戍鎭、定、高陽關三路，押大陣。是冬，改高陽關駐泊行營鈐轄。歸朝，復掌親王諸宮事。

景德中，自京抵泗，遣徒治河堤，命總其役。初計工累月，及是，浹日而畢。上面加褒諭，賜白金千兩，授入內都知。

大中祥符初，遷內園使。俄以定內侍遷秩品第不當，爲其列所訴，坐罷都知。三年，爲并、代州鈐轄，遷莊宅使，徙鎭、定、高陽關鈐轄。四年，命與內殿崇班張繼能、供奉官侍其旭同修太祖神御殿。上封求覲闕下，復掌羣牧司、三班院、親王諸宮事。天禧二年，爲并、代州鈐轄兼管勾麟府路軍馬事。三年，卒，年六十九。孫全彬。

全彬字長卿，以知顒奏補入內小黃門，累遷西頭供奉官。仁宗使致香幣于南海，密詔察所過州縣吏治民俗。還，具以對，帝以爲忠謹。陝右羣盜殺鳳州巡檢，遣往擒滅之。元昊叛，全彬監鄜州兵救延州，解圍去。經略使明鎬言其勇略善將，得邊人情，除并、代州都監，加內侍押班。進鈐轄，徙鄜延，還，爲押班。

儂智高寇廣南，以爲湖南、江西路安撫副使。出桂林，請于宣撫使狄靑，願獨當一隊以自效。於是使將左方兵，力戰于邕州。南方平，領綿州防禦使。

張貴妃居寧華殿閣，命全彬提舉。妃薨，治喪過制，皆劉沆、王洙與全彬共爲之。數月，進宮苑使、利州觀察使，給兩使留後奉。俄爲入內副都知，知制誥劉敞封還詞命，居三月，復授之。轉領信武軍留後，爲永昭陵鈐轄。時去永定復土四十二年，有司多亡其籍，全彬以心計辦治。遷福延宮使，提點奉先院。

熙寧中，卒，年七十六。贈太尉、定武軍節度使，謚曰恭僖。

鄧守恩，幷州人。十歲以黃門事太宗。

淳化中，盜起成都，從王繼恩往討之。至道初，就護西蜀屯兵。咸平初，爲入內高班。契丹入寇，命石保吉爲鎭、定都部署，以守恩爲都監。踰年，入掌騏驥院。會龍騎叛卒剽劫環、慶，遣守恩擒翦之。景德初，爲澶、濮都巡檢。又使環、慶及戎、瀘等州巡察邊事。

大中祥符初，按獄于濮州，雪寃人十餘。預監修玉淸昭應宮、會靈觀。七年，又兼修眞遊殿、景靈宮。累遷入內高品、供奉官。宮成，遷內殿承制。八年，預修大內，改西京作坊副使。九年，營造皆畢，授東染院使，充會靈觀都監。天禧二年，掌軍頭引見司，又修祥源觀成，遷崇儀使。三年，授入內押班。河決滑州，命爲修河鈐轄。郊祀，召爲行宮使，改如京使，復還本任。四年春，河復故道，遷文思院使。歸朝，加領昭州刺史。是秋，掌皇城、國信二司，整肅禁衞，遷入內副都知。會建天章閣，命領其事。又勾當資善堂兼太子左右春坊司。

守恩長七尺餘，狀貌甚偉，涖事幹敏，以彊果稱于時。五年，卒，年四十八。贈淄州防禦使，錄其子官。

校勘記

〔一〕鎭定高陽關三路排陣鈐轄　「三」原作「兩」，據本卷閻承翰傳、秦翰傳改。

〔二〕順州防禦使　「州」下原衍「路」字，據長編卷三六、長編紀事本末卷一三刪。

〔三〕西京作坊副使馮守規　「副」字原脫，據本書卷五太宗紀、長編卷三六補。

〔四〕六年　據本書卷三太祖紀、長編卷一五、一六，曹彬南征，事在開寶七年；克關城、擒朱令贇，事在開寶八年。此誤。

〔五〕劉廷翰　「廷」原作「延」，據本書卷二六〇本傳改。

〔六〕七月卒　按下文周懷政傳：「六年，劉承規卒。」又按長編卷八一，劉承規死及由「承珪」改爲「承規」事，都繫於六年七月。此繫於五年下，誤。

〔七〕時寇準鎮永興　「時」原作「及」，長編卷九三、長編紀事本末卷二四作「時」。按本書卷八眞宗紀、卷二八一寇準傳，準於大中祥符八年出鎮永興，此天禧三年事，以作「時」爲是，據改。

〔八〕子守昱守吉分配邵蔡道州　按長編卷九六，句上有「並其」二字，「邵蔡道州」作「蔡郡道州」；長編紀事本末卷二四，句上有「並其」二字，餘與此同。

〔九〕誠州團練使　「誠」原作「博」，據長編卷六四、東都事略卷一二〇張崇貴傳改。

〔一〇〕本軍都頭　「都」字原脫，據長編卷六七補。

〔一一〕李神祐　「祐」原作「福」，據本卷傳目、李神祐傳和長編卷七一改。

〔一二〕涇原儀渭鎮戎軍路　「軍」下原衍「兩」字，據武經總要前集卷一八，陝西的軍事路分中，這幾個州軍同屬一路，簡稱涇原路。長編卷八三記張繼能遷官正作「涇原路鈐轄」，據删。

宋史卷四百六十七

列傳第二百二十六

宦者二

楊守珍　韓守英　藍繼宗　張惟吉　甘昭吉　盧守懃　王守規
李憲　張茂則　宋用臣　王中正　李舜舉　石得一　梁從吉
劉惟簡

楊守珍字仲寶，開封祥符人。爲入內黃門，習書史，學兵家方略。善射，家僮過堂下，一發貫髻，人服其精。選爲環慶路走馬承受公事。契丹謀入塞，爲鎮、定、高陽關行營同押先鋒事。會許民周繼宗爲人誣告與外夷交通，干證者六十人，辭服，遣守珍覆問，悉辨理出之。徙眞定、保、趙等州駐泊都監，邕、桂等十州安撫都監。從曹克明降撫水州蠻，築二柵以扼其要。

天禧初，擒盜於青灰山。累遷西京作坊使、帶御器械、永興軍兵馬鈐轄，徙眞定、邠寧路。爲內侍省內侍押班，提點內弓箭軍器庫。進內園使、右班都知、領端州刺史。嘗侍仁宗苑中，命乘馬馳射，賞其便習，賜錦袍卮酒。卒，贈原州防禦使。

韓守英字德華，開封祥符人。初爲入內高品，從征河東，數奉詔至石嶺關督戰，取隆州，遷殿頭。久之，以西頭供奉官擢入內內侍押班，遷副都知。隨王繼恩招安西川，爲先鋒，戰于劍門有功，遷西京作坊使、劍門都監。還，勾當三班院，進入內內侍都知。歷定州、鎭定高陽關、幷代路兵馬鈐轄。契丹圍岢嵐軍，守英與鈐轄張志言、知府州折惟昌帥所部渡河，抵朔州，以牽賊勢。遂破狼水砦，俘數百人，獲馬牛羊鎧甲以數萬計，賊爲解去。賜錦袍金帶。俄領會州刺史，解都知，再遷昭宣使，復領三班。

出爲鄜延路都鈐轄，徙幷代路。建言：「本路宿兵多，百姓困於飛輓，今幸邊鄙無事，請留騎軍千，餘人悉徙內地。」眞宗曰：「邊臣能體朝廷恤民之意，宜詔諸路視此行之。」

提舉在京諸司庫務，勾當皇城司，爲趙德明官告使。歷宣政、宣慶二使，內侍左班都知，領奬州團練使、雅州防禦使，入內都知，管勾修國史。書成，進景福殿使，又爲延福宮使、入內都知，復提舉諸司庫務。卒，贈定國軍節度觀察留後。

藍繼宗字承祖，廣州南海人。事劉鋹爲宦者，歸朝年十二，遷爲中黄門。從征太原，傳詔營陳間，多稱旨。秦州並邊有大、小洛門砦，自唐末陷西羌，雍熙中，温仲舒諭酋豪使獻其地，徙衆渭北。言者以爲生事，請罷仲舒。太宗遣繼宗往按視，還奏二砦據要害，産良木，不可棄。帝悦，復使繼宗勞賜仲舒。累遷西京作坊副使、勾當內東門。元德太后、章穆皇后葬，爲按行園陵使。車駕北征，勾當留司、皇城司。車駕謁諸陵，近陵舊乏水，繼宗疏泉陵下，百司從官皆取以濟。擢入內副都知，爲天書扶侍都監。詔與李神祐第東封扈從內臣之勞，而入內供奉官范守遜等訴其不公，罷都知。祀汾脽，復爲天書扶侍都監，再遷東染院使。

明年，領會州刺史，進崇儀使、勾當皇城司。修玉清昭應宮，與劉承珪典工作。宮成，遷洛苑使、高州團練使，充都監。坐章穆皇后陵隧墊，貶如京使。典修景靈宮，進南作坊使，復修會靈、祥源觀。車駕幸亳州，管勾留司、大內公事，提舉在京諸司庫務，勾當三班院，修國史院。爲趙德明加恩使，德明與繼宗射，繼宗每發必中，德明遺以所乘名馬。爲內侍省右班都知，遷入內都知。

仁宗卽位，遷左騏驥使、忠州防禦使、永定陵修奉鈐轄。歷昭宣、宣政、宣慶使。累上章求致仕，特免入朝拜舞及從行幸。頃之，復固請罷都知，以景福殿使、邕州觀察使家居養疾。卒，贈安德軍節度使，謚僖靖。

繼宗事四朝，謙謹自持，每領職未久，輒請罷。家有園池，退朝卽亟歸，同列或留之，繼宗曰：「我欲歸種花卉、弄游魚爲樂爾。」景福殿置使，自大中祥符間至繼宗，授者纔三人。養子元用、元震。元用終左藏庫使、梓州觀察使。

元震以兄蔭補入內黃門，轉高班，給事明肅太后。禁中夜火，后擁仁宗登西華門，左右未集，元震獨傳呼宿衞，以功遷高品。爲三陵都監，條列防守法，其後諸陵以爲式。歷羣牧都監，監三館祕閣，積官皇城使。累遷入內副都知、忠州防禦使。仙韶院火，元震救護，火以時息。詔褒之，賜襲衣金帶。卒，贈鎭海軍留後。元震養子五人，不畜閹子。

張惟吉字佑之，開封人。初補入內黃門，遷殿頭、高陽關路走馬承受公事。護塞滑州天臺埽役，還西頭供奉官，監在京榷貨務。知嘉州張約以贓敗，詔與御史王軫往劾其獄。還，領內東門司，爲修奉章獻、章懿太后二陵承受。時議復用李諮榷茶算緡法，乃以惟吉爲內殿崇班，復監榷貨務。凡內侍領內東門，次遷勾當御藥院，而惟吉纔進官，衆以爲薄，惟吉欣然就職。再朞，以羨餘遷承制。

爲趙元昊官告使，還言元昊驕僭，勢必叛，請預飭邊備。及元昊寇延州，遣按視鄜延、環慶兩路器甲，并訪攻守利害。敵既退，夏竦、韓琦謀自鄜延深入，乘虛擊之，命惟吉募幷、汾驍勇，副以士兵，輕齎赴河外。惟吉以爲我師當持重伺變，不宜馳赴不測以自困。已而元昊果引去，還奏稱旨。領皇城司，遷內侍省押班、羣牧都監，簡陝西冗兵，領軍頭引見司，遷供備庫使，盡汰軍頭司軍校之罷癃者。同提舉在京諸司庫務，領恩州刺史，爲入內都知。商胡決〔一〕，爲澶州修河都鈐轄。轉運使施昌言請亟塞，崔嶧以爲歲災民困，役宜緩。命惟吉按視，言河可塞而民誠困，財用不足，宜少待之。從其議。遷如京使、果州團練使，復領皇城司，卒。

惟吉任事久。頗見親信，而言弗阿狥。張貴妃薨，將治喪皇儀殿，諸宦官皆以爲可，獨惟吉曰：「此事干典禮，須翌日問宰相。」既而宰相不能執議，惟吉深以爲非。贈昭信軍節度觀察留後。逾月，又贈保順軍節度使，謚忠安。

養子若水，字益之，以惟吉奏補小黃門，給事章惠太后殿，轉入內高品。王師平貝州，征儂賊，皆以幹敏選爲走馬承受。賊平，以勞進官，三遷環慶路鈐轄。討環州解乜臼族復有功，歷帶御器械、內侍押班、副都知。

熙寧初，造神臂弓成，神宗御延和殿臨閱，置鐵甲七十步，俾衞士射，未有中者。若水自請射，連中徹札。建慶壽、寶慈兩宮，典領工作，再遷嘉州防禦使。以病薪解職，領輝州觀察使，提舉四園苑諸司庫務。卒，贈天平軍留後。

甘昭吉字祐之，開封人。初以內侍殿頭爲英、韶州巡檢，捕盜有功，再遷內殿崇班、京東路都巡檢。齊州武衞小校馮坦率營卒二百突入州廳事，欲爲變，昭吉單騎馳往，戒所從將士操兵在外，先獨見亂卒，諭以福禍，令推首惡自贖，衆疑沮不敢動。已而操兵者皆入，即共執十餘人，告曰：「此誘我者也。」昭吉立殺之，縱其餘去，州以無事。特遷供備庫副使、帶御器械。後內侍省押班闕，仁宗記前功，特以授之。遷入內副都知。

英宗即位之夕，昭吉直禁中，翊衞有勞，自文思副使超遷供備庫使、康州刺史。昭吉奏曰：「臣本孤微，無左右之舉，而先帝知臣朴直，自小官拔用至此，分當從葬，今願得洒掃陵寢足矣。」帝愛其忠，特授永昭陵使，加如京使。還朝，表辭職，以左龍武軍大將軍致仕，卒。昭吉敦實愼密，人士稱之。

盧守懃字君錫，開封祥符人。自入內內品累遷禮賓使、邠寧環慶路鈐轄，還爲入內內侍省押班、領昌州刺史。明道中，改葬章懿太后，而舊藏有水，以守懃嘗典葬事，罷爲永興軍兵馬鈐轄，徙鄜延路。再遷六宅使，加貴州團練使，進榮州防禦使兼邠寧環慶路安撫都監。元昊寇保安軍，守懃率兵擊走之，特遷左騏驥使，移陝西鈐轄。

初，劉平、石元孫被執，守懃撫膺涕泣不敢出，又嘗易蕃官馬。延州通判計用章勸范雍棄城，將保鄜州，雍欲遣安撫都監李康伯往說賊，不肯行，賊去而守懃、用章更相論奏。知制誥葉淸臣以守懃擁兵觀望，請正其罪，并按二人。守懃奪防禦使，爲湖北都監；用章除籍，配雷州本城；康伯，均州都監。

久之，復恩州防禦使，遷利州觀察使，歷眞定府、定州、北京路鈐轄。以左衞大將軍致事，卒，贈保順軍節度使，謚安恪。養子昭序。

王守規，眞定欒城人，入內都都知守忠之弟。守忠事眞宗，謹愿愼密，眷遇最厚。明道時，守規爲小黃門，禁中夜半火，守規先覺，自寢殿至後苑皆擊去其鎖，乃奉仁宗及皇太后至延福宮，回視所經處已成煨燼。翌日，執政候起居，帝曰：「非王守規導朕至此，幾不與卿等相見。」以功遷入內殿頭。選治京城水，決汴河于公賈村，決蔡河于四里橋，水患以息。加帶御器械。積官至宣慶使、康州防禦使、內侍右班副都知。卒，年六十七，贈昭武軍留後。

李憲字子範，開封祥符人。皇祐中，補入內黃門，稍遷供奉官。神宗卽位，歷永興、太原府路走馬承受，數論邊事合旨，幹當後苑。王韶上書請復河湟，命憲往視師，與韶進收河州，加東染院使，幹當御藥院。復戰牛精谷，拔珂諾城，爲熙河經略安撫司幹當公事。按視鄜延軍制，行至蒲中，會木征合董氊、鬼章之兵攻破踏白城，殺景思立，圍河州，詔趣赴之，憲馳至軍。先是，朝廷出黃旗書敕諭將士，如用命破賊者倍賞。於是憲晨起帳中，張以示衆曰：「此旗，天子所賜也，視此以戰，帝實臨之。」士爭呼用命以進。督諸將傍山焚族帳，卽日通路至河州。賊餘衆保踏白，官軍出與戰，大破之。進至餘川，又破賊堡十餘，木征率酋長八十餘人詣軍門降。捷聞，以功加昭宣使、嘉州防禦使。還，爲入內內侍省押班、幹當皇城司。

安南叛，副趙卨招討，未行，卨建言：「朝廷置招討副使，軍事須共議，至節制號令卽宜歸一。」憲銜之。由是屢紛辨，遂罷憲而令乘驛計議秦鳳、熙河邊事，諸將皆聽節度。於是御史中丞鄧潤甫、御史周尹蔡承禧彭汝礪極論其不可，又言：「鬼章之患小，用憲之患大；憲功不成其禍小，有成功其禍大。」章再上，弗聽。冷雞朴誘山後生羌擾邊，木征請自効，衆以爲不可。憲曰：「何傷乎！羌人天性畏服貴種。」聽之往。木征盛裝以出，衆聳視，皆無鬥志，師乘之，殺獲萬計，斬冷雞朴。董氈懼，卽遣使奉贄効順。加宣州觀察使、入內副都知，又遷宣慶使。時用兵連年，度支調度不繼，詔憲兼經制財用，裁冗費什六，歲運西山巨木給京師營繕。賜瑞應坊園宅一區。

元豐中，五路出師討夏國，憲領熙、秦軍至西市新城。復蘭州，城之，請建爲帥府。帝又詔憲領兵直趣興、靈，董氈亦稱欲往，宜乘機協力入掃巢穴，若興、靈道阻，卽過河取涼州。乃總兵東上，平夏人于高川石峽。進至屈吳山，營打囉城，趨天都，燒南牟府庫，次葫蘆河而還。

憲既不能至靈州，董氈亦失期，師無功。憲欲以開蘭、會邀功弭責，同知樞密院孫固曰：「兵法，期而後至者斬。況諸路皆至而憲獨不行，不可赦。」帝以憲猶有功，但令詰擅還之由，憲以餽餉不接爲辭，釋弗誅。復上再舉之策，兼陳進築五利，且從之。會李舜舉〔三〕入奏，具陳師老民困狀，乃罷兵。趣憲赴闕，道賜銀帛四千。爲涇原經略安撫制置使，給衞三百。進景福殿使、武信軍留後，使復還熙河，仍兼秦鳳軍馬。

夏人入蘭州，破西關，降宣慶使。憲以蘭州乃西人必爭地，衆數至河外而相羊不進，意必大舉，乃增城守塹壁，樓櫓具備。明年冬，夏人果大入，圍蘭州，步騎號八十萬衆，十日不克，糧盡引去。又詔憲遣間諭阿里骨結等，且選騎渡河，與賊遇，破之。坐妄奏功狀，罷內省職事。

哲宗立，改永興軍路副都總管，提舉崇福宮。御史中丞劉摯論憲貪功生事，一出欺罔，避興、靈會師之期，頓兵以城蘭州，遺患至今，永樂之圍，逗留不急赴援。降宣州觀察使，又貶右千牛衞將軍，分司南京，居陳州。卒，年五十一。紹聖元年，贈武泰軍節度使，初謚敏恪，改忠敏。

憲以中人爲將，雖能拓地降敵，而罔上害民，終貽患中國云。

張茂則字平甫，開封人。初補小黄門，五遷至西頭供奉官，幹當内東門。禁庭夜有盜，茂則首登屋以入，旣獲賊，遷領御藥院。

仁宗不豫，中夜促召，茂則趨入扶衞，左右或欲掩宮門，茂則曰：「事無可慮，何至使中外生疑耶？」帝疾間，欲處以押班，懇求補外，轉宮苑使、果州團練使，爲永興路兵馬鈐轄。入爲内侍押班，再遷副都知。熙寧初，同司馬光相視恩、冀、深、瀛四州生隄及六塔、二股河利害，進入内都知。

上元夜，宮中火，督衆卽撲滅。詔曰：「宮禁不驚，帑藏如故，惟忠與力，予固嘉之。」賜以窄衣金帶。累乞退休，言受國厚恩，廩食過量，積而未請者七年，乞令三司毀劵。詔褒之，仍進其官。哲宗卽位，遷寧國軍留後，加兩省都都知。卒，年七十九。

茂則性儉素，食不重味，衣裘累十數年不易。紹聖論元祐人，以茂則嘗預任使，追貶左監門衞將軍，崇寧中入黨籍。

宋用臣字正卿，開封人。爲人有精思彊力，以父蔭隸職内省。神宗建東、西府，築京城，筵、尚書省，起太學，立原廟，導洛通汴，凡大工役，悉董其事。性敏給，善傳詔令，故多訪以外事。同列悉籍以進，朝士之乏廉節者，往往諂附之，權勢震赫一時。積勞至登州防禦使，加宣政使。元祐初，言者論其罪，降爲皇城使，謫監滁州、太平州酒稅。四年，主管靈仙觀。紹聖初，召爲內侍押班，進瀛州刺史。

徽宗卽位，遷蔡州觀察使、入內副都知。爲永泰陵修奉鈐轄，卒陵下，贈安化軍節度使，謚僖敏。謚議謂用臣爲廣平宋公，有「天子念公之勞，久徙于外」之語。豐稷論奏，以爲凡稱公者皆須耆宿、大臣與鄉黨有德之士，其曰「念公之勞，久徙于外」，斯乃古周公之事，於用臣非所宜言也。止令賜謚，論者是之。

王中正字希烈，開封人。因父任補入內黃門，遷赴延福宮學詩書、曆算。仁宗嘉其才，命置左右。慶曆衞士之變，中正援弓矢卽殿西督捕射，賊悉就擒，時年甫十八，人頗壯之。遷東頭供奉官，歷幹當御藥院、鄜延、環慶路公事，分治河東邊事。破西人有功，帶御器械。

神宗將復熙河，命之規度。還言：「熙河譬乳虎抱玉，乘爪牙未備可取也。」遂從王韶入熙河，治城壁守具，以功遷作坊使、嘉州團練使，擢內侍押班。

吐蕃圍茂州，詔率陝西兵援之，圍解。自石泉至茂州，謂之隴東路，土田肥美，西羌據有之，中正不能討。乃因吐蕃入寇，言：「其路經靜州等族，榛僻不通，邇年商旅稍往來，故外蕃因以乘間。緜至緜與茂，道里均，而龍安有都巡檢，緩急可倚仗。請割石泉隸緜，而窒其故道。」從之，隴東遂不可得。還，使熙河經畫鬼章，進昭宣使、入內副都知。

元豐初，提舉教畿縣保甲將兵捕賊盜巡檢，獻民兵伍保法，請於村疃及縣以時閱習，悉行其言。復往鄜延、環慶經制邊事，詔凡所須用度，令兩路取給，無限多寡。既行，又稱面受詔，所過募禁兵，願從者將之，主者不敢違。

問罪西夏，以中正簽書涇原路經略司事。詔五路之師皆會靈州，中正失期，糧道不繼，士卒多死，命權分屯鄜延並邊城砦，以俟後舉。自請罷省職，遷金州觀察使、提舉西太一宮，坐前敗貶秩。元祐初，言者再論其將王師二十萬，公違詔書之罪，劉摯比中正與李憲、宋用臣、石得一爲四凶，又貶秩兩等。久之，提舉崇福宮。紹聖初，復嘉州團練使。卒，年七十一。

李舜舉字公輔，開封人。世爲內侍，曾祖神福，事太宗以信謹終始。舜舉少補黃門，仁宗使督工冶金爲器，既成，有羨數幷上之，帝嘉其不欺。出爲秦鳳路走馬承受。

英宗立，奏事京師。會帝不豫，內謁者止之宮門，舜舉曰：「天子新卽位，使者從邊方來，不得一見而去，何以慰遠人！」謁者以聞，亟召對，帝意良悅。因言：「承受公事，以察守將不法爲職，而終更論最，乃使帥臣保任，乞免之。」遂删舊制。

熙寧中，歷幹當內東門、御藥院、講筵閣、實錄院。郭逵討交州，以爲廣西幹當公事，軍中之政得與講畫，或疾置入朝，稟受成算。會逵貶，亦降左藏庫副使，以文思院使領文州刺史、帶御器械。進內侍押班，制置涇原軍馬。

五路師出無功，議再舉，李憲督饋糧，言受密詔，自都轉運使以下乏軍興者皆聽斬。民懲前日之役多死於凍餒，皆憚行，出錢百緡不能雇一夫，相聚立柵山澤不受調，吏往逼呼，輒毆擊，解州至械縣令以督之，不能集。舜舉入奏其事，乃罷兵。退詣中書，王珪迎勞之曰：「朝廷以邊事屬押班及李留後，無西顧之憂矣。」舜舉曰：「四郊多壘，此卿大夫之辱，相公當國，而以邊事屬二內臣，可乎？內臣正宜供禁庭洒掃之職，豈可當將帥之任！」聞者代珪慚焉。

轉嘉州團練使。沈括城永樂，遣舜舉計議，被圍急，斷衣襟作奏曰：「臣死無所恨，願朝廷勿輕此賊。」尋以死聞，贈昭信軍節度使，謚曰忠敏。

舜舉資性安重，與人言未嘗及宮省事。頗覽書傳，能文辭筆札。在御藥院十四年，神宗嘗書「李舜舉公忠奉上，恭勤檢身，始終惟一，以安以榮」十九字賜之。

石得一，開封人。爲內侍黃門，累官內殿承制。神宗時，帶御器械、管幹龍圖天章寶文閣、皇城司，四遷入內副都知。元祐初，領成州團練使，罷內省職。御史劉摯言：「得一頃筦皇城，恣其殘刻，縱遣邏者，所在棋布，張穽設網，以無爲有，以虛爲實。朝廷大吏及富家小人，飛語朝上，暮入狴犴，上下惴恐，不能自保，至相顧以目者殆十年。」坐降左藏庫使，卒。紹聖中，贈隨州觀察使。

梁從吉字君祐，開封人。補入內高班。王則反，奉命宣慰，還言：「小寇無多慮，諸將之兵足以翦除，若得重臣統其事，不崇朝可平矣。」於是仁宗以文彥博爲安撫招討使。賊平，又奏請分河北爲路〔三〕，每路以一帥府統之，遂建魏、鎭、定、瀛四帥。熙寧初，爲邠寧環慶路駐泊兵馬鈐轄。夏人寇大順城，圍慶州七砦，從吉率兵八百餘人與戰，獲其酋領。又討平寧州叛卒，以功升都鈐轄，累官皇城使。從高遵裕至靈武〔四〕，督士卒攻城，身被創甚，進入內押班，遷永州團練使，爲副都知。元祐中卒，贈成德軍節度使，謚曰敏恪。

劉惟簡，開封人，由入內黃門積官至昭宣使、康州刺史、高陽關路兵馬都監，爲入內押班。英宗初立，惟簡自河北來朝，請對寢門，內謁者難之，獨引見皇太后。惟簡立福寧殿下，雨沾衣不退，帝起坐幃中，望見呼問曰：「諸路如汝者幾人，何以獨來？」對曰：「陛下新即位，臣來自邊塞，未瞻天表，不敢輒還，不知其他。」帝歎曰：「小臣知所守如此。」識其姓名屏間。他日，神宗覽所題屏，擢幹當延福宮，自是蒙親信。

交人叛，詔馳驛至桂州審視事勢，還言：「帥臣劉彝貪功生事，罪當誅。乾德狂童，頸不足繫。」帝信之。郭逵、趙卨南征，以爲行營承受。逵、卨被謫，惟簡亦奪一官。

陝西五路師還，受命撫犒士卒，以疾先還者不賜。惟簡心知其不便，至慶州，疏言：「士卒不幸，以將臣上違聖略，糧食不繼，逃生以歸，其情可貸。今同立庭中而不預賜，恐患生倉卒。」帝用其言，均予之。又使案閱河北保甲，振濟京西水災，參定諸陵薦獻。既而爲言者所劾，擯不用。哲宗在藩時，惟簡奔奏服勤，及親政，召至左右。以內侍押班卒，贈昭化軍留後。

校勘記

〔一〕商胡決　「胡」原作「湖」，據本書卷九一河渠志改。

〔二〕李舜舉　「舜」原作「順」，據本卷本傳、本書卷四八六西夏傳、東都事略卷八六本傳改。

〔三〕又奏請分河北爲路　按下文說「建魏、鎮、定、瀛四帥」，疑「爲」下脫「四」字。

〔四〕靈武　原作「寧武」，按本書卷三四九劉昌祚傳、卷四六四高遵裕傳，此處實指靈州，靈州治靈武；又本書卷四六八李祥傳謂祥「從劉昌祚征靈武」，亦指此事。據改。

宋史卷四百六十八

列傳第二百二十七

宦者三

李祥　陳衍　馮世寧　李繼和　高居簡　程昉　蘇利涉
雷允恭　閻文應　任守忠　童貫方臘附　梁師成　楊戩

李祥，開封人。爲入內黃門。資驍銳，善騎射，用材武中選，授涇原儀渭同巡檢。從景思立于河、湟，以功遷內殿崇班，爲河州駐泊兵馬都監。從郭逵討交阯，駐富良江〔一〕，賊兵大至，與涇原將姚兕力戰，敗之。遷皇城使、鎭戎軍沿邊都巡檢使。從劉昌祚征靈武，議功加沂州團練使。或言所部兵失亡多，降簡州刺史，權熙河蘭會路都監，總岷州兵。夏人攻蘭州，祥赴援，保險待變，數日，虜徹圍去。復團練使，進階州防禦使。從种誼襲鬼章有功，升兵馬都鈐轄。在熙河二十餘年，以宣慶使、內侍押班卒。

都監。

陳衍，開封人。以內侍給事殿庭，累官供備庫使。梁惟簡薦諸宣仁聖烈皇后，主管高韓王宅，領御藥院、內東門司。宣仁山陵，爲按行使。俄以左藏庫使、文州刺史出爲眞定路都監。

御史來之邵方力詆元祐政事，首言：「衍在垂簾日，怙寵驕肆，交結戚里，進退大臣，力引所私，俾居耳目之地。」張商英亦論：「衍交通宰相，御服爲之賜珠；結託詞臣，儲祥爲之賜膳。」蓋指呂大防、蘇軾也。衍坐貶，監郴州酒稅務。惟簡以援引，張士良、梁知新以黨附，皆得罪。已又編管白州，徙配朱崖。

章惇起獄，誣元祐諸老、大臣，云結衍輩以謀廢立。士良嘗與衍同在宣仁后閤，自郴州召之，使實其說。士良至，但言宣仁彌留之際，衍嘗可否二府事及用御寶付外而已。鍛鍊無所得，安惇、蔡京乃奏衍疏隔兩宮，斥隨龍內侍十餘人于外，以剪除人主腹心羽翼，意在動搖，大逆不道。乃詔處死，令廣西轉運使程節涖其刑。

馮世寧字靜之，以入內黄門累遷昭宣使、忠州團練使、入內押班。揚國公主寢疾，哲宗欲夜出問訊，世寧執言不可，帝雖微忤，卒爲之改容。再遷景福殿使、明州觀察使，至副都知。崇寧新官名，世寧首知入內內侍省事。禁中夜火，使宿衞士撲滅之，既定，令自他途出，蓋不欲使知宮省曲折也。徽宗賞歎。進感德軍留後。政和初，以內客省使、彰化軍留後致仕。世寧出入禁闥六十年，循謹無過。卒，年六十七，贈開府儀同三司，謚曰恭節。

李繼和，開封人。以父任爲內侍黄門。慶曆中，爲河北西路承受。保州兵叛，塞城門距守，官軍重圍之，不得入。繼和獨上南關門，密呼所結內應者，諭以禍福。衆言：「俟李昭亮至，卽斬關自歸。」已而果然。賊平，遷兩秩。王則反貝州，爲城下走馬承受。沙苑闕馬，詔秦州置場以券市之，繼和領職不數月，得馬千數，而人不擾。舊制，內侍入仕三十年始得磨勘，至是，乃令以勞進官者無拘於年。

環州弓箭手歲時給酒，州將不與，衆讙訴，亟闔府門不敢出，繼和步入衆中譬曉之曰：「汝曹爲一杯酒，遂喪軀命乎！」衆悟散去。事聞，擢帶御器械。累遷宣慶使、文州團練使、入內副都知，卒。子從善援例求贈官，神宗曰：「此弊事也！繼和無軍功，何必贈？」自是爲定制云。

高居簡字仲略，世本番禺人。以父任爲入內黃門。護作温成原廟奉神物，以精辦稱，超轉殿頭，領後苑事。坐奉使梓夔路多占驛兵，降高品。歷領龍圖天章寶文閣、內東門司，幹當御藥院。

神宗卽位，御史張唐英言其資性憸巧，善迎合取容。中丞司馬光亦言其「久處近職，罪惡已多。祖宗舊制，幹當御藥院官至內殿崇班以上，卽須出外。今陛下獨留四人，中外以此竊議。況居簡頃在先朝，依憑城社，物論切齒。及陛下繼統，乃復先自結納，使寵信之恩過於先帝。願明治其罪，以解天下之惑」。於是罷爲供備庫使。稍遷帶御器械，進內侍押班。以文思使領忠州刺史，卒，贈耀州觀察使〔三〕。

居簡聞外廷議論，必以入告，省中目爲「高直奏」。仁宗時，嘗使南海，遇廣州火，救者不力，居簡督衆護軍資甲仗二庫，賴以獲全。事聞，詔褒之。

程昉，開封人。以小黃門積遷西京左藏庫副使。

熙寧初，爲河北屯田都監。河決棗彊，釃二股河導之使東，爲鋸牙，下以竹落塞決口。加帶御器械。河決商胡北流，與御河合爲一。及二股東流，御河遂淺澀。昉以開浚功，遷宮苑副使。又塞漳河，作浮梁于洺州。兼外都水丞，詔相度興修水利。河決大名第五埽，昉議塞之，因疏塘水溉深州田。又導葫蘆河，自樂壽之東至滄州二百里。塞孟家口，開乾寧軍直河，作橋于眞定之中渡。又自衞州王供埽導沙河入御河，以廣運路。累遷達州團練使〔三〕，制置河北河防水利。

御史盛陶言：「昉挾第五埽之功，專爲己力。假朝廷威福，恐動州縣。所開共城河，頗廢人戶水磑，久無成功。又議開沁河，因察訪官按行，始知不便。漳河、滹沱之役，水占邢、洺、趙、深、祁五州之田，王廣廉、孔嗣宗、錢勰、趙子幾皆嘗論奏其姦欺之狀，則多置提口，指決河所侵便爲淤田。其事權之盛，則舉官廢吏，惟其所欲。悖慢豪橫，則受聖旨者三，受提點刑獄司牒者十二，故有違拒。小人誤當賞擢，驕暴自肆。願遣官代還，仍行究治。」神宗曰：「王安石以昉知河事，故加任使，令開漳河，用工七百萬，滹沱八九百萬，已議體量矣。」

始，安石欲興水利，驟用昉，昉挾安石勢而慢韓琦，後安石覺其虛誕，亦疏之。以憂死，贈耀州觀察使〔四〕。遂罷都大制置河防水利司。

蘇利涉字公濟。祖保遷，自廣州以閹人從劉鋹入朝。利涉初爲入內內品。慶曆中衞士之變，以護衞有勞，賞激加等。英宗爲皇子，利涉給事東宮。及卽位，遷東頭供奉官，欲以爲潁王府都監，力辭。幹當御藥院，遷供備庫使。帝不豫，侍醫藥最勤，言輒流涕。及帝崩，乞與醫官同貶，三上表待罪，不許。

神宗卽位，授達州刺史。歷內侍押班、副都知，轉海州團練使。仙韶院火，營救甚力，賜襲衣、金帶。卒，年六十四，贈奉國軍節度使，謚曰勤僖。

利涉嘗幹當皇城司，循故事，廂卒邏報不皆以聞。後石得一代之，事無巨細悉以奏，往往有緣飛語受禍者，人始以利涉爲賢。

雷允恭，開封人。初爲黃門，頗慧黠，稍遷入內殿頭，給事東宮。周懷政僞爲天書，允恭豫發其事，懷政死，擢內殿崇班，遷承制。再遷西京作坊使、普州刺史、入內內侍省押班。

章獻后初臨政，丁謂潛結允恭，凡機密事令傳達禁中，由是允恭勢橫中外。山陵事起，允恭請效力陵上，章獻后曰：「吾慮汝有妄動，恐爲汝累也。」乃以爲山陵都監。允恭馳至陵下，司天監邢中和爲允恭言，「今山陵上百步，法宜子孫，類汝州秦王墳」。允恭曰：「何不就？」中和曰：「恐下有石與水爾。」允恭曰：「上無他子，若如秦王墳，何不可？」中和曰：「山陵事重，踏行覆按，動經月日，恐不及七月之期耳。」允恭曰：「第移就上穴，我走馬入見太后言之。」允恭素貴橫，人不敢違，即改穿上穴。入白其事，章獻后曰：「此大事，何輕易如此？」允恭曰：「使先帝宜子孫，何惜不可？」章獻后意不然，曰：「出與山陵使議可否。」時丁謂爲山陵使，允恭具道所以，謂唯唯而已。允恭入奏曰：「山陵使亦無異議矣。」既而上穴果有石，石盡水出。允恭竟以是并坐盜金寶賜死，籍其家。中和流沙門島。謂尋竄海上。

閻文應，開封人。給事掖庭，積遷至入內副都知。仁宗初親政，與宰相呂夷簡謀，以張耆、夏竦、陳堯佐、范雍、趙稹〔五〕、晏殊、錢惟演皆章獻后所任用，悉罷之。退以語郭后，后曰：「夷簡獨不附太后邪？但多機巧，善應變耳。」由是并夷簡罷。夷簡素與文應相結，使爲中詷。久之，乃知事由郭后，夷簡遂怨后。及再相，楊、尚二美人方寵，尙美人於仁宗前有語侵后，后不勝忿，批其頰，仁宗自起救之，誤中其頸，仁宗大怒。文應乘隙，遂與謀廢后，且勸以爪痕示執政，夷簡以怨，力主廢事，因奏仁宗出諫官，竟廢后爲淨妃，以所居宮名瑤華，皆文應爲夷簡內應也。

郭后既廢，楊、尙二美人益寵專夕，仁宗體爲之弊，或累日不進食，中外憂懼。楊太后亟以爲言，仁宗未能去。文應早暮入侍，言之不已，仁宗厭其煩，強應曰：「諾。」文應卽以氈車載二美人出，二美人涕泣，詞說云云不肯行。文應罵曰：「官婢尙何言？」驅使登車。翌日，以尙氏爲女道士，居洞眞宮；楊氏別宅安置。既而仁宗復悔廢郭后，有復后之意，文應大懼。會后有小疾，挾太醫診視數日，乃言后暴崩，實文應爲之也。

累至昭宣使、恩州團練使。時諫官劾其罪，請幷其子士良出之。以文應領嘉州防禦使，爲秦州鈐轄，改鄆州；士良罷御藥院，爲內殿崇班。

始楊、尙二美人之出宮也，左右引陳氏女入宮，父號陳子城，楊太后嘗許以爲后，宋綬不可。王曾、呂夷簡、蔡齊相繼論諫。陳氏女將進御，士良聞之，遽見仁宗。仁宗披百葉擇日，士良曰：「陛下閱此，豈非欲納陳氏女爲后邪？」仁宗曰：「然。」士良曰：「子城使，大臣家奴僕官名也，陛下納其女爲后，無乃不可乎！」仁宗遽命出之。文應後徙相州鈐轄，卒，贈邠州觀察使。

任守忠字稷臣，蔭入內黃門，累轉西頭供奉官，領御藥院，坐事廢。久之，復故官，稍遷上御藥供奉。初，章獻后聽政，守忠與都知江德明等交通請謁，權寵過盛。仁宗親政，出爲黃州都監，又謫監英州酒稅，稍遷潭州都監，徙合流鎮。西鄙用兵，又爲秦鳳、涇原路駐泊都監，以功再遷東染院使、內侍押班。出爲定州鈐轄，加內侍副都知。累遷宣政使、洋州觀察使，爲入內都知。

仁宗未有嗣，屬意英宗，守忠居中建議，欲援立昏弱以徼大利。及英宗卽位，拜宣慶使、安靜軍留後。守忠又語言誕妄，交亂兩宮。於是知諫院司馬光論守忠離間之罪，爲國之大賊，民之巨蠹，乞斬於都市。英宗猶未行，宰相韓琦出空頭敕一道，參政歐陽脩已簽，趙槩難之，脩曰：「第書之，韓公必自有說。」琦遂坐政事堂，立守忠庭下，曰：「汝罪當死，貶保信軍節度副使，蘄州安置。」取空頭敕塡與之，卽日押行，琦意以爲少緩則中變也。

守忠久被寵幸，用事于中，人不敢言其過，及貶，中外快之。久之，起爲左武衞將軍，致仕。卒，年七十九。

童貫，少出李憲之門。性巧媚，自給事宮掖，卽善策人主微指，先事順承。徽宗立，置明金局于杭，貫以供奉官主之，始與蔡京游。京進，貫力也。京既相，贊策取靑唐，因言貫嘗十使陝右，審五路事宜與諸將之能否爲最悉，力薦之。合兵十萬，命王厚專閫寄，而貫用李憲故事監其軍。至湟川，適禁中火，帝下手札，驛止貫毋西兵。貫發視，遽納鞾中。厚問故，貫曰：「上趣成功耳。」師竟出，復四州。擢景福殿使、襄州觀察使，內侍寄資轉兩使自茲始。

未幾，爲熙河蘭湟、秦鳳路經略安撫制置使，累遷武康軍節度使。討溪哥臧征，復積石軍、洮州，加檢校司空。頗恃功驕恣，選置將吏，皆捷取中旨，不復關朝廷，寖咈京意。除開府儀同三司，京曰：「使相豈應授宦官？」不奉詔。

政和元年，進檢校太尉，使契丹。或言：「以宦官爲上介，國無人乎？」帝曰：「契丹聞貫破羌，故欲見之，因使覘國，策之善者也。」使還，益展奮，廟謨兵柄皆屬焉。遂請進築夏國橫山，以太尉爲陝西、河東、河北宣撫使。俄開府儀同三司，簽書樞密院河西北兩房。不三歲，領院事。更武信武寧護國河東山南東道劍南東川等九鎭、太傅、涇國公。時人稱蔡京爲公相，因稱貫爲媼相。

將秦、晉銳師深入河、隴，薄于蕭關古骨龍，謂可制夏人死命。遣大將劉法取朔方，法不可，貫逼之曰：「君在京師時，親授命於王所，自言必成功，今難之，何也？」法不得已出塞，遇伏而死。法，西州名將，既死，諸軍恂懼。貫隱其敗，以捷聞，百官入賀，皆切齒，然莫敢言。關右既困，夏人亦不能支，乃因遼人進誓表納款。使至，授以誓詔，辭不取，貫彊館伴使固與之，還及境，棄諸道上。舊制，熟羌不授漢官，貫故引拔之，有至節度使者。弓箭手失其分地而使守新疆，禁卒逃亡不死而得改隸他籍，軍政盡壞。

政和元年，副鄭允中〔六〕使于遼，得燕人馬植，歸薦諸朝，遂造平燕之謀，選健將勁卒，刻日發命。會方臘起睦州，勢甚張，改江、浙、淮南宣撫使，即以所聚兵帥諸將討平之。

方臘者，睦州青溪人也。世居縣堨村，託左道以惑衆。初，唐永徽中，睦州女子陳碩眞反，自稱文佳皇帝，故其地相傳有天子基、萬年樓，臘益得憑籍以自信。縣境梓桐、幫源諸峒皆落山谷幽險處，民物繁夥，有漆楮、杉材之饒，富商巨賈多往來。

時吳中困於朱勔花石之擾，比屋致怨，臘因民不忍，陰聚貧乏游手之徒。宣和二年十月，起爲亂，自號聖公，建元永樂，置官吏將帥，以巾飾爲別，自紅巾而上凡六等。無弓矢、介冑，唯以鬼神詭祕事相扇訹，焚室廬，掠金帛子女，誘脅良民爲兵。人安於太平，不識兵革，聞金鼓聲卽斂手聽命，不旬日聚衆至數萬，破殺將官蔡遵于息坑。十一月陷青溪，十二月陷睦、歙二州。南陷衢，殺郡守彭汝方；北掠新城、桐廬、富陽諸縣，進逼杭州。郡守棄城走，州卽陷，殺制置使陳建、廉訪使趙約，縱火六日，死者不可計。凡得官吏，必斷臠支體，探其肺腸，或熬以膏油，叢鏑亂射，備盡楚毒，以償怨心。

警奏至京師，王黼匿不以聞，於是凶焰日熾。蘭溪靈山賊朱言吳邦、剡縣仇道人、仙居呂師囊、方巖山陳十四、蘇州石生、歸安陸行兒皆合黨應之，東南大震。

發運使陳亨伯請調京畿兵及鼎、澧槍牌手兼程以來，使不至滋蔓。徽宗始大驚，亟遣童貫、譚稹爲宣撫制置使，率禁旅及秦、晉蕃漢兵十五萬以東，且諭貫使作詔罷應奉局。三年正月，臘將方七佛引衆六萬攻秀州，統軍王子武乘城固守，已而大軍至，合擊賊，斬首九千，築京觀五，賊還據杭。二月，貫、稹前鋒至淸河堰〔七〕，水陸並進，臘復焚官舍、府庫、民居，乃宵遁。諸將劉延慶、王稟、王渙、楊惟忠、辛興宗相繼至，盡復所失城。四月，生擒臘及妻邵、子亳二太子、僞相方肥等五十二人於梓桐石穴中，殺賊七萬。四年三月，餘黨悉平。進貫太師，徙國楚。

臘之起，破六州五十二縣，戕平民二百萬，所掠婦女自賊峒逃出，倮而縊於林中者，由湯巖、榴嶺〔八〕八十五里間，九村山谷相望。王師自出至凱旋，四百五十日。

臘雖平，而北伐之役遂起。既而以復燕山功，詔解節鉞爲眞三公，加封徐、豫兩國。越兩月，命致仕，而代以譚稹。明年復起，領樞密院，宣撫河北、燕山。宣和七年，詔用神宗遺訓，能復全燕之境者胙本邦，疏王爵，遂封廣陽郡王。

是年，粘罕南侵，貫在太原，遣馬擴、辛興宗往聘以嘗金，金人以納張覺爲責，且遣使告興兵，貫厚禮之，謂曰：「如此大事，何不素告我？」使者勸貫速割兩河以謝，貫氣褫不能應，謀遁歸。太原守張孝純誚之曰：「金人渝盟，王當令天下兵悉力枝梧，今委之而去，是棄河東與敵也。河東入敵手，奈河北乎？」貫怒叱之曰：「貫受命宣撫，非守土也。君必欲留貫，置帥何爲？」孝純拊掌嘆曰：「平生童太師作幾許威望，及臨事乃蓄縮畏懾，奉頭鼠竄，何面目復見天子乎？」

貫奔入都，欽宗已受禪，下詔親征，以貫爲東京留守，貫不受命而奉上皇南巡。貫在西邊募長大少年號勝捷軍，幾萬人，以爲親軍，環列第舍，至是擁之自隨。上皇過浮橋，衞士攀望號慟，貫唯恐行不速，使親軍射之，中矢而踣者百餘人，道路流涕，於是諫官、御史與國人議者蠭起。初貶左衞上將軍，連謫昭化軍節度副使，竄之英州、吉陽軍。行未至，詔數其十大罪，命監察御史張澂迹其所至，菹斬之，及於南雄。既誅，函首赴闕，梟于都市。

貫握兵二十年，權傾一時，奔走期會過於制敕。嘗有論其過者，詔方劭往察，劭一動一息，貫悉偵得之，先密以白，且陷以他事，劭反得罪，逐死。貫狀魁梧，偉觀視，頤下生須十數，皮骨勁如鐵，不類閹人。有度量，能疏財。後宮自妃嬪以下皆獻餉結內，左右婦寺譽言日聞。寵煽翕赫，庭戶雜遝成市，岳牧、輔弼多出其門，廝養、僕圉官諸使者至數百輩。窮姦稔禍，流毒四海，雖菹醢不償責也。

梁師成字守道，慧黠習文法，稍知書。初隸賈詳書藝局，詳死，得領睿思殿文字外庫，主出外傳道上旨。政和間，得君貴幸，至竄名進士籍中，積遷晉州觀察使、興德軍留後。建明堂，爲都監，既成，拜節度使、加中太一、神霄宮使。歷護國、鎭東、河東三節度，至檢校太傅，遂拜太尉，開府儀同三司，換節淮南。

時中外泰寧，徽宗留意禮文符瑞之事，師成善逢迎，希恩寵。帝本以隸人畜之，命入處殿中，凡御書號令皆出其手，多擇善書吏習倣帝書，雜詔旨以出，外廷莫能辨。師成實不能文，而高自標牓，自言蘇軾出子。是時，天下禁誦軾文，其尺牘在人間者皆毀去，師成訴於帝曰：「先臣何罪？」自是，軾之文乃稍出。以翰墨爲己任，四方儁秀名士必招致門下，往往遭點汚。多置書畫卷軸於外舍，邀賓客縱觀，得其題識合意者，輒密加汲引，執政、侍從可階而升。王黼父事之，雖蔡京父子亦諂附焉，都人目爲「隱相」，所領職局至數十百。

黼造伐燕議，師成始猶依違，卒乃贊决，又薦譚稹爲宣撫。燕山平，策勳進少保。益通賄謝，人士入錢數百萬，以獻頌上書爲名，令赴廷試，唱第之日，侍於帝前，囁嚅升降。其小吏儲宏亦豫科甲，而執厮養之役如初。李彥括民田於京東、西，所至倨坐堂上，監司、郡守不敢抗禮。有言於帝，師成適在旁，抗聲曰：「王人雖微，序於諸侯之上，豈足爲過？」言者懼而止。師成貌若不能言，然陰賊險鷙，遇間即發。

家居與黼隣，帝幸黼第，見其交通狀，已怒，朱勔又以應奉與黼軋，因乘隙攻之。帝罷黼相，師成出是益絀。鄆王楷寵盛，有動搖東宮意，師成能力保護。欽宗立，嬖臣多從上皇東下，師成以舊恩留京師。於是太學生陳東、布衣張炳力疏其罪。炳指之爲李輔國，且言宦官表裏相應，變恐不測。東復論其有異志，攘定策功，當正典刑。帝迫於公議，猶未誦言逐之。師成疑之，寢食不離帝所，雖奏厠亦侍於外，久未有以發。會鄭望之使金營還，帝命師成及望之以宣和殿珠玉器玩復往。先令望之詣中書諭宰相，至則留之，始詔暴其罪，責爲彰化軍節度副使。開封吏護至貶所。行次八角鎮，縊殺之，以暴死聞，籍其家。

楊戩，少給事掖庭，主掌後苑，善測伺人主意。自崇寧後，日有寵，知入內內侍省。立明堂，鑄鼎鼐，起大晟府、龍德宮，皆爲提舉。

政和四年，拜彰化軍節度使，首建期門行幸事以固其權，勢與梁師成埒。歷鎭安、清海、鎭東三鎭，由檢校少保至太傅，遂謀撼東宮。

有胥吏杜公才者獻策于戩，立法索民田契，自甲之乙，乙之丙，展轉究尋，至無可證，則度地所出，增立賦租。始於汝州，浸淫于京東西、淮西北，括廢隄、棄堰、荒山、退灘及大河淤流之處，皆勒民主佃。額一定後，雖衝蕩回復不可減，號爲「西城所」。築山濼古鉅野澤，綿亙數百里，濟、鄆數州，賴其蒲魚之利，立租算船納直，犯者盜執之。一邑率於常賦外增租錢至十餘萬緡，水旱蠲稅，此不得免。擢公才爲觀察使。宣和三年，戩死，贈太師、吳國公，而李彥繼其職。

彥天資狠愎，密與王黼表裏，置局汝州，臨事愈劇。凡民間美田，使他人投牒告陳，皆指爲天荒，雖執印劵皆不省。魯山闔縣盡括爲公田，焚民故劵，使田主輸租佃本業，訴者輒加威刑，致死者千萬。公田既無二稅，轉運使亦不爲奏除，悉均諸別州。京西提舉官及京東州縣吏劉寄、任輝彥、李士漁、王滸、毛孝立、王隨、江惇、呂坯、錢棫、宋憲皆助彥爲虐，如奴事主，民不勝忿痛。前執政冠帶操笏，迎謁馬首獻媚，花朝夕造請〔九〕，賓客徑趍謁舍，不敢對之上馬，而彥處之自如。

發物供奉，大抵類朱勔，凡竹數竿用一大車、牛驢數十頭，其數無極，皆責辦於民，經時閱月，無休息期。農不得之田，牛不得耕墾，殫財靡芻，力竭餓死，或自縊轅軛間。如龍鱗薜荔一本，輦致之費踰百萬。喜賞怒刑，禍福轉手，因之得美官者甚衆。潁昌兵馬鈐轄范寥不爲取竹，誣刊蘇軾詩文于石爲十惡，朝廷察其捃摭，亦令勒停。當時謂朱勔結怨于東南，李彥結怨於西北。

靖康初，詔追戮所贈官爵；彥削官賜死，籍其家；劉寄以下十人皆停廢；復范寥官。

校勘記

〔一〕富良江　「富良」原作「富民」，據宋會要蕃夷四之三六、通考卷三三〇四裔考改。

〔二〕贈耀州觀察使　「耀」原作「輝」，據宋會要儀制一三之五、長編卷三一一改。

〔三〕達州團練使　「團練」原作「防禦」，據宋會要儀制一三之五、長編卷二七七改。

〔四〕贈耀州觀察使　「耀州」原作「輝州」，據長編卷二七七、宋會要儀制一三之五改。

〔五〕趙稹　原作「趙積」，據本書卷二一一宰輔表、卷二八八本傳改。

〔六〕鄭允中　原作「鄭久中」，據本書卷二〇徽宗紀、十朝綱要卷一七改。

〔七〕清河堰　原作「青州堰」，據方勺青溪寇軌、吳自牧夢粱錄卷一一「堰閘渡」條改。

〔八〕檑嶺　青溪寇軌作「榴樹嶺」。

〔九〕花朝夕造請　疑有脫誤。

宋史卷四百六十九

列傳第二百二十八

宦者四

邵成章　藍珪康履附　馮益　張去爲　陳源　甘昪　王德謙

關禮　董宋臣

邵成章，欽宗朝內侍也。帝入青城，命成章衞皇太子赴宣德門稱制行事。太子北去，成章留于汴。康王將卽位，元祐太后遣成章奉乘輿、服御至南京，從幸揚州。金人掠陝西、京東諸郡，羣盜起山東，黃潛善、汪伯彥匿不以聞。及張遇焚眞州，去行在六十里，帝亦不之知也。成章上疏條具潛善、伯彥之罪曰，必誤國，且申潛善等使聞之。帝怒，除名，南雄州編管。侍御史馬伸言成章緣上書得罪，今是何時，以言爲諱。久之，帝思成章忠直，召赴行在，其徒忌之，譖于帝曰：「邵九百來，陛下無歡樂矣！」遂止之于洪州。金人入洪，聞其名，訪求得之，謂之曰：「知公忠正，能事吾主，可坐享富貴。」成章不應，脅之以威，亦不從。金人曰：「忠臣也，吾不忍殺。」遺之金帛而去。

藍珪、康履，初皆爲康王府都監、入內東頭供奉官，嘗從康王使金人行營。及開元帥府，並主管機宜文字。朝廷遣人趣師入援，履等請王留相州，王叱之而行。旣卽位，二人俱恃恩用事，履尤妄作威福，大將如劉光世等多曲意事之。帝知之，詔內侍不許與統兵官相見，違者停官編隸。履終無所忌憚，與內侍曾擇凌忽諸將，或踞坐洗足，立諸將於左右，聲喏甚至馬前，故疾之者衆。俄遷內侍省押班、金州觀察使。

帝在揚州，金兵卒至，帝馳馬出門，百官不戒備，從行者惟履等五六人。自是履等益自衒，愈有輕外朝心。及幸浙，道吳江，其黨競以射鴨爲樂。比至杭州，江下觀潮，中官供帳赫然遮道。統制苗傅等切齒曰：「此輩使天子至此，猶敢爾邪？」傅幕客王世脩亦疾中官恣橫，以告武功大夫劉正彥，正彥曰：「會當共除之。」王淵躋樞筦，正彥以爲由宦者所薦，愈不平，謀遂決。伏兵斬淵，遣兵圍履家，分捕中官，凡無須者皆殺之。

履馳入白帝，傅等至，厲聲曰：「陛下信任中官，凡中官所主者皆得美官。王淵遇賊不戰，交康履得樞密。中官在外者已誅，更乞康履、藍珪、曾擇等誅之，以謝三軍。」帝不忍，除傅等官以安之。傅等曰：「欲遷官，第須控兩匹馬與內侍，何必至此！」帝問百官，策安出？主管浙西機宜文字時希孟曰：「中官之爲患，至此極矣。不除之，天下之患未已。」軍器監葉宗諤言：「陛下何惜一康履，不以慰三軍？」帝不得已，遣人執履至，履望帝呼曰：「大家何獨殺臣？」遂以付傅，卽腰斬之，梟其首。帝幸睿聖宮，傅等留內侍十五人奉左右。尋捕珪、擇等，皆編置遠州；擇，昭州，行一程，追還斬之。

傅等誅，贈履官，謚榮節，召珪等還。中書舍人季陵言：「中官復召，其黨與相賀，氣燄益張，中外切齒。」不報。珪至，自武功大夫擢內侍省押班。慈寧宮建，命提點事務，尋升內侍省都知。及迎太后，命充都大主管。太后既還宮，珪奏應干補授恩，乞聽慈寧宮施行。從之。珪初與履同進，而驕橫不及履，故幸以壽終。

有安石者，與珪同姓，爲內侍省副都知，至景福殿使、湖州觀察使。卒，贈保寧軍節度使，謚良恪。渡江後，中官贈謚自安石始。

又有與履同姓者名諝，爲內侍省押班，亦親幸用事，與知閤門事藍公佐善，每邀公佐至其直舍，必縱飲大醉，薄莫乃歸，嘗漏泄禁中語。劉光遠被劾，諝與內侍陳永錫受其金，力爲營救。言官劾之，帝詔永錫與祠，諝送吏部。後累官至均州觀察使。卒，贈保信軍節度使，謚忠定。

馮益，康王邸舊人也。王卽位，自入內東頭供奉官遷至幹辦御藥院，尋兼幹辦皇城司。恃舊恩驕恣。帝幸浙東，益與御前右軍都統制張俊爭渡，以語侵俊，且訴于帝。事下御史臺，侍御史趙鼎言：「明受之變，起于內侍，覆轍不可不戒。」事乃已。

紹興三年，授武功大夫、康州防禦使、帶御器械。時帝用侍御史常同言，詔皇城司並隸臺察，益言非祖宗舊制，帝爲追寢前詔。特遷宣政使。益自言藩邸舊吏，乞加恩，遂升明州觀察使。內廐舊有駃騠院官，益請別置御馬院，自領其事，又擅穿皇城便門。侍御史沈與求以爲言，趙鼎等皆患之。

會劉豫揭榜山東，言益遣人收買飛鴿，因有不遜語。張浚請斬益以釋謗，帝不許。鼎言事關國體，當解職加罰。帝喜曰：「聞益交關外事，漸不可長。」與祠放歸。浚意未息，鼎解之。益自是家居稟祠者十四年。

先是，僞柔福帝姬之來，自稱爲王貴妃季女，益自言嘗在貴妃閤，帝遣之驗視，益爲所詐，遂以眞告。及事覺，益坐驗視不實，送昭州編管，尋以與皇太后連姻得免。十九年，卒于家。

張去爲，內侍張見道養子也。初爲韋太后宅提點官，累遷至安德軍承宣使、帶御器械，又遷內侍省押班。時見道爲入內內侍省押班，父子並充景福殿使。去爲寖有寵，請以一官回授見道，帝嘉而許之。其後見道以保康軍承宣使致仕，而去爲與秦檜、王繼先俱用事，升延福宮使，累遷至入內內侍省都知，恃恩干外朝謀議。

金兵將至，遣使來，出慢言以相懼。去爲陰沮用兵，進幸蜀之計，宰相陳康伯力非之，帝悟而止。侍御史杜莘老乞斬去爲，以作士氣。先是，去爲取御馬院西兵二百人，髡其頂髮，都人駭之，莘老復劾其罪。帝不得已，令去爲致仕，莘老亦出補外。

及內禪，詔落致仕，提舉德壽宮，行移如內侍省，仍鑄印賜之。修宮有勞，又特遷安慶軍承宣使。初，安恭后入宮，去爲實進之。后崩，上皇又遣去爲傳旨，立謝貴妃爲后，故亦貴重，然至死不復涉朝廷事。

陳源，淳熙中提舉德壽宮，頗有寵。俄帶浙西副總管，給事中趙汝愚言，內侍不當干軍政，遂罷。源恃恩顓恣，本宮書史徐彥通者，爲源掌家務，不數歲官至經武大夫；甄士昌，源廝役也，工理髮，奏補承信郎；又補臨安府都吏李庚以官，使之窺伺府事。孝宗聞而惡之。十年春，詔源應奉日久，特落階官，與京祠。給事中宇文价封還錄黃，改外祠。臺官黃洽等又劾之，乃謫源建州居住，籍其貲進德壽宮。彥通除名，道州編管，士昌、庚皆抵罪。言者猶未已，移源郴州。源有園名小隱，其制視禁籞有加，高宗以賜王才人。

光宗卽位，復召還。紹熙四年，自拱衞大夫、永州防禦使除入內內侍省押班。帝以疾不朝重華宮，源與內侍楊舜卿、林億年數有間言。寧宗卽位，命三人俱事光宗于泰安宮。御史章穎論其離間君親，乞行誅竄，以慰壽皇在天之靈。詔罷源等官，源撫州、億年常州居住，舜卿任便居住。慶元二年，以生皇子恩，源、億年許自便，舜卿與內祠。給事中汪義端駁之，乃移源婺州，億年湖州。義端再駁舜卿內祠，反坐外補，其後源等卒聽自便。億年養娼女以別業，源在貶所與妓濫，俱以淫媟聞，人疑其非宦者云。

甘昪，內侍者押班澤之子。澤之死，昪累遷亦至押班。乾道中，帝頗親昪，昪以此用事。臨安尹胡與可爲小官時，丐貸於臨安富民馬氏，不如欲，銜之。至是，馬以鬻官鹽踰格繫獄，與可諷有司以私鹽論，御史陳升卿決獄，平反之。昪之子婦，與可女也，乃陰爲與可地，譖升卿于帝前，謂爲豪民馬請事，所得至萬緡。上疑，遂論罪，馬流嚴州，升卿由是罷去。

時曾覿以使弼領京祠，王抃以知閤門兼樞密都承旨，昪爲入內押班，相與盤結，士大夫無恥者爭附之。既而覿死抃逐，獨昪在，朱熹力言之，帝曰：「昪乃德壽宮所薦，謂有才耳。」熹曰：「姦人無才，何以動人主？」昪用事二十年，招權市賄，黃由對策，亦頗及之。後帝察其姦，遂抵之罪，籍其貲，竟以廢死。

弟昺，淳熙末，幹辦內東門司、帶御器械。光宗朝，累遷至親衞大夫、保康軍承宣使、提舉佑神觀。慶元初，爲內侍省都知。帝過壽康宮，昺有力焉。遷官二秩，頗貴寵。

王德謙，初爲嘉邸都監，頗親幸。

孝宗大漸，光宗以疾久不朝重華宮。黃由時爲王府贊讀，奏請嘉王詣重華宮問疾，既得旨，德謙固請覆奏，王斥之，遂行。孝宗崩，王在喪次，中外洶洶，王以告直講彭龜年。龜年以爲建儲則人心安，須白中宮乃可。卽諭德謙奏之皇太后，德謙不敢，強之，旣而無報。

王卽位，德謙累遷昭慶軍承宣使、內侍省押班，賜居第。驕恣踰法，服食擬乘輿，出入或以導駕燈籠自奉。爲人求官，贓以巨萬計，泄其事者禍立至，故外朝多附之。

中書舍人吳宗旦事之尤謹，夜則易服造謁。德謙求爲節度使，先薦宗旦爲刑部侍郎、直學士院，將使草麻。宗旦先備草示之，引天寶、同光爲比，德謙喜。制出，參政何澹不肯署，諫議大夫劉德秀率臺諫論列，宰相京鏜復以爲言，命遂寢。

韓侂胄與德謙爭用事，德謙屢以計勝，侂胄擠之，詔與外祠，臺諫又交章論駁。侍御史姚愈言吳宗旦嘗草德謙制，遂罷其官。愈又率同列力攻德謙，詔送廣德軍居住。尋以臨安尹勍其贓濫僭擬，詔降團練使，移居撫州，他事勿問。中書舍人高文虎請改爲安置，臺諫復言其姦詭，乞自今不以赦移，雖特旨亦許執奏，帝用其言，德謙遂坐廢斥以死。

關禮，高宗朝宦者。淳熙末，積官至親衞大夫、保信軍承宣使。孝宗頗親信之，後命提舉重華宮。

孝宗崩，光宗疾，不能執喪，樞密趙汝愚等請建儲以安人心，光宗御批又有「念欲退閑」

語，丞相留正懼，納祿去，人心愈搖。汝愚遣戚里韓侂胄因內侍張宗尹以禪位之議奏，太皇太后曰：「此豈可易言！」明日，汝愚再遣侂胄附宗尹以奏，未獲命而侂胄退，與禮遇，禮知其意，問之，侂胄不以告。禮指天自誓不言，侂胄遂白其事，禮卽入宮，泣告太后以時事可憂之狀，且曰：「留丞相已去，所恃者趙知院耳。今欲定大計而無太皇太后之命，亦將去矣。」太后驚曰：「知院，同姓也，事體與他人異。」禮曰：「知院未去，恃有太后耳。今有請不許，計無所出，亦惟有去而已。知院去，天下將若何？」太后悟，遂命禮傳旨侂胄以諭汝愚，約明日太后垂簾上其事。又明日，嘉王入行禫祭，汝愚卽簾前進呈御批，太后遂命王卽皇帝位。尋除禮入內內侍省都知，又差兼重華、慈福宮承受，充提舉皇城司，遷中侍大夫。禮不以功自居，乞致仕，不許；乞免推恩，又不許。南渡後，內侍可稱者惟邵成章與禮云。

董宋臣，理宗朝宦者。淳祐中，以睿思殿祗候特轉橫行官。寶祐三年，兼幹辦佑聖觀。侍御史洪天錫劾之，不報，天錫坐左遷大理少卿。開慶初，大元兵駐江上，京師大震。宋臣贊帝遷幸寧海軍，簽判文天祥上疏乞誅宋臣，又不報。

景定四年，自保康軍承宣使除入內內侍省押班，尋兼主管太廟、往來國信所，同提點內軍器庫、翰林院、編修敕令所、都大提舉諸司，提點顯應觀，主管景獻太子府事。會天祥以著作佐郎兼獻景府教授〔一〕，義不與宋臣聯事，上書求去，天祥出知瑞州。

言者論宋臣不置，帝曲爲諭解庇之。祕書少監湯漢上封事，亦言：「宋臣十餘年來聲焰薰灼，其力能去臺諫、排大臣，至結凶渠以致大禍。中外惶惑切齒，而陛下方爲之辨明，大臣方爲之和解，此過計也。願收還押班等除命，不勝宗社之幸。」疏入，帝亦不之省。六月，命主管御前馬院及酒庫。既卒，帝猶命特轉節度使，其見寵愛如此。

校勘記

〔一〕以著作佐郎兼獻景府教授　按文天祥文山先生全集卷一七劉岳申文丞相傳、紀年錄景定三年條，天祥係以秘書省正字兼景獻府教授，與此不同；又上文董宋臣「主管景獻太子府事」，下文云「義不與宋臣聯事」，此處作「獻景」，亦有不合。又景獻太子係寧宗太子詢的謚號，詢死於嘉定十三年，其府名不應沿稱至理宗時，上文所稱「景獻太子府」亦疑有誤。

宋史卷四百七十

列傳第二百二十九

佞幸

弭德超　侯莫陳利用　趙贊　王黼　朱勔　王繼先　曾覿　龍大淵附　張說　王抃　姜特立譙熙載附

人君生長深宮之中，法家、拂士接耳目之時少，宦官、女子共啓處之日多，二者，佞幸之梯媒也。剛明之主亦有佞幸焉，剛好專任，明好偏察，彼佞幸者一投其機，爲患深矣。他日敗闕，雖能殄除，隳城以求狐，灌社以索鼠，亦曰殆哉！宋世中材之君，朝有佞幸，所不免也。太宗有弭德超、趙贊，孝宗有曾覿、龍大淵，二君固不可謂非剛明之主也。作佞幸傳。

弭德超，滄州清池人。李符、李琪薦之，給事太宗晉邸。太宗即位，補供奉官。太平興國三年，遷酒坊使、杭州兵馬都監，又爲鎮州駐泊都監。

初，太宗念邊戍勞苦，月賜士卒銀，謂之月頭銀。德超乘間以急變聞於太宗曰：「樞密使曹彬秉政歲久，得士衆心；臣從塞上來，聞士卒言：『月頭銀曹公所致，微曹公我輩餒死矣。』」又巧誣彬他事。上頗疑之，出彬爲天平軍節度。以王顯爲宣徽南院使，德超爲宣徽北院使，並兼樞密副使。

德超譖曹彬事成，期得樞密使，乃爲副使；又柴禹錫與德超官同，先授，班在其上。故德超視事月餘，稱病請告，居常怏怏。一日詬顯及禹錫曰：「我言國家大事，有安社稷功，止得綫許大官。汝等何人，反在我上，更令我効汝輩所爲，我實恥之。」又大駡曰：「汝輩當斷頭，我度上無守執，爲汝輩所眩惑。」顯告之，太宗怒，命膳部郎中、知雜滕中正就第鞫德超，具伏，下詔奪官職，與其家配隸瓊州禁錮，未幾死。

侯莫陳利用，益州成都人，幼得變幻之術。太平興國初，賣藥京師，言黃白事以惑人。樞密承旨陳從信白於太宗，即日召見，試其術頗驗，即授殿直，累遷崇儀副使。雍熙二年，改右監門衞將軍，領應州刺史。三年，諸將北征，以利用與王侁並爲幷州駐泊都監，擢單州刺史。四年，遷鄭州團練使。前後賜與甚渥，依附者頗獲進用，遂橫恣無復畏憚。其居處服玩皆僭乘輿，人畏之不敢言。

會趙普再入中書，廉知殺人及諸不法，盡奏之。太宗遣近臣案得姦狀，欲貸其死，普固請曰：「陛下不誅，是亂天下法。法可惜，此何足惜哉！」遂下詔除名，配商州禁錮。初籍其家，俄詔還之。

趙普恐其復用，因殿中丞竇諲嘗監鄭州榷酤，知利用每獨南向坐以接京使，犀玉帶用紅黃羅袋；澶州黃河清，鄭州用爲詩題試舉人，利用判試官狀〔一〕，言甚不遜。召諲至中書詰實，令上疏告之。又京西轉運副使宋沆籍利用家，得書數紙，言皆指斥切害，悉以進上。太宗怒，令中使臠殺之，已而復遣使貸其死，乘疾置至新安，馬旋濘而踣，出濘換馬，比追及之，已爲前使誅矣。

趙贊，幷州人，性險詖辯給，好言利害。初爲軍小吏，與都校不協，因誣營中謀叛，劉繼元屠之無遺類，稍署贊右職。太原平，隸三司爲走吏，又許本司補殿直，太宗頗任之。遷供奉官、閤門祗候，提舉京西、陝西數州錢帛，發擿甚衆。又自乞捕盜，至永興，得兵士盜錢二百，欲磔諸市，知府張齊賢奪而釋之。太宗命御史臺按問，停贊官數月。復令專鈎校三司簿，令贊自選吏十數人爲耳目，專伺中書、樞密及三司事，乘間白之。太宗以爲忠無他腸，中外益畏其口。會改三司官屬，以贊爲西京作坊副使、度支都監。

時又有鄭昌嗣者，宣州人，亦起三司役吏，稍遷侍禁。奉使西川，回奏在官不治者數十人，太宗嘉其直。會市物吏因緣爲姦，列肆屢謁開封訴之，乃置雜買務，使昌嗣監之。昌嗣乞著籍便殿門，許非時入奏，與贊親比相表裏，累遷至西上閤門副使、鹽鐵都監。二人既得聯事，由是益橫恣，所爲皆不法。太宗頗知之，以問左右，皆畏二人，無敢言其惡。

至道元年上元節，京城張燈，太宗以上清宮成，臨幸。贊與昌嗣邀其黨數人，攜妓樂登宮中玉皇閣，飲宴至夜分；掌舍宦者不能止，以其事聞。太宗大怒，幷摭諸事，下詔奪贊官，許攜家配隸房州禁錮，卽日驛遣之。昌嗣黜唐州團練副使，不署事。旣數日，並賜死於路。

太宗謂侍臣曰：「君子小人如芝蘭荆棘，不能絕其類，在人甄別耳。苟盡君子，則何用刑罰焉？」參知政事寇準對曰：「帝堯之時，四凶在庭，則三代之前，世質民淳，已有小人矣。今之衣儒服、居淸列者，亦頗朋附小人，爲自安計。如贊、昌嗣之類奔走賤吏，不足言也。」

王黼字將明，開封祥符人。初名甫，後以同東漢宦官，賜名黼。爲人美風姿，目睛如金，有口辯，才疏雋而寡學術，然多智善佞。中崇寧進士第，調相州司理參軍，編修九域圖志，何志同領局，喜其人，爲父執中言之，薦擢校書郎，遷符寶郎、左司諫。張商英在相位，寖失帝意，遣使以玉環賜蔡京於杭〔三〕；黼覘知之，數條奏京所行政事，并擊商英。京復相，德其助己，除左諫議大夫、給事中、御史中丞，自校書至是財兩歲。

黼因執中進，迺欲去執中，使京顓國，遂疏其二十罪，不聽。俄兼侍讀，進翰林學士。京與鄭居中不合，黼復內交居中，京怒，徙爲戶部尚書。大農方乏，將以邦用不給爲之罪。旣而諸班禁旅賚犒不如期，詣左藏鼓譟，黼聞之，即諸軍揭大榜，期以某月某日，衆讀榜皆散，京計不行。還爲學士，進承旨。

遭父憂，閱五月，起復宣和殿學士，賜第昭德坊。故門下侍郎許將宅在左，黼父事梁師成，稱爲恩府先生，倚其聲焰，逼許氏奪之，白晝逐將家，道路憤歎。復爲承旨，拜尚書左丞、中書侍郎。宣和元年，拜特進、少宰。由通議大夫超八階，宋朝命相未有前比也。別賜城西甲第，徙居之日，導以教坊樂，供張什器，悉取於官，寵傾一時。

賢相。

蔡京致仕，黼陽順人心，悉反其所爲，罷方田，毀辟雍、醫、算學，併會要、六典諸局，汰省吏，減遙郡使、横班官奉入之半，茶鹽鈔法不復比較，富戶科抑一切蠲除之，四方翕然稱

既得位，乘高爲邪，多畜子女玉帛自奉，僭儗禁省。誘奪徽猷閣待制鄧之綱妾，反以罪竄之綱嶺南。加少保、太宰。請置應奉局，自兼提領，中外名錢皆許擅用，竭天下財力以供費。官吏承望風旨，凡四方水土珍異之物，悉苛取於民，進帝所者不能什一，餘皆入其家。御史陳過庭乞盡罷以御前使喚爲名冗官，京西轉運使張汝霖請罷進西路花果，帝既納，黼復露章劾之，兩人皆徙遠郡。

睦寇方臘起，黼方文太平，不以告，蔓延彌月，遂攻破六郡。帝遣童貫督秦甲十萬始平之。猶以功轉少傅，又進少師。貫之行也，帝全付以東南一事，謂之曰：「如有急，卽以御筆行之。」貫至吳，見民困花石之擾，衆言：「賊不亟平，坐此耳。」貫卽命其僚董耘作手詔，若罪己然，且有罷應奉局之令，吳民大悅。貫平賊歸，黼言於帝曰：「臘之起由茶鹽法也，而貫入姦言，歸過陛下。」帝怒。貫謀起蔡京以間黼，黼懼。

是時朝廷已納趙良嗣之計，結女眞共圖燕，大臣多不以爲可。黼曰：「南北雖通好百年，然自累朝以來，彼之慢我者多矣。兼弱攻昧，武之善經也。今弗取，女眞必彊，中原故

地將不復爲我有。」帝雖向其言，然以兵屬貫，命以保民觀釁爲上策。黼復折簡通誠於貫曰：「太師若北行，願盡死力。」時帝方以睦寇故悔其事，及黼一言，遂復治兵。

黼於三省置經撫房，專治邊事，不關之樞密。括天下丁夫，計口出算，得錢六千二百萬緡，竟買空城五六而奏凱。率百僚稱賀，帝解玉帶以賜，優進太傅，封楚國公，許服紫花袍，騶從儀物幾與親王等。黼議上尊號，帝曰：「此神宗皇帝所不敢受者也。」卻弗許。

始，遼使至，率迂其驛程，燕犒不示以華侈。及黼務於欲速，令女眞使以七日自燕至都，每張宴其居，輒陳尚方錦繡、金玉、瑰寶，以誇富盛，由是女眞益生心。身爲三公，位元宰，至陪扈曲宴，親爲俳優鄙賤之役，以獻笑取悅。

欽宗在東宮，惡其所爲。鄆王楷有寵，黼爲陰畫奪宗之策。皇孫諶爲節度使、崇國公，黼謂但當得觀察使，召宮臣耿南仲諭指，使草代東宮辭諶官奏，竟奪之，蓋欲以是撼搖東宮。

帝待遇之厚，名其所居閣曰「得賢治定」，爲書亭、堂牓九。有玉芝產堂柱，乘輿臨觀之。梁師成與連牆，穿便門往來，帝始悟其交結狀。還宮，黼眷頓熄，尋命致仕。

欽宗受禪，黼惶駭入賀，閤門以上旨不納。金兵入汴，不俟命，載其孥以東。詔貶爲崇信軍節度副使，籍其家。吳敏、李綱請誅黼，事下開封尹聶山，山方挾宿怨，遣武士躡及於雍丘南輔固村，戕之，民家取其首以獻。帝以初卽位，難於誅大臣，託言爲盜所殺。議者不以誅黼爲過，而以天討不正爲失刑云。

朱勔，蘇州人。父沖，狡獪有智數。家本賤微，庸於人，梗悍不馴，抵罪鞭背。去之旁邑乞貸，遇異人，得金及方書歸，設肆賣藥，病人服之輒效，遠近輻湊，家遂富。因脩蒔園圃〔三〕，結游客，致往來稱譽。

始，蔡京居錢塘，過蘇，欲建僧寺閣，會費鉅萬，僧言必欲集此緣，非朱沖不可。京以屬郡守，郡守呼沖見京，京語故，沖願獨任。居數日，請京詣寺度地，至則大木數千章積庭下，京大驚，陰器其能。明年召還，挾勔與俱，以其父子姓名屬童貫竄置軍籍中，皆得官。

徽宗頗垂意花石，京諷勔語其父，密取浙中珍異以進。初致黃楊三本，帝嘉之。後歲歲增加，然歲率不過再三貢，貢物裁五七品。至政和中始極盛，舳艫相銜于淮、汴，號「花石綱」，置應奉局于蘇，指取內帑如囊中物，每取以數十百萬計。延福宮、艮嶽成，奇卉異植充物其中。勔擢至防禦使，東南部刺史、郡守多出其門。

徐鑄、應安道、王仲閎等濟其惡，竭縣官經常以爲奉。所貢物，豪奪漁取於民，毛髮不少償。士民家一石一木稍堪翫，即領健卒直入其家，用黃封表識，未即取，使護視之，微不謹，即被以大不恭罪。及發行，必徹屋抉牆以出。人不幸有一物小異，共指爲不祥，唯恐芟夷之不速。民預是役者，中家悉破產，或鬻賣子女以供其須。斸山輦石，程督峭慘，雖在江湖不測之淵，百計取之，必出乃止。

嘗得太湖石，高四丈，載以巨艦，役夫數千人，所經州縣，有拆水門、橋梁，鑿城垣以過者。既至，賜名「神運昭功石」。截諸道糧餉綱，旁羅商船，揭所貢暴其上，篙工、柁師倚勢貪橫，陵轢州縣，道路相視以目。廣濟卒四指揮盡給輓士猶不足。京始患之，從容言於帝，願抑其太甚者。帝亦病其擾，乃禁用糧綱船，戒伐冢藏、毀室廬，毋得加黃封帕蒙人園囿花石，凡十餘事。聽勔與蔡攸等六人入貢，餘進奉悉罷。自是勔小戢。

既而寖甚。所居直蘇市中孫老橋，忽稱詔，凡橋東西四至壞地室廬悉買賜予己，合數百家，期五日盡徙，郡吏逼逐，民嗟哭於路。遂建神霄殿，奉靑華帝君像其中，監司、都邑吏朔望皆拜庭下，命士至，輒朝謁，然後通刺詣勔。主趙霖建三十六浦牐，興必不可成之功，天方大寒，役死者相枕藉。霖志在媚勔，益加苛虐，吳、越不勝其苦。徽州盧宗原竭庫錢遺之，引爲發運使，公肆掊克。園池擬禁籞，服飾器用上僭乘輿。又託輓舟募兵數千人，擁以自衞。子汝賢等召呼鄉州官寮，頤指目攝，皆奔走聽命，流毒州郡者二十年。

方臘起，以誅勔爲名。童貫出師，承上旨盡罷去花木進奉，帝又黜勔父子弟姪在職者，民大悅。然寇平，勔復得志，聲焰熏灼。嬖人穢夫，候門奴事，自直祕閣至殿學士，如欲可得，不附者旋踵罷去，時謂東南小朝廷。帝末年益親任之，居中白事，傳達上旨，大略如內侍，進見不避宮嬪。歷隨州觀察使、慶遠軍承宣使。燕山奏功，進拜寧遠軍節度使、醴泉觀使。一門盡爲顯官，騶僕亦至金紫，天下爲之扼腕。

靖康之難，欲爲自全計，倉卒擁上皇南巡，且欲邀至其第。欽宗用御史言，放歸田里，凡由勔得官者皆罷。籍其貲財，田至三十萬畝。言者不已，羈之衡州，徙韶州、循州，遣使即所至斬之。

王繼先，開封人。姦黠善佞。建炎初以醫得幸，其後寖貴寵，世號王醫師。至和安大夫、開州團練使致仕。尋以覃恩，改授武功大夫，落致仕。給事中富直柔奏：「繼先以雜流易前班，則自此轉行無礙，深恐將帥解體。」帝曰：「朕頃冒海氣，繼先診視有奇效，可特書讀。」直柔再駁，命乃寢。既而特授榮州防禦使。

太后有疾，繼先診視有勞，特補其子悅道爲閤門祗候。尋命繼先主管翰林醫官局，力辭。是時，繼先用事，中外切齒，乃陽乞致仕，以避人言。詔遷秩二等，許回授。俄除右武大夫、華州觀察使，詔餘人毋得援例。吳貴妃進封，推恩遷奉寧軍承宣使，特封其妻郭氏爲郡夫人。

繼先遭遇冠絕人臣，諸大帥承順下風，莫敢少忤，其權勢與秦檜埒。檜使其夫人詣之，敍拜兄弟，表裏引援。遷昭慶軍承宣使，又欲得節鉞，使其徒張孝直等校本草以獻，給事中楊椿沮之，計不行。繼先富埒王室，子弟通朝籍，總戎寄，姻戚黨與盤據要途，數十年間，無能搖之者。

金兵將至，劉錡請爲戰備，繼先乃言：「新進主兵官，好作弗靖，若斬一二人，和好復固。」帝不懌曰：「是欲我斬劉錡乎？」

侍御史杜莘老劾其十罪，大略謂：「繼先廣造第宅，占民居數百家，都人謂之『快樂仙宮』；奪良家婦女爲侍妾；鎭江有娼妙於歌舞，矯御前索之；淵聖成喪，舉家燕飮，令妓女舞而不歌，謂之『啞樂』；自金使來，日輦重寶之吳興，爲避走計；陰養惡少，私置兵甲；受富民金，薦爲閤職；州縣大獄，以賂解免；誣姊姦淫，加之黥隸；又於諸處佛寺建立生祠，凡名山大刹所有，太半入其家。此特舉其大者，其餘擢髮未足數也。」

奏入，詔繼先福州居住。其子安道，武泰軍承宣使；守道，朝議大夫、直徽猷閣；悅道，朝奉郎、直秘閣；孫錡，承議郎、直秘閣：並勒停。放還良家子爲奴婢者凡百餘人。籍其貲以千萬計，鬻其田園及金銀，並隸御前激賞庫。其海舟付李寶，天下稱快。

方繼先之怙寵奸法，帝亦知之，故晚年以公議廢之，遂不復起。孝宗卽位，詔任便居住，毋至行在。淳熙八年，卒。

曾覿字純甫，其先汴人也。用父任補官。紹興三十年，以寄班祗候與龍大淵同爲建王內知客。孝宗受禪，大淵自左武大夫除樞密副都承旨，而覿自武翼郎除帶御器械，幹辦皇城司。諫議大夫劉度入對，首言二人潛邸舊人，待之不可無節度；又因進故事，論京房、石顯事。大淵遂除知閤門事，而覿除權知閤門事。度言：「臣欲退之，而陛下進之，何面目尙爲諫官？乞賜貶黜。」中書舍人張震繳其命至再，出知紹興府。殿中侍御史胡沂亦論二人市權，旣而給舍金安節、周必大再封還錄黃。時張燾新拜參政，亦欲以大淵、覿決去就，力言之，帝不納。燾辭去，遂以內祠兼侍讀。劉度奪言職，權工部侍郎，而二人仍知閤門事；覿，文州刺史、權知閤門：皆兼皇城司。不數月間，除命四變。劉度出知建寧府，尋放罷。必大格除目不下，尋與祠，二人除命亦寢。未幾，卒以大淵爲宜州觀察使、知閤門事；覿，羣臣既以言二人得罪去，侍御史周操章十五上，不報。自是覿與大淵勢張甚，士大夫之寡恥者潛附麗之。帝嘗令大淵撫慰兩淮將士，侍御史王十朋言大淵銜命撫師，非出朝廷論選之公，有輕國體。時又有內侍押班梁珂者，三人表裏用事。及珂以罪出，右正言龔茂良入對，首論：「二人害政甚珂百倍，陛下罷行一政事，進退一人才，必掠美自歸，謂爲己力。或時有少過，昌言於外，謂嘗爭之而不見聽。羣臣章疏留中未出，間得窺見，出以語人。有司條陳利害，示以副封，公然可否。若夫交通賄賂，干求差遣，特其小者耳。願特出威斷，並行罷去。」

先是，江、浙大水，詔侍從、臺諫陳闕政。著作郎劉夙上封事曰：「陛下與覿、大淵輩觴詠唱酬，字而不名。罷宰相，易大將，待其言而後決。嚴法守，裁僥倖，當自宮掖近侍始。」茂良時爲監察御史，亦言：「水至陰，其占爲女寵，爲嬖佞，爲小人，蓋專指左右近習也。」帝諭以二人皆潛邸舊人，非近習比；且俱有文學，敢諫諍，杜門不出，不預外事，宜退而訪問。茂良再上疏言：「德宗不知盧杞之姦邪，此其所以姦邪也。大淵、覿所爲，行道之人能言之，特陛下未之覺耳。」疏入不報。茂良待罪，除太常少卿，五辭不拜，出知建寧府。

一日，右史洪邁過參政陳俊卿曰：「聞將除右史，邁遷西掖，信乎？」俊卿曰：「何自得之？」邁以二人告。俊卿即以語宰相葉顒、魏杞，而已獨奏之，且以邁語質之帝前，帝怒，即出二人於外。於是遷大淵爲江東總管，覿爲淮西副總管，中外快之。尋改大淵浙東、覿福建。乾道四年，大淵死，覿尙在福建。帝憐，欲召之，樞密劉珙奏曰：「此曹奴隸爾，厚賜之可也。引以自近而待以賓友，使得與聞政事，非所以增聖德、整朝綱也。」帝納珙言，命遂寢。

既而覿垂滿，俊卿恐其入，預請以浙東總管處之。臺臣上疏論之，不報。太學錄魏掞之敢上封事論列，且見俊卿切責之，掞之得台州教官以出。覿至龍山已久，伺掞之去，然後入國門。會虞允文使蜀還，與俊卿同奏覿不可留。帝曰：「然，留則累朕。」卒除浙東副總管。未幾，以墨詔進覿一官爲觀察使，中書舍人繳還，不因事除拜〔四〕，必有人言。帝不聽。俊卿曰：「不爾，亦須有名。」會汪大猷爲賀金正旦使，俾覿副之。比還，遷一秩，而竟申浙東之命，且戒閤門吏趣朝辭，覿由是怏怏而去。

六年夏，俊卿罷政。十月，覿以京祠召。七年，立皇太子〔五〕，覿以伴讀勞，升承宣使。八年，姚憲爲賀金國尊號使，覿副之。歸，除武泰軍節度使，提舉萬壽觀。淳熙元年，除開府儀同三司。四年，覿欲以文資官其子孫，帝遣中使至省中具使相奏補法，龔茂良時以參政行丞相事，遽以文武官各隨本色蔭補法繳進，覿大怒。茂良退朝，覿從騎不避，茂良執而撻之，待罪乞出，不許。戶部員外郞謝廓然忽賜出身，除侍御史。廓然首論茂良，以資政殿學士知鎭江；章再上，鐫罷；言之不已，貶英州：皆覿所使也。覿前雖預事，未敢肆，至是責逐大臣，士始側目重足矣。鄺然旣以擅權罪茂良，從班有韓彥古者，覿之姻，鄺然之黨，遂獻議助之，使人主疑大臣而信近習，至是益甚。

六年二月，帝幸佑聖觀，召宰臣史浩及覿同賜酒。是歲，加覿少保、醴泉觀使。時周必大當草制，人謂其必不肯從，及制出，乃有「敬故在尊賢之上」之語，士論惜之。

覿始與龍大淵相朋，及大淵死，則與王抃、甘昪相蟠結，文武要職多出三人之門。葉衡自小官十年至宰相。徐本中由小使臣積階至刺史、知閤門事，換文資爲右文殿修撰、樞密都承旨，賜三品服，俄爲浙西提刑，尋以集英殿修撰奉內祠。是二人者，皆覿所進也。

著作郎胡晉臣因轉對，極論近習怙權之害，遂出知漢州〔六〕。南康守朱熹應詔上書，其言尤力，有曰：「一二近習之人，蠱惑陛下心志，所謂宰相、師傅、賓友、諫諍之臣，或反出入其門牆，承望其風旨。」疏入，帝怒，諭令分析，丞相趙雄言之，事遂止。陳俊卿守金陵，過闕入見，首言曾覿、王抃招權納賂，薦進人才，皆以中批行之。帝曰：「瑣細差遣，或勉循之。至於近上之除，此輩何敢預。」俊卿入辭，又曰：「向來士大夫奔覿、抃之門，十才一二，尙畏人知；今則公然趨附，十已八九，大非朝廷美事也。」帝感悟。覿用事二十年，權震中外，至於譖逐大臣，貶死嶺外。自是寖覺其姦，嘗謂左右曰：「曾覿誤我不少。」遂稍疏覿。

覿憂恚，疽發于背。七年三月，侍帝宴于翠寒堂，退爲記以進。十二月，卒。於是凡前論覿得罪者皆錄贈，胡晉臣起至執政，魏掞之贈直祕閣，龔茂良悉還其職名恩數云。

張說，開封人。父公裕，省吏也，爲和州防禦使，建炎初有軍功。說受父任爲右職，娶壽聖皇后女弟，由是累遷知閤門事。隆興初，兼樞密副都承旨。乾道初，爲都承旨，加明州觀察使。

七年三月，除簽書樞密院事。時起復劉珙同知樞密院，珙恥與之同命，力辭不拜。命既下，朝論譁然不平，莫敢頌言于朝者。惟左司員外郎張栻在經筵力言之，中書舍人范成大不草詞。尋除說安遠軍節度使〔七〕，奉祠歸第。不數月，出栻知袁州〔八〕。說既奉祠，語人曰：「張左司平時不相樂，固也。范致能亦胡爲見攻？」指所坐亭材植曰：「是皆致能所惠也。」

八年二月，復自安遠軍節度使提舉萬壽觀，簽書樞密院事。侍御史李衡、右正言王希呂交章論之，起居郎莫濟不書錄黃，直院周必大不草答詔，於是命權給事中姚憲書讀行下，命翰林學士王曮草答詔。未幾，曮升學士承旨，憲賜出身，爲諫議大夫。詔希呂合黨邀名，持論反覆，責遠小監當。衡素與說厚，所言亦婉，止罷言職，遷左史，而濟、必大皆與在外宮觀，日下出國門。國子司業劉焞移書責宰相，言說不當用，卽爲言者所論，出爲江西轉運判官。於是說勢赫然，無敢攖之者。九年春，說露章薦濟、必大，於是二人皆予郡，必大卒不出。

淳熙元年，帝廉知說欺罔數事，命侍御史范仲芑究之，遂罷爲太尉，提舉玉隆宮。諫官湯邦彥又劾其姦贓，乃降爲明州觀察使，責居撫州。三年，許自便。七年，卒于湖州。帝猶念之，詔復承宣使，給事中陳峴繳之，乃止。其子薦，文州刺史；嶷，明州觀察使。說敗，薦亦貶郴州。

先是，南丹州莫延葚表乞就宜州市馬，比橫山省三十程，說在樞筦以聞，樞屬有論其不便，說不聽。說旣貶，遂罷其議。說又嘗建議欲郎官、卿監通差武臣，中書舍人留正以爲不可，遂止。與右相梁克家議使事不合，克家罷去而說留，其竊政權、傾大臣類如此。

王抃，初爲國信所小吏。金人求海、泗、唐、鄧、商、秦地，議久不決。金兵至，遣抃往使，許以地，易歲貢爲歲幣而還。乾道中，積官至知閤門事，帝親信之。金使至，議國書禮，不合，抃以宰執虞允文命，給其使曰：「兩朝通好自有常禮，使人何得妄生事，已牒知對境。」翌日，金使乃進書。帝以爲可任，遣詣荆襄點閱軍馬。

淳熙中，兼樞密都承旨，建議以殿、步二司軍多虛籍，請各募三千人。已而殿司輒捕市人充軍，號呼滿道，軍士乘隙掠取民財。帝專以罪殿前指揮使王友直，而命抃權殿前司事。

時抃與曾覿、甘昪相結，恃恩專恣，其門如市。著作郎胡晉臣嘗論近習怙權，帝令執政趙雄詢其人，雄憚抃等，乃令晉臣捨抃等，指其位卑者數人以對，晉臣竟外補。校書郎鄭鑑、宗正丞袁樞因轉對，數爲帝言之，帝猶未之覺也。吏部侍郎趙汝愚力疏抃罪，言：「陛下即位之初，宰相如葉顒等皆懼陛下左右侵其權，日夜與之爲敵。陛下察數年已來，大臣還有與陛下左右角是非者否？蓋其勢積至此也。今將帥之權盡歸王抃矣。」

先是，抃給金使取國書，及使歸，金主誅之。嗣歲，金使至，帝以德壽宮之命，爲離席受國書，尋悔之。淳熙八年，金賀正旦使至，復要帝起立如舊儀，帝遽入內，抃擅許金使用舊儀見。翌日，汝愚侍殿上，帝不懌數日。汝愚因亟攻抃，帝遂出抃外祠，不復召。淳熙十一年，以福州觀察使卒。

姜特立字邦傑，麗水人。以父綬恩，補承信郎。淳熙中，累遷福建路兵馬副都監。海賊姜大獠寇泉南，特立以一舟先進，擒之。帥臣趙汝愚薦于朝，召見，獻所爲詩百篇，除閤門舍人，命充太子宮左右春坊兼皇孫平陽王伴讀，由是得幸於太子。太子卽位，除知閤門事，與譙熙載皆以春坊舊人用事，恃恩無所忌憚，時人謂曾、龍再出。

留正爲右相，執政尚闕人，特立一日語正曰：「帝以丞相在位久，欲遷左揆，就二尚書中擇一人執政，孰可者？」明日，正論其招權納賄之狀，遂奪職與外祠。帝念之，復除浙東馬步軍副總管，詔賜錢二千緡爲行裝。正引唐憲宗召吐突承璀事，乞罷相，不許。正復言：「臣與特立勢難兩立。」帝答曰：「成命已班，朕無反汗，卿宜自處。」正待罪國門外，帝不復召，而特立亦不至。

寧宗受禪，特立遷和州防禦使，再奉祠，俄拜慶遠軍節度使，卒。

熙載亦爲平陽邸伴讀，累官至忠州防禦使、知閤門事。紹熙中卒，較之特立頗廉勤。熙載子令雍，以恩補承信郎、平陽郡王府幹辦，尋充王府內知客，小有才。王嘗與論春秋褒貶齊宣王易牛、秦穆公悔過事，令雍卽爲三詩以獻，王甚愛重之。及卽位，除知閤門事，累遷至揚州承宣使。謝事，拜保成軍節度使。初賜居第，帝親書「依光」二字賜之。至是，復書「得閑知止」四字以名其堂。寶璽歸，覃恩進檢校少保，仍轉太尉致仕。卒，贈開府儀同三司。

校勘記

〔一〕判試官狀　「官」字原脫，據長編卷二一九補。

〔二〕遣使以玉環賜蔡京於杭　東都事略卷一〇六王黼傳：「徽宗召蔡京於錢塘，遣中使賜以玉環。」此處「遣使」前當有脫字。

〔三〕因脩蒔園圃　「脩」原作「循」，據東都事略卷一〇六本傳改。

〔四〕不因事除拜　朝野雜記乙集卷六孝宗黜龍曾本末，此上有「以爲」兩字。

〔五〕立皇太子　「太」字原脫，據本書卷三四孝宗紀、朝野雜記乙集卷六補。

〔六〕漢州　原作「濮州」，據本書卷三九一胡晉臣傳、南宋館閣續錄卷一八改。

〔七〕尋除説安遠軍節度使　本書卷三四孝宗紀，乾道七年三月，説「爲安慶軍節度使，提舉萬壽觀」，宋會要職官七八之五二同，此處「安遠軍」疑爲「安慶軍」之誤。下文同。

〔八〕山栻知袁州　「栻」字原脫，據本書卷四二九張栻傳、中興兩朝聖政卷五〇補。

宋史卷四百七十一

列傳第二百三十

姦臣一

蔡確 吳處厚附 邢恕 呂惠卿 章惇 曾布 安惇

易曰：「陽卦多陰，陰卦多陽。」君子雖多，小人用事，其象爲陰；小人雖多，君子用事，其象爲陽。宋初，五星聚奎，占者以爲人才衆多之兆。然終宋之世，賢哲不乏，姦邪亦多。方其盛時，君子秉政，小人聽命，爲患亦鮮。及其衰也，小人得志，逞其狡謀，壅閼上聽，變易國是，賊虐忠直，屏棄善良，君子在野，無救禍亂。有國家者，正邪之辨，可不愼乎！作姦臣傳。

蔡確字持正，泉州晉江人，父徙陳。確有智數，尚氣，不謹細行。第進士，調邠州司理參軍，以賄聞。轉運使薛向〔一〕行部，欲按治，見其儀觀秀偉，召與語，奇之，更加延譽。韓絳宣撫陝西，見所製樂語，以爲材，薦於弟開封尹維，辟管幹右廂公事，維去而確至。舊制當庭參，確不肯，後尹劉庠責之，確曰：「唐藩鎮自置掾屬，故有是禮。今輦轂下比肩事主，雖故事不可用。」遂乞解職。

王安石薦確，徙爲三班主簿。用鄧綰薦，爲監察御史裏行。王韶開熙河，多貸公錢，秦帥郭逵劾其罪，詔使杜純鞫治得實。安石卻其牘，更遣確，確希意直韶，逵、純獲譴。確善觀人主意，與時上下，知神宗已厭安石，因安石乘馬入宣德門與衞士競，卽疏其過以賈直。加直集賢院，遷御史知雜事。

范子淵浚河之役，知制誥熊本按行以爲非是，爲子淵所訟，確劾本附文彥博，黜之，代爲知制誥、知諫院兼判司農寺。三司使沈括謁宰相吳充論免役法，確言括爲近臣，見朝廷法令未便，不公言之而私語執政，意王安石既去，新法可搖耳。括坐黜知宣州。

開封鞫相州民訟，事連判官陳安民，安民令其甥文及甫求援於充之子安持，及甫，充壻也。確言事關大臣，非開封可了，遂移御史臺。時獄起皇城，卒事多不讎。中丞鄧潤甫，御史上官均按之，與府獄同。王珪奏遣確詣臺參治，確鍛鍊爲獄，潤甫、均不能制，密奏確慘掠諸囚。確伺知之，即劾二人庇有罪，且詐使吏爲使者慮問，囚稱寃，輒苦辱之。帝頗疑其濫，連遣諫官及內侍審直，皆怖畏，言不寃，由是潤甫、均皆罷，而確得中丞，猶領司農，凡常平、免役法皆成其手。

太學生虞蕃訟學官，確深探其獄，連引朝士，自翰林學士許將以下皆逮捕械繫，令獄卒與同寢處，飲食旋溷共爲一室，設大盆於前，凡羹飯餅胾舉投其中，以杓混攪，分飼之如犬豕。久繫不問，幸而得問，無一事不承。遂劾參知政事元絳有所屬請，絳出知亳州，確代其位。確自知制誥爲御史中丞、參知政事，皆以起獄奪人位而居之，士大夫交口咄罵，而確自以爲得計也。

吳充數爲帝言新法不便，欲稍去其甚者，確曰：「曹參與蕭何有隙，至代爲相，一遵何約束。今陛下所自建立，豈容一人挾怨而壞之。」法遂不變。

元豐五年，拜尚書右僕射兼中書侍郎。時富弼在西京，上言蔡確小人不宜大用。確既相，屢興羅織之獄，縉紳士大夫重足而立矣。初議官制，蓋倣唐六典，事無大小，並中書取旨，門下審覆，尚書受而行之，三省分班奏事，柄歸中書。確說王珪曰：「公久在相位，必得中書令。」珪信不疑。確乃言於帝曰：「三省長官位高，不須置令，但令左右僕射分兼兩省侍郎足矣。」帝以爲然。故確名爲次相，實顓大政，珪以左僕射兼門下，拱手而已。帝雖以次敍相珪、確，然不加禮重，屢因微失罰金，每罰輒門謝。宰相罰金門謝，前此未有，人皆恥之。

哲宗立，轉左僕射。韓縝入相中書，用其兩姪爲列卿，確風御史中丞黃履劾縝。始詔三省，凡取旨事及臺諫官章疏，並執政同進擬，不專屬中書。蓋確畏失權，又復改制也。爲永裕山陵使，靈駕發引之夕，不宿於次，在道又不扈從，還，又不丐去。御史劉摯、王巖叟連擊之，言確有十當去，「在熙寧、元豐時，寃獄苛政，首尾預其間。及至今日，稍語於人曰：『當時確豈敢言。』此其意欲固竊名位，反歸曲於先帝也」。司馬光、呂公著進用，蠲除煩苛，確言皆己所建白，公論益不容，太皇太后猶不忍卽退斥。元祐元年閏二月，始罷爲觀文殿學士、知陳州。明年，坐弟碩事奪職，徙安州，又徙鄧。

初，神宗疾革，王珪議建儲事，確與同列皆在側，知狀。確自見得罪於世，陰與章惇、邢恕等合志邪謀，謂珪實懷異意，賴己擁護，故不得逞。確奉使陵下，韓縝白發其端，事寖籍籍。既失勢，愈怨望，恕又益爲往來造言，識者以爲憂，未有以發也。

確在安陸，嘗游車蓋亭，賦詩十章，知漢陽軍吳處厚上之，以爲皆涉譏訕，其用郝處俊上元間諫高宗欲傳位天后事，以斥東朝，語尤切害。於是左諫議大夫梁燾[三]、右諫議大夫范祖禹、左司諫吳安詩、右司諫王巖叟、右正言劉安世，連上章乞正確罪。詔確具析，確自辨甚悉。安世等又言確罪狀著明，何待具析，此乃大臣委曲爲之地耳。遂貶光祿卿，分司南京，再責英州別駕，新州安置。宰相范純仁、左丞王存坐廉前出語救確，御史李常、盛陶、翟恩、趙挺之、王彭年坐不舉劾，中書舍人彭汝礪坐封還詞命，皆罷去。確後卒于貶所。

紹聖元年，馮京卒，哲宗臨奠。確子渭，京壻也，於喪次中闌訴。明日，詔復正議大夫。二年，贈太師，謚曰忠懷，遣中使護其葬，又賜第京師。崇寧初，配饗哲宗廟庭。蔡京請徽宗書「元豐受遺定策殊勳宰相蔡確之墓」賜其家。京與太宰鄭居中不相能，居中以憂去，京懼其復用，而居中，王珪壻也。時渭更名懋，京使之重理前事，以沮居中，遂追封確清源郡王，御製其文，立石墓前。擢懋同知樞密院事，次子莊爲從官，弟碩，贈待制，諸女超進封爵，諸壻皆得官，貴震當世。

高宗卽位，下詔暴羣姦之罪，貶確武泰軍節度副使，竄懋英州，凡所與濫恩，一切削奪天下快之。

吳處厚者，邵武人，登進士第。仁宗屢喪皇嗣，處厚上言：「臣嘗讀史記，考趙氏廢興本末，當屠岸賈之難，程嬰、公孫杵臼盡死以全趙孤。宋有天下，二人忠義未見褒表，宜訪其墓域，建爲其祠。」帝覽其疏矍然，卽以處厚爲將作丞，訪得兩墓於絳，封侯立廟。

始，蔡確嘗從處厚學賦，及作相，處厚通牋乞憐，確無汲引意。王珪用爲大理丞。王安禮、舒亶相攻，事下大理，處厚知安禮與珪善，論亶用官燭爲自盜。確密遣達意救亶，處厚不從，確怒欲逐之，未果。珪請除處厚館職，確又沮之。珪爲永裕山陵使，辟掌牋奏。確代使，出知通利軍，又徙知漢陽，處厚不悅。

元祐中，確知安州，郡有靜江卒當戍漢陽，確固不遣，處厚怒曰：「爾在廟堂時數陷我，今比郡作守，猶爾邪？」會得確車蓋亭詩，引郝甑山事，乃箋釋上之，云：「郝處俊封甑山公，會高宗欲遜位武后，處俊諫止，今乃以比太皇太后。且用滄海揚塵事，此蓋時運之大變，尤非佳語。譏謗切害，非所宜言。」確遂南竄。擢處厚知衞州，然士大夫由此畏惡之，未幾卒。紹聖間，追貶歙州別駕。

邢恕字和叔，鄭州陽武人。博貫經籍，能文章，喜功名，論古今成敗事，有戰國縱橫氣習。從程顥學，因出入司馬光、呂公著門。登進士第，補永安主簿。公著薦于朝，得崇文院校書。王安石亦愛之，因賓客諭意，使養晦以待用，恕不能從，而對其子雱語新法不便。安石怒，諫官亦言新進士未歷官而卽處館閣，開奔競路，出知延陵縣。縣廢不復調，浮湛陝、洛間者七年，復爲校書。

吳充用爲館閣校勘，歷史館檢討、著作佐郎。蔡確代充相，盡逐充所用人，恕深居懼及。神宗見其送文彥博詩，稱於確，乃進職方員外郎。帝有復用光、公著意，確以恕於兩人爲門下客，亟結納之。恕亦深自附託，乃爲確畫策，稍收召名士，於政事微有更革，自是相與如素交。

帝不豫，恕與確成謀，密語宣仁后之姪公繪、公紀曰：「家有白桃著華〔三〕，道書言可療上疾。」邀與歸視之。至則執其手曰：「蔡丞相令布腹心，上疾不可諱，延安冲幼，宜早有定論，雍、曹皆賢王也。」公繪驚曰：「此何言？君欲禍吾家邪！」急趨出。恕計不行，則反宣言太后屬意雍王，與王珪表裏。導確約珪入問疾，陽鉤致珪語，使知開封府蔡京伏劍士於外，須珪小持異則執而誅之。既而珪言上自有子，定議立延安。恕益無所施，猶自謂有定策功，傳播其語。

哲宗立，遷右司員外郎、起居舍人。又爲公繪具奏，乞尊崇朱太妃，爲高氏異日計。后詰之曰：「汝素不識字，誰爲之者？」公繪不得隱，以恕對，且上其稿。時恕方召試中書，遂黜知隨州，改汝襄、河陽。恕久斥外，蓄怒憤，間道謁確於鄧，緒成前惡，紿司馬光子康手書，持以取信。會確得罪，恕亦責監永州酒。

紹聖初，擢寶文閣待制、知青州。章惇、蔡卞得政，將甘心元祐諸人，引恕自助，召爲刑部侍郎，再遷吏部尚書兼侍讀，改御史中丞。恕既處風憲，遂誣宣仁后有廢立謀，引司馬光言北齊婁后宣訓事，訹高遵裕之子士京追訟其父在日，王珪令其兄士充來謀立雍王，遵裕非之。又教蔡懋上文及甫私牘爲廋詞，歷詆梁燾、劉摯，云陰圖不軌，且加司馬光、呂公著以凶悖名。惇使蔡京置獄於同文館，組織萬端，將悉陷諸人於族罪，既而無所得，乃已。

恕內懷猜猾，而外持正論。嘗於經筵讀寶訓，至仁宗諭輔臣，以爲人君當修舉政事，則日月薄食、星文變見爲不足慮。恕言仁宗之旨雖合於荀卿書，然自古帝王孰肯自謂不修政事者，如此則天變遂廢矣。帝嘉納之，數登對。惇恐其大用，切忌之。恕亦揣帝稍薄惇，屢白其短，竟爲惇所陷，出知汝州。未幾，徙應天府。惇復摭其曩過，移知南安軍。徽宗初，言者論其矯誣，責爲少府少監，分司西京，居均州。

蔡京當國，經營湟、鄯，以開邊隙，欲使恕立方面之勳，起爲鄜延經略安撫使，旋改涇原，擢至龍圖閣學士。恕乞築蕭關，采其里人許彥圭車戰法，爲淺攻計。又欲使熙河造船，直抵興、靈，以空夏國巢穴，其謀皆迂誕。轉運使李復言恕所爲類兒戲，不可用，帝亦燭其妄，京力主之。已而夏人寇鎮戎，欲趨渭州，警奏至京師日五六，京懼，始徙恕太原，連徙永興、潁昌、眞定，尋奪職。久之，復顯謨閣待制。卒，年七十。

恕本從程門得游諸公間，一時賢士爭與之交。恕善爲表襮，蚤致聲名，而天資反覆，行險冒進，爲司馬光客即陷光，附章惇即背惇，至與三蔡爲腹心則之死弗替。上謗母后，下誣忠良，幾於禍及宗廟。建炎元年，與蔡確同追貶，而恕爲常德軍節度副使。子居實、倞。

居實有異材，八歲爲明妃引，黃庭堅、晁補之、張耒、秦觀、陳師道皆見而愛之。從恕守隨，作南征賦，蘇軾讀之，歎曰：「此足以藉手見古人矣。」卒時年十九，有遺文曰呻吟集。

倞及恕在時爲司農丞，靖康初至少卿，奉詔館金國使。是時，肅王使斡离不軍，爲所質，朝廷議亦留其使以相當，於是踰月不遣。都管趙倫，燕人也，性猾獪，懼不得歸，乃詐以情告倞曰：「金國有余覩金吾者，尚領契丹精銳甚衆，貳於金人，願歸大國，可結之以圖二酋。」倞以聞，大臣信之，即爲賜余覩詔書授倫，納衣領中，厚與倫金帛。倫獻其書黏罕，黏罕大怒，以聞金主，報令深入攻討，遂復提兵南下。倞時出知岳州，詔責其始禍，削籍停官，既而京闕失守云。

呂惠卿字吉甫，泉州晉江人。父璹習吏事，爲漳浦令。縣處山林蔽翳間，民病瘴霧蛇虎之害，璹教民焚燎而耕，害爲衰止。通判宜州，儂智高入寇，轉運使檄璹與兵會，或勸勿行，不聽。將二千人躡賊後以往，得首虜爲多。爲開封府司錄，鞫中人史志聰役衞卒伐木事，吏多爲之地，疇窮治之，志聰以謫去。終光祿卿。

惠卿起進士，爲眞州推官。秩滿入都，見王安石，論經義，意多合，遂定交。熙寧初，安石爲政，惠卿方編校集賢書籍，安石言於帝曰：「惠卿之賢，豈特今人，雖前世儒者未易比也。學先王之道而能用者，獨惠卿而已。」及設制置三司條例司，以爲檢詳文字，事無大小必謀之，凡所建請章奏皆其筆。擢太子中允、崇政殿說書、集賢校理，判司農寺。

司馬光諫帝曰：「惠卿憸巧非佳士，使安石負謗於中外者皆其所爲。安石賢而愎，不閑世務，惠卿爲之謀主，而安石力行之，故天下幷指爲姦邪。近者進擢不次，大不厭衆心。」帝曰：「惠卿進對明辨，亦似美才。」光曰：「惠卿誠文學辨慧，然用心不正，願陛下徐察之。江充、李訓若無才，何以能動人主？」帝默然。光又貽書安石曰：「諂諛之士，於公今日誠有順適之快，一旦失勢，將必賣公自售矣。」安石不悅。

會惠卿以父喪去，服除，召爲天章閣侍講〔四〕，同修起居注，進知制誥，判國子監，與王雱同修三經新義。又知諫院，爲翰林學士。安石求去，惠卿使其黨變姓名，日投匭上書留之。安石力薦惠卿爲參知政事，惠卿懼安石去，新法必搖，作書徧遺監司、郡守，使陳利害。又從容白帝下詔，言終不以吏違法之故，爲之廢法。故安石之政，守之益堅。議罷制科，馮京爭之不得。

弟升卿無學術，引爲侍講。又用弟和卿計，制五等丁產簿，使民自供手實，尺椽寸土，檢括無遺，至雞豚亦徧抄之。隱匿者許告，而以貲三之一充賞，民不勝其困。又因保甲正長給散青苗，使結甲赴官，不遺一人，上下騷動。

鄭俠疏惠卿朋姦壅蔽，惠卿怒，又惡馮京異己，而安石弟安國惡惠卿姦諂，面辱之。於是乘勢併陷三人，皆獲罪。安石以安國之故，始有隙。惠卿既叛安石，凡可以害王氏者無不爲。韓絳爲相不能制，請復用安石。安石至，猶與共事。御史蔡承禧論其惡，鄧綰又言其兄弟強借秀州富民錢買田，出知陳州。久之，以資政殿學士知延州。

始，陝西緣邊漢蕃兵各自爲軍，每戰則以蕃部爲先鋒，而漢兵城守，伺便乃出戰。惠卿始合之爲一，先蒐補守兵而出其選以戰，隨屯置將，具條約上之，邊人及議者多言不可。路都監高永亨，老將也，爭之力，奏斥之。蕃部屈全乜將入寇，惠卿以近世帥臣多養威持重，乃將牙兵按邊，啓師于東郊，遂趨綏德，抵無定河，歷十有八日而還。

俄丁母憂，詔於本奉外特給五萬，惠卿更請添支萬五千，御史劾之，將下揚州取奉曆，帝曰：「惠卿固貪冒，然嘗爲執政，治之傷體，姑責以義可也。」但削其誤奉，惠卿猶自辨。御史又論其方居喪，不應有言，詔勿問。

元豐五年，加大學士、知太原府。入見，將使仍鎮鄜延。惠卿云：「陝西之師，非唯不可以攻，亦不可以守，要在大爲形勢而已。」帝曰：「如惠卿言，是爲陝西可棄也，豈宜委以邊事？」數其輕躁矯誣之罪，斥知單州，明年復知太原。哲宗即位，敕疆吏勿侵擾外界。惠卿遣步騎二萬襲夏人於聚星泊，斬首六百級，夏人遂寇鄜延。

惠卿見正人彙進，知不容於時，懇求散地。於是右司諫蘇轍條奏其姦曰：「惠卿懷張湯之辨詐，有盧杞之姦邪，詭變多端，敢行非度。王安石強佷傲誕，於吏事宜無所知，惠卿指擿教導，以濟其惡。又興起大獄，欲株連蔓引，塗汚公卿。賴先帝仁聖，每事裁抑，不然，安常守道之士無噍類矣。安石於惠卿有卵翼之恩，父師之義。方其求進則膠固爲一，及勢力相軋，化爲敵讎，發其私書，不遺餘力。犬彘之所不爲，而惠卿爲之。昔呂布事丁原則殺丁原，事董卓則殺董卓；劉牢之事王恭則反王恭，事司馬元顯則反元顯：故曹操、桓玄終畏而誅之。如惠卿之惡，縱未正典刑，猶當投畀四裔，以禦魑魅。」中丞劉摯數其五罪，以爲大惡。乃貶爲光祿卿，分司南京。再責建寧軍節度副使，建州安置。中書舍人蘇軾當制，備載其罪於訓詞，天下傳誦稱快焉。

紹聖中，復資政殿學士、知大名府，加觀文殿學士、知延州〔五〕。夏人復入寇，將以全師圍延安，惠卿修米脂諸砦以備。寇至，欲攻則城不可近，欲掠則野無所得，欲戰則諸將按兵不動，欲南則懼腹背受敵，留二日即拔柵去，遂陷金明。惠卿求詣闕，不許。以築威戎、威羌城，加銀青光祿大夫，拜保寧、武勝兩軍節度使。

徽宗立，易節鎭南。因曾布有宿憾，徙爲杭州，而用范純粹帥延，治其上功罔冒事，奪節度。布去位，復武昌節度使，知大名。數歲，又以上表引喩失當，還爲銀青光祿大夫，令致仕。崇寧五年，起爲觀文殿學士、知杭州。坐其子淵聞妖人張懷素言不告，淵配沙門島，惠卿責祁州團練副使，安置宣州，再移廬州。復觀文殿學士，爲醴泉觀使，致仕。卒，贈開府儀同三司。

始，惠卿逢合安石，驟致執政，安石去位，遂極力排之，至發其私書於上。安石退處金陵，往往寫「福建子」三字，蓋深悔爲惠卿所誤也。雖章惇、曾布、蔡京當國，咸畏惡其人，不敢引入朝。以是轉徙外服，訖於死云。

章惇字子厚，建州浦城人，父俞徙蘇州。起家至職方郎中，致仕，用惇貴，累官銀青光祿大夫，年八十九卒。

惇豪俊，博學善文。進士登名，恥出姪衡下，委敕而出。再舉甲科，調商洛令。與蘇軾游南山，抵仙游潭，潭下臨絕壁萬仞，橫木其上，惇揖軾書壁，軾懼不敢書。惇平步過之，垂索挽樹，攝衣而下，以漆墨濡筆大書石壁曰：「蘇軾、章惇來。」既還，神彩不動，軾拊其背曰：「君他日必能殺人。」惇曰：「何也？」軾曰：「能自判命者，能殺人也。」惇大笑。召試館職，王陶劾罷之。

熙寧初，王安石秉政，悅其才，用爲編修三司條例官，加集賢校理、中書檢正。時經制南、北江羣蠻，命爲湖南、北察訪使。提點刑獄趙鼎言，峽州羣蠻苦其酋剝刻，謀內附，辰州布衣張翹亦言南、北江羣蠻歸化朝廷，遂以事屬惇。惇募流人李資、張竑等往招之，資、竑淫于夷婦，爲酋所殺，遂致攻討，由是兩江扇動。神宗疑其擾命，安石戒惇勿輕動，惇竟以三路兵平懿、洽、鼎州。以蠻方據潭之梅山，遂乘勢而南。轉運副使蔡燁言是役不可亟成，神宗以爲然，專委於燁，安石主惇，爭之不已。既而燁得蠻地，安石恨燁沮惇，乃薄其賞，進惇修起居注，以是兵久不決。

召惇還，擢知制誥、直學士院、判軍器監。三司火，神宗御樓觀之，惇部役兵奔救，過樓下，神宗問知爲惇，明日命爲三司使。呂惠卿去位，鄧綰論惇同惡，出知湖州，徙杭州。入爲翰林學士。元豐三年，拜參知政事。朱服爲御史，惇密使客達意於服，爲服所白。惇父冒占民沈立田，立遮訴惇，惇繫之開封。坐二罪，罷知蔡州，又歷陳、定二州。五年，召拜門下侍郎。豐稷奏曰：「官府肇新而惇首用，非稽古建官意。」稷坐左遷。諫官趙彥若又疏惇無行，不報。

哲宗卽位，知樞密院事。宣仁后聽政，惇與蔡確矯唱定策功。確罷，惇不自安，乃駁司馬光所更役法，累數千言。其略曰：「如保甲、保馬一日不罷，有一日害。若役法則熙寧之初遽改免役，後遂有弊。今復爲差役，當議論盡善，然後行之，不宜遽改，以貽後悔。」呂公著曰：「惇所論固有可取，然專意求勝，不顧朝廷大體。」光議既行，惇憤恚爭辨簾前，其語甚悖。宣仁后怒，劉摯、蘇轍、王覿、朱光庭、王巖叟、孫升交章擊之，黜知汝州。七八年間，數爲言者彈治。

哲宗親政，有復熙寧、元豐之意，首起惇爲尙書左僕射兼門下侍郎，於是專以「紹述」爲國是，凡元祐所革一切復之。引蔡卞、林希、黃履、來之邵、張商英、周秩、翟思、上官均居要地，任言責，協謀朋姦，報復仇怨，小大之臣，無一得免，死者禍及其孥。甚至詆宣仁后，謂元祐之初，老姦擅國。又請發司馬光、呂公著冢，斲其棺。哲宗不聽，惇意不愜，請編類元祐諸臣章疏，識者知禍之未弭也。遂治劉安世、范祖禹諫禁中雇乳媼事，又以文及甫誣語書導蔡渭，使告劉摯、梁燾有逆謀，起同文館獄，命蔡京、安惇、蹇序辰窮治，欲覆諸人家。又議遣呂升卿、董必察訪嶺南，將盡殺流人。哲宗曰：「朕遵祖宗遺制，未嘗殺戮大臣，其釋勿治。」然重得罪者十餘人，或至三四謫徙，天下寃之。

惇用邢恕爲御史中丞。恕以北齊婁太后宮名宣訓，嘗廢孫少主立子常山王演，託司馬光語范祖禹曰：「方今主少國疑，宣訓事猶可慮。」又誘高士京上書，言父遵裕臨死屏左右謂士京曰：「神宗彌留之際，王珪遣高士充來問曰：『不知皇太后欲立誰。』我叱士充去之。」皆欲誣宣仁后，以此實之。惇遂追貶司馬光、王珪，贈遵裕奉國軍留後。結中官郝隨爲助，欲追廢宣仁后，自皇太后、太妃皆力爭之。哲宗感悟，焚其奏，隨覘知之，密語惇與蔡卞。明日惇、卞再言，哲宗怒曰：「卿等不欲朕入英宗廟乎？」惇、卞乃已。

惇又以皇后孟氏，元祐中宣仁后所立，迎合郝隨，勸哲宗起掖庭祕獄，託以左道，廢居瑤華宮。其後哲宗頗悔，乃歎曰：「章惇壞我名節。」惇又結劉友端相表裏，請建劉賢妃於中宮。

初，神宗用王安石之言，開熙河，謀靈、夏，師行十餘年不息。迨聞永樂之敗，神宗當宁慟哭，循致不豫，故元祐宰輔推本其意，專務懷柔外國。西夏請故地，以非要害城砦，還之。惇以爲蹙國棄地，罪其帥臣，遂用淺攻撓耕之說，肆開邊隙，絕夏人歲賜，進築汝遮等城，陝西諸道興役五十餘所，敗軍覆將，復棄青唐，死傷不可計。知天下怨己，欲塞其議，請詔中外察民妄語者論如律。優立賞邏，告訐之風浸盛。民有被酒狂譖者，詔貸其死，惇竟論殺之。用刑愈峻，然不能遏也。

哲宗崩，皇太后議所立，惇厲聲曰：「以禮律言之，母弟簡王當立。」皇太后曰：「老身無子，諸王皆是神宗庶子。」惇復曰：「以長則申王當立。」皇太后曰：「申王病，不可立。」惇尚欲言，知樞密院事曾布叱之曰：「章惇，聽太后處分。」皇太后決策立端王，是爲徽宗。遷惇特進，封申國公。

爲山陵使，靈轝陷澤中，踰宿而行。言者劾其不恭，罷知越州，尋貶武昌軍節度副使，潭州安置。右正言任伯雨論其欲追廢宣仁后，又貶雷州司戶參軍。初，蘇轍謫雷州，不許占官舍，遂僦民屋，惇又以爲強奪民居，下州追民究治，以僦券甚明，乃已。至是，惇問舍于是民，民曰：「前蘇公來，爲章丞相幾破我家，今不可也。」徙睦州，卒。

惇敏識加人數等，窮凶稔惡，不肯以官爵私所親，四子連登科，獨季子援嘗爲校書郎，餘皆隨牒東銓仕州縣，訖無顯者。

妻張氏甚賢，惇之入相也，張病且死，屬之曰：「君作相，幸勿報怨。」既祥，惇語陳瓘曰：「悼亡不堪，柰何？」瓘曰：「與其悲傷無益，曷若念其臨絕之言。」惇無以對。

政和中，追贈觀文殿大學士。紹興五年，高宗閱任伯雨章疏，手詔曰：「惇詆誣宣仁后，欲追廢爲庶人，賴哲宗不從其請，使其言施用，豈不上累泰陵？貶昭化軍節度副使，子孫不得仕於朝。」詔下，海內稱快，獨其家猶爲辨誣論，見者哂之。

曾布字子宣，南豐人。年十三而孤，學於兄鞏，同登第，調宣州司戶參軍、懷仁令。熙寧二年，徙開封，以韓維、王安石薦，上書言爲政之本有二，曰：厲風俗，擇人才。其要有八，曰：勸農桑，理財賦，興學校，審選舉，責吏課，敍宗室，修武備，制遠人。大率皆安石指也。

神宗召見，論建合意，授太子中允、崇政殿說書，加集賢校理，判司農寺，檢正中書五房。凡三日，五受敕告。與呂惠卿共創青苗、助役、保甲、農田之法，一時故臣及朝士多爭之。布疏言：「陛下以不世出之資，登延碩學遠識之臣，思大有爲於天下，而大臣玩令，倡之於上，小臣橫議，和之於下。人人窺伺間隙，巧言醜詆，以譁衆罔上。是勸沮之術未明，而威福之用未果也。陛下誠推赤心以待遇君子而厲其氣，奮威斷以屛斥小人而消其萌，使四方曉然皆知主不可抗，法不可侮，則何爲而不可，何欲而不成哉？」布欲堅神宗意，使專任安石以威脅衆，使毋敢言。故驟見拔用，遂修起居注、知制誥，爲翰林學士兼三司使。韓琦上疏極論新法之害，神宗頗悟，布遂爲安石條析而駮之，持之愈固。

七年，大旱，詔求直言，布論判官呂嘉問市易掊克之虐，大槪以爲：「天下之財匱乏，良由貨不流通；貨不流通，由商賈不行；商賈不行，由兼幷之家巧爲摧抑。故設市易於京師以售四方之貨，常低卬其價，使高於兼幷之家而低於倍蓰之直，官不失二分之息，則商賈自然無滯矣。今嘉問乃差官於四方買物貨，禁客旅無得先交易，以息多寡爲誅賞殿最，故官吏、牙駔惟恐裒之不盡而息之不夥，則是官自爲兼幷，殊非市易本意也。」事下兩制議，惠卿以爲沮新法，安石怒，布遂去位。

惠卿參大政，置獄舉劾，黜布知饒州，徙潭州。復集賢院學士、知廣州。元豐初，以龍圖閣待制知桂州，進直學士、知秦州，改歷陳、蔡、慶州。元豐末，復翰林學士，遷戶部尙書。司馬光爲政，諭令增損役法，布辭曰：「免役一事，法令纖悉皆出己手，若令遽自改易，義不可爲。」元祐初，以龍圖閣學士知太原府，歷眞定、河陽及靑、瀛二州。紹聖初，徙江寧，過京，留爲翰林學士，遷承旨兼侍讀，拜同知樞密院，進知院事。

初，章惇爲相，布草制極其稱美，冀惇引爲同省執政，惇忌之，止薦居樞府，故稍不相能。布贊惇「紹述」甚力，請甄賞元祐臣庶論更役法不便者，以勸敢言。惇遂興大獄，陷正人，流貶鐫廢，略無虛日，布多陰擠之。掖庭詔獄成，付執政蔽罪，法官謂厭魅事未成，不當處極典。布曰：「驢媚蛇霧，是未成否？」衆皆瞿然，於是死者三人。

惇以士心不附，詭情飾過，薦引名士彭汝礪、陳瓘、張庭堅等，乞正所奪司馬光、呂公著贈謚，勿毀墓仆碑，布以爲無益之事。又奏：「人主操柄，不可倒持，今自丞弼以至言者，知畏宰相，不知畏陛下。臣如不言，孰敢言者？」其意蓋欲傾惇而未能。會哲宗崩，皇太后召宰執問誰可立，惇有異議，布叱惇使從皇太后命。

徽宗立，惇得罪罷，遣中使召蔡京鑠院，拜韓忠彥左僕射。京欲探徽宗意，徐請曰：「廁詞未審合作專任一相，或作分命兩相之意。」徽宗曰：「專任一相。」京出，宣言曰：「子宣不復相矣。」已而復召曾肇草制，拜布右僕射，其制曰：「東西分臺，左右建輔。」忠彥雖居上，然柔懦，事多決於布，布猶不能容。時議以元祐、紹聖均爲有失，欲以大公至正消釋朋黨，明年，乃改元建中靖國，邪正雜用，忠彥遂罷去。布獨當國，漸進「紹述」之說。

明年，又改元崇寧，召蔡京爲左丞，京與布異。會布擬陳佑甫爲戶部侍郎，京奏曰：「爵祿者，陛下之爵祿，柰何使宰相私其親？」布壻陳迪，佑甫子也。布忿然爭辨，久之，聲色稍厲。溫益叱布曰：「曾布，上前安得失禮？」徽宗不悅而罷。御史遂攻之，罷爲觀文殿大學士、知潤州。

京積憾未已，加布以贓賄，令開封呂嘉問逮捕其諸子，鍛鍊訊鞫，誘左證使自誣而貸其罪。布落職，提擧太淸宮，太平州居住。又降司農卿，分司南京。又以嘗薦學官趙諗而諗叛，責散官，衡州安置。又以棄湟州，責賀州別駕，又責廉州司戶。凡四年，乃徙舒州，復太中大夫、提舉崇福宮。大觀元年，卒于潤州，年七十二。後贈觀文殿大學士，謚曰文肅。

安惇字處厚，廣安軍人。上舍及第，調成都府教授。上書論學制，召對，擢監察御史。哲宗初政，許察官言事，諫議大夫孫覺請汰其不可者，詔劉摯推擇，罷惇爲利州路轉運判官，歷夔州、湖北、江東三路。

紹聖初，召爲國子司業，三遷諫議大夫。章惇、蔡卞造同文謗獄，使蔡京與惇雜治，二人肆其忮心，上言：「司馬光、劉摯、梁燾、呂大防等交通陳衍之徒，變先帝成法，懼陛下一日親政，必有欺君之誅，乃密爲傾搖之計。於是疏隔兩宮，斥隨龍內侍，以去陛下之腹心；廢顧命大臣，以翦陛下之羽翼。縱釋先帝之所罪，收用先帝之所棄。無君之惡，同司馬昭之心；擅事之迹，過趙高指鹿爲馬。比詢究本末，得其情狀，大逆不道，死有餘責。」帝曰：「元祐人果如是乎？」惇、京曰：「誠有是心，特反形未具耳。」帝爲誅衍，錮摯、燾子孫。遷御史中丞。

劉后之受册也，百官仗衞陳于大庭，是日天氣清晏，惇巍立班中，倡言曰：「今日之事，上當天心，下合人望。」朝士皆笑其姦佞。又鞫鄒浩事，檄廣東使者鍾正甫攝治之于新州，士大夫或千里會逮，踵蹇序辰初議，閱訴理書牘，被禍者七八百人，天下怨疾，爲二蔡、二惇之謠。徽宗雅惡之。鄒浩還朝，惇言：「浩若復用，慮彰先帝之失。」帝曰：「立后，大事也。御史中丞不言而浩獨敢言之，何爲不可復用？」惇懼而退。陳瓘請曰：「陛下欲開正路，取浩既往之善，惇乃詿惑主聽，規騁其私，若明示好惡，當自惇始。」乃以寶文閣待制知潭州，尋放歸田里。

蔡京爲相，復拜工部侍郎、兵部尚書。崇寧初，同知樞密院。卒，贈特進。長子郊，後坐指斥誅。流其次子邦於涪而追貶惇單州團練副使，其祀遂絕。人以爲惇平生數陷忠良之報云。

校勘記

〔一〕薛向　原作「薛何」，據本書卷三二八薛向傳、琬琰集下編卷一八蔡確傳改。

〔二〕梁燾　原作「張燾」，據本書卷三四二梁燾傳及琬琰集下編卷一八蔡確傳改。

〔三〕白桃著華　長編卷三五一、編年綱目卷二〇記此事略有出入，都作「桃着白花」，並有入庭中見紅桃花語。疑此有誤。

〔四〕天章閣侍講　「講」原作「讀」，據琬琰集下編卷一四本傳及東都事略卷八三本傳改。

〔五〕知延州　按長編紀事本末卷一三〇及東都事略卷八三、琬琰集下編卷一四本傳均作「知延安府」。據本書卷八七地理志，元祐四年，升延州爲延安府。此處所言爲紹聖間事，作「知延安府」爲是。

宋史卷四百七十二

列傳第二百三十一

姦臣二

蔡京 弟卞 子攸 翛 趙良嗣 張覺 郭藥師附

蔡京字元長，興化仙游人。登熙寧三年進士第，調錢塘尉、舒州推官，累遷起居郎。使遼還，拜中書舍人。時弟卞已爲舍人，故事，入官以先後爲序，卞乞班京下。兄弟同掌書命，朝廷榮之。改龍圖閣待制，知開封府。

元豐末，大臣議所立，京附蔡確，將害王珪以貪定策之功，不克。司馬光秉政，復差役法，爲期五日，同列病太迫，京獨如約，悉改畿縣雇役，無一違者。詣政事堂白光，光喜曰：「使人人奉法如君，何不可行之有！」已而臺、諫言京挾邪壞法，出知成德軍，改瀛州，徙成都。諫官范祖禹論京不可用，乃改江、淮、荆、浙發運使，又改知揚州。歷鄆、永興軍，遷龍圖閣直學士，復知成都。

紹聖初，入權戶部尚書。章惇復變役法，置司講議，久不決。京謂惇曰：「取熙寧成法施行之爾，何以講為？」惇然之，雇役遂定。差雇兩法，光、惇不同。十年間京再蒞其事，成於反掌，兩人相倚以濟，識者有以見其姦。

卞拜右丞，以京為翰林學士兼侍讀，修國史。文及甫獄起，命京窮治，京捕內侍張士良，令述陳衍事狀，即以大逆不道論誅，并劉摯、梁燾劾之。衍死，二人亦貶死，皆錮其子孫。王巖叟、范祖禹、劉安世復遠竄。京覬執政，曾布知樞密院，忌之，密言卞備位承轄，京不可以同升，但進承旨。

徽宗即位，罷為端明、龍圖兩學士，知太原，皇太后命帝留京畢史事。踰數月，諫官陳瓘論其交通近侍，瓘坐斥，京亦出知江寧，頗怏怏，遷延不之官。御史陳次升、龔夬、陳師錫交論其惡，奪職，提舉洞霄宮，居杭州。

童貫以供奉官詣三吳訪書畫奇巧，留杭累月，京與游，不舍晝夜。凡所畫屏幛、扇帶之屬，貫日以達禁中，且附語言論奏至帝所，由是帝屬意京。又太學博士范致虛素與左街道錄徐知常善，知常以符水出入元符后殿，致虛深結之，道其平日趣向，謂非相京不足以有為。已而宮妾、宦官合為一詞譽京，遂擢致虛右正言，起京知定州。崇寧元年，徙大名府。韓忠彥與曾布交惡，謀引京自助，復用爲學士承旨。徽宗有意修熙、豐政事，起居舍人鄧洵武黨京，撰愛莫助之圖以獻，徽宗遂決意用京。忠彥罷，拜尙書左丞，俄代曾布爲右僕射。制下之日，賜坐延和殿，命之曰：「神宗創法立制，先帝繼之，兩遭變更，國是未定。朕欲上述父兄之志，卿何以敎之？」京頓首謝，願盡死。二年正月，進左僕射。

京起於逐臣，一旦得志，天下拭目所爲，而京陰託「紹述」之柄，箝制天子，用條例司〔一〕故事，卽都省置講議司，自爲提舉，以其黨吳居厚、王漢之十餘人爲僚屬，取政事之大者，如宗室、冗官、國用、商旅、鹽澤、賦調、尹牧，每一事以三人主之。凡所設施，皆由是出。用馮澥、錢遹之議，復廢元祐皇后。罷科舉法，令州縣悉倣太學三舍考選，建辟雍外學於城南，以待四方之士。推方田於天下。榷江、淮七路茶，官自爲市。盡更鹽鈔法，凡舊鈔皆弗用，富商巨賈嘗齎持數十萬緡，一旦化爲流丐，甚者至赴水及縊死。提點淮東刑獄章縡見而哀之，奏改法誤民，京怒奪其官；因鑄當十大錢，盡陷縡諸弟。御史沈畸等用治獄失意，羈削者六人。陳瓘子正彙〔二〕以上書黥置海島。

南開黔中，築靖州。辰溪傜叛，殺溆浦令，京重爲賞，募殺一首領者賜之絹三百，官以班行，且不令質究本末。荆南守馬珹言：「有生傜，有省地傜，今未知叛者爲何種族，若計級行賞，懼不能無枉濫。」蔣之奇知樞密院，恐忤京意，白言珹不體國，京罷珹，命舒亶代之，以剿絕羣徭爲期。西收湟川、鄯、廓，取牂牁、夜郎地。擢童貫領節度使，其後楊戩、藍從熙、譚稹、梁師成皆踵之。凡寄資一切轉行，祖宗之法蕩然無餘矣。又欲兵柄士心皆歸己，建澶、鄭、曹、拱州爲四輔，各屯兵二萬，而用其姻昵宋喬年、胡師文爲郡守。禁卒干掫月給錢五百，驟增十倍以固結之。威福在手，中外莫敢議。累轉司空，封嘉國公。

京既貴而貪益甚，已受僕射奉，復創取司空寄祿錢，如粟、豆、柴薪與傔從糧賜如故，時皆折支，亦悉從眞給，但入熟狀奏行，帝不知也。

時元祐羣臣貶竄死徙略盡，京猶未愜意，命等其罪狀，首以司馬光，目曰姦黨，刻石文德殿門，又自書爲大碑，徧班郡國。初，元符末以日食求言，言者多及熙寧、紹聖之政，則又籍范柔中以下爲邪等。凡名在兩籍者三百九人，皆錮其子孫，不得官京師及近甸。五年，進司空、開府儀同三司、安遠軍節度使，改封魏國。

時承平既久，帑庾盈溢，京倡爲豐、亨、豫、大之說，視官爵財物如糞土，累朝所儲掃地矣。帝嘗大宴，出玉琖、玉卮示輔臣曰：「欲用此，恐人以爲太華。」京曰：「臣昔使契丹，見玉盤琖，皆石晉時物，持以夸臣，謂南朝無此。今用之上壽，於禮無嫌。」帝曰：「先帝作一小臺財數尺，上封者甚衆，朕甚畏其言。此器已就久矣，倘人言復興，久當莫辨。」京曰：「事苟當於理，多言不足畏也。陛下當享天下之奉，區區玉器，何足計哉！」

五年正月，彗出西方，其長竟天。帝以言者毀黨碑，凡其所建置，一切罷之。京免爲開府儀同三司、中太乙宮使。其黨陰援於上，大觀元年，復拜左僕射。以南丹納土，躐拜太尉；受八寶，拜太師。

三年，臺諫交論其惡，遂致仕。猶提舉修哲宗實錄，改封楚國，朝朔望。太學生陳朝老追疏京惡十四事，曰：瀆上帝，罔君父，結奧援，輕爵祿，廣費用，變法度，妄制作，喜導諛，箝臺諫，熾親黨，長奔競，崇釋老，窮土木，矜遠略。乞投畀遠方，以禦魑魅。其書出，士人爭相傳寫，以爲實錄。四年五月，彗復出奎、婁間，御史張克公論京輔政八年，權震海內，輕錫予以蠹國用，託爵祿以市私恩，役將作以葺居第，用漕船以運花石。名爲祝聖而修塔，以壯臨平之山；託言灌田而決水，以符「興化」之讖。法名退送，門號朝京。方田擾安業之民，圜土聚徙郡之惡。不軌不忠，凡數十事。先是，御史中丞石公弼、侍御史毛注數劾京，未允，至是，貶太子少保，出居杭。

政和二年，召還京師，復輔政，徙封魯國，三日一至都堂治事。京之去也，中外學官頗有以時政爲題策士者。提舉淮西學士蘇棫〔三〕欲自售，獻議請索五年間策問，校其所詢，以觀向背，於是坐停替者三十餘人。

初，國制，凡詔令皆中書門下議，而後命學士爲之。至熙寧間，有內降手詔不由中書門下共議，蓋大臣有陰從中而爲之者。至京則又患言者議己，故作御筆密進，而丐徽宗親書以降，謂之御筆手詔，違者以違制坐之。事無巨細，皆託而行，至有不類帝札者，羣下皆莫敢言。繇是貴戚、近臣爭相請求，至使中人楊球代書，號曰「書楊」，京復病之而亦不能止矣。

既又更定官名，以僕射爲太、少宰，自稱公相，總治三省。追封王安石、蔡確皆爲王，省吏不復立額，至五品階以百數，有身兼十餘奉者。侍御史黃葆光論之，立竄昭州。拔故吏魏伯芻領榷貨，造料次錢券百萬緡進入，徽宗大喜，持以示左右曰：「此太師與我奉料也。」擢伯芻至徽猷閣待制。

京每爲帝言，今泉幣所積贏五千萬，和足以廣樂，富足以備禮，於是鑄九鼎，建明堂，修方澤，立道觀，作大晟樂，製定命寶。任孟昌齡爲都水使者，鑿大伾三山，創天成、聖功二橋，大興工役，無慮四十萬。兩河之民，愁困不聊生，而京僴然自以爲稷、契、周、召也。又欲廣宮室求上寵媚，召童貫輩五人，風以禁中偪側之狀。貫俱聽命，各視力所致，爭以侈麗高廣相夸尚，而延福宮、景龍江之役起，浸淫及於艮嶽矣。

子攸、儵、翛，攸子行，皆至大學士，視執政。鞗尚茂德帝姬。帝七幸其第，賚予無算。

命坐傳觴，略用家人禮。厮養居大官，媵妾封夫人，然公論益不與，帝亦厭薄之。

宣和二年，令致仕。六年，以朱勔爲地，再起領三省。京至是四當國，目昏眊不能事事，悉決於季子絛。凡京所判，皆絛爲之，且代京入奏。每造朝，侍從以下皆迎揖，呫囁耳語，堂吏數十人，抱案後從，由是恣爲姦利，竊弄威柄，驟引其婦兄韓梠爲戶部侍郎，媒糵密謀，斥逐朝士，創宣和庫式貢司，四方之金帛與府藏之所儲，盡拘括以實之，爲天子之私財。宰臣白時中、李邦彥惟奉行文書而已，既不能堪，兄攸亦發其事，上怒，欲竄之，京力丐免，特勒停侍養，而安置韓梠黃州。未幾，褫絛侍讀，毀賜出身敕，而京亦致仕。方時中等白罷絛以撼京，京殊無去意。帝呼童貫使詣京，令上章謝事，貫至，京泣曰：「上何不容京數年，當有相讒譖者。」貫曰：「不知也。」京不得已，以章授貫，帝命詞臣代爲作三表請去，乃降制從之。

欽宗卽位，邊遽日急，京盡室南下，爲自全計。天下罪京爲六賊之首，侍御史孫覿等始極疏其姦惡，乃以祕書監分司南京〔四〕，連貶崇信、慶遠軍節度副使，衡州安置，又徙韶、儋二州。行至潭州死，年八十。

京天資凶譎，舞智御人，在人主前，顓狙伺爲固位計，始終一說，謂當越拘攣之俗，竭四海九州之力以自奉。帝亦知其姦，屢罷屢起，且擇與京不合者執政以柅之。京每聞將退免，輒入見祈哀，蒲伏扣頭，無復廉恥。燕山之役，京送攸以詩，陽寓不可之意，冀事不成得以自解。見利忘義，至於兄弟爲參、商，父子如秦、越。暮年即家爲府，營進之徒，舉集其門，輸貨僮隸得美官，棄紀綱法度爲虛器。患失之心無所不至，根株結盤，牢不可脫。卒致宗社之禍，雖譴死道路，天下猶以不正典刑爲恨。

子八人，儵先死，攸、脩伏誅，絛流白州死，鞗以尙帝姬免竄，餘子及諸孫皆分徙遠惡郡。

卞字元度，與京同年登科，調江陰主簿。王安石妻以女，因從之學。元豐中，張璪薦爲國子直講，加集賢校理、崇政殿說書，擢起居舍人，歷同知諫院、侍御史。居職不久，皆以王安石執政親嫌辭。拜中書舍人兼侍講，進給事中。

哲宗立，遷禮部侍郎。使於遼，遼人頗聞其名。卞適有寒疾，命載以白馳車，典客者曰：「此，君所乘，蓋異禮也。」使還，以龍圖閣待制知宣州，徙江寧府，歷揚、廣、越、潤、陳五州。廣州寶具叢湊，一無所取。及徙越，夷人淸其去，以薔薇露灑衣送之。

紹聖元年，復爲中書舍人，上疏言：「先帝盛德大業，卓然出千古之上，發揚休光，正在史策。而實錄所紀，類多疑似不根，乞驗索審訂，重行刊定，使後世考觀，無所迷惑。」詔從之。以卞兼國史修撰。初，安石且死，悔其所作日錄，命從子防焚之，防詭以他書代。至是，卞卽防家取以上，因芟落事實，文飾姦僞，盡改所修實錄、正史，於是呂大防、范祖禹、趙彥若、黃庭堅皆獲深譴。遷翰林學士。

四年，拜尙書左丞，專託「紹述」之說，上欺天子，下脅同列。凡中傷善類，皆密疏建白，然後請帝親札付外行之。章惇雖鉅姦，然猶在其術中。惇輕率不思，而卞深阻寡言，論議之際，惇毅然主持，卞或噤不啓齒。一時論者以爲惇迹易明，卞心難見。

徽宗卽位，諫官陳瓘任伯雨、御史龔夬疏其兄弟姦惡，瓘倂數卞尊私史以厭宗廟之罪，伯雨言「卞之惡有過于惇。去年封事，數千人皆乞斬惇、卞，公議於此可見矣。」遂陳其大罪有六，曰：「誣罔宣仁聖烈保佑之功，欲行追廢，一也；凡紹聖以來竄逐臣僚，皆卞啓而後行，二也；宮中厭勝事作，哲宗方疑，未知所處，惇欲召禮法官通議，卞云：『旣犯法矣，何用禮法官議？』皇后以是得罪，三也；編排元祐章牘，萋菲語言，被罪者數千人，議自卞出，四也；鄒浩以言忤旨，卞激怒哲宗，致之遠謫，又請治其親故送別之罪，五也；蹇序辰建看詳訴理之議，章惇遲疑未應，卞卽以二心之言迫之，惇默不敢對，卽日置局，士大夫得罪者八百三十家，凡此皆卞謀之而惇行之，六也。願亟正典刑，以謝天下。」詔以資政殿學士知江寧府，連貶少府少監，分司池州〔三〕。

纔踰歲，起知大名府，徙揚州，召爲中太乙宫使，擢知樞密院。時京居相位，卞禮辭，不許。帝謀復湟、鄯，問於卞，卞以王厚、高永年對。與京合謀，竭府藏以事邊，募商人運糧，不復問其直貴賤。鄯、廓至斗米錢四千，束芻錢千二百，秦中騷困。及取三州，進金紫光祿大夫，永年竟爲帳下執去以降。自是西方交兵，連年不息，追讎任伯雨所言，曲自辨理。至欲會獄證治，諸人坐貶。

卞居心傾邪，一意以婦公王氏所行爲至當。兄晚達而位在上，致己不得相，故二府政事時有不合。京以中旨用童貫爲陝西制置使，卞言不宜用宦者，右丞張康國引李憲故事以對，卞曰：「用憲已非美事，憲猶稍習兵，貫略無所長，異時必誤邊計。」帝令中書行之。京於帝前詆卞，卞求去，以資政殿大學士知河南〔六〕。

妖人張懷素敗，卞素與之游，謂其道術通神，嘗識孔子、漢高祖，至稱爲大士，坐降職。旋加觀文殿學士，拜昭慶軍節度使，入爲侍讀，進檢校少保、開府儀同三司，易節鎮東。政和末，謁歸上冢，道死，年六十。贈太傅，謚曰文正。高宗卽位，追責爲寧國軍節度副使。紹興五年，又貶單州團練副使。

攸字居安，京長子也。元符中，監在京裁造院。徽宗時爲端王，每退朝，攸適趨局，遇諸塗，必下馬拱立，王問左右，知爲蔡承旨子，心善之。及卽位，記其人，遂有寵。

崇寧三年，自鴻臚丞賜進士出身，除祕書郎，以直祕閣、集賢殿修撰，編修國朝會要，二年間至樞密直學士。京再入相，加龍圖閣學士兼侍讀，詳定九域圖志，修六典，提舉上清寶籙宮、祕書省兩街道錄院、禮制局。道、史官僚合百人〔七〕，多三館雋游，而攸用大臣子領袖其間，懵不知學，士論不與。初置宣和殿，命爲大學士，賜毬文方團金帶，改淮康軍節度使。

帝將去京，先逐其黨劉昺、劉煥等，使御史中丞王安中劾之。攸通籍禁庭，聞其事，亟請間百拜以懇，帝意遂解。其後與京權勢日相軋，浮薄者復間之，父子各立門戶，遂爲仇敵。攸別居賜第，嘗詣京，京正與客語，使避之，攸甫入，遽起握父手爲胗視狀，曰：「大人脈勢舒緩，體中得無有不適乎？」京曰：「無之。」攸曰：「禁中方有公事。」卽辭去。客竊窺見，以問京，京曰：「君固不解此，此兒欲以爲吾疾而罷我也。」閱數日，京果致仕。以季弟鯈鍾愛於京，數請殺之，帝不許。

攸歷開府儀同三司、鎭海軍節度使、少保，進見無時，益用事，與王黼得預宮中祕戲，或侍曲宴，則短衫窄袴，塗抹青紅，雜倡優侏儒，多道市井淫媟謔浪語，以蠱帝心。妻宋氏出入禁掖，子行領殿中監，視執政，寵信傾其父。帝留意道家者說，攸獨倡爲異聞，謂有珠星璧月、跨鳳乘龍、天書雲篆之符，與方士林靈素之徒爭證神變事。於是神霄、玉清之祠徧天下，咎端自攸興矣。

童貫伐燕，以攸副宣撫，攸童騃不習事，謂功業可唾手致。入辭之日，二美嬪侍上側，攸指而請曰：「臣成功歸，乞以是賞。」帝笑而弗責。涿州留守郭藥師擁所部八千人舉涿、易二州降〔八〕，進攸少傅。王師入燕，進少師，封英國公。還，領樞密院。王黼罷政，帝欲大用攸，旣而悔之，但進太保，徙封燕。帝欲內禪，親書「傳位東宮」字授李邦彥，邦彥卻立〔九〕不敢承，遂以付攸。攸退，屬其客給事中吳敏，議遂定。

靖康元年，從上皇南下。及還都，始責爲大中大夫，繼而安置永州，連徙潯、雷。京死，御史言攸罪不減乃父，燕山之役禍及宗社，驕奢淫泆載籍所無，當竄諸海島。詔置萬安軍，尋遣使者隨所至誅之。

翛初以恩澤爲親衞郎、祕書丞，至保和殿學士。宣和中，拜禮部尚書兼侍講。時翛弟兄亦知事勢日異，其客傅墨卿、孫傅等復語之曰：「天下事必敗，蔡氏必破，當亟爲計。」翛心然之，密與攸議，稍持正論，故與京異。然皆蓄縮不敢明言，遂引吳敏、李綱、李光、楊時等用之，以挽物情。尋加大學士，提舉醴泉觀。

欽宗立，脩上募兵陝西策，自請行，又勸西幸，帝頗采納，俾知京兆府。計垂就，攸忌其功成，會金破濬州，徽宗南幸，攸假徽宗旨，請脩守鎭江，改資政殿大學士。或謂脩前計已乖，宜勿行。脩幸得去，不復辭。流言至京師，謂將復辟於鎭江。帝趣迎上皇還，而責脩昭信軍節度副使。

攸之誅也，御史陳述且行，帝取詔批其尾曰：「脩亦然。」於是併誅。

𥨊者，京族子也。性矯妄，善談鬼神事。當承門蔭，固推與庶兄，宗族稱爲賢。崇寧初，京黨以學行修飭聞諸朝，與泉州布衣呂注皆著道士服。召入謁，累官拜給事中兼侍讀。京去位，爲言者所攻，以顯謨閣待制提舉崇福宮。言者復論其不學無文，結豪民，規厚利，持道家吐納之說以爲論思，侍立集英瞑目自若爲不恭，遂奪職。陳正彙上京變事，置獄京師，具陳在杭州時，日聞𥨊盛言京有後福，獄上，詔削其籍。京復相，徽宗戒毋得用𥨊，但復集英殿修撰，旋還待制，提點洞霄宮。宣和中，卒。

趙良嗣，本燕人馬植，世爲遼國大族，仕至光祿卿。行汚而內亂，不齒於人。政和初，童貫出使，道盧溝，植夜見其侍史，自言有滅燕之策，因得謁。童貫與語，大奇之，載與歸，易姓名曰李良嗣。薦諸朝，卽獻策曰：「女眞恨遼人切骨，而天祚荒淫失道。本朝若遣使自登、萊涉海，結好女眞，與之相約攻遼，其國可圖也。」議者謂祖宗以來，雖有此道，以其地接諸蕃，禁商賈舟船不得行，百有餘年矣。一旦啓之，懼非中國之利。徽宗召見，問所來之因，對曰：「遼國必亡，陛下念舊民遭塗炭之苦，復中國往昔之疆，代天譴責，以治伐亂，王師一出，必壺漿來迎。萬一女眞得志，先發制人，後發制於人，事不侔矣。」帝嘉納之，賜姓趙氏，以爲祕書丞，圖燕之議自此始。遷直龍圖閣，提點萬壽觀，加右文殿修撰。

宣和二年二月，使于金國，見其主阿骨打，議取燕雲。使還，進徽猷閣待制。自是將命至六七，頗能緩頰盡心，與金爭議，進龍圖閣直學士。旣得燕山，又加延康殿學士、提舉上清宮，官至光祿大夫。

良嗣言：「頃在北國，與燕中豪士劉範、李奭及族兄柔吉三人結義同心，欲拔幽薊歸朝，瀝酒於北極祠下，祈天爲約，俟他日功成，卽挂冠謝事，以表本心，初非取功名而徼富貴也。賴陛下威靈，今日之事幸而集，顧前日之約豈可欺哉？願許臣致仕，使得買田歸耕，令有識者曰：『此平燕首謀之人，得請閑退，天下美事也。』不然，則臣爲敢欺神明，何所不至？」凡三上章，詔不許。旣而朝廷納張覺，良嗣爭之云：「國家新與金國盟，如此必失其歡，後不可悔。」不聽。坐奪職，削五階。

靖康元年四月，御史胡舜陟論其結成邊患，敗契丹百年之好，使金寇侵陵，禍及中國，乞戮之於市。時已竄郴州〔一〇〕，詔廣西轉運副使李昇之卽所至梟其首，徙妻子于萬安軍。

張覺，平州義豐人也。在遼國第進士，爲遼興軍節度副使。鎭民殺其節度使蕭諦里，覺撫定亂者，州人推領州事。燕王淳死，覺知遼必亡，籍丁壯五萬人，馬千匹，練兵爲備。蕭后遣時立愛來知州，拒弗納。

金人入燕，訪覺情狀於遼故臣康公弼，公弼言彼何能爲，當示以不疑，乃以爲臨海軍節度使，任知平州。遼相左企弓等將歸東，粘罕欲先遣兵擒覺，公弼曰：「如此是趣之叛也，我請使焉而觀之。」遂往見覺。覺曰：「契丹八路皆陷，今獨平州存，敢有異志。所以未釋甲者，防蕭幹耳。」厚賂公弼使還。公弼道其語，粘罕信之，升平州爲南京，加覺同中書門下平章事。企弓、公弼與曹勇義、虞仲文皆東遷。

時燕民盡徙，流離道路，或詣覺訴：「公弼、企弓等不能守燕，致吾民如是。能免我者，非公而誰？」覺召僚屬議，皆曰：「近聞天祚復振於松漠，金人所以急趨山西者，畏契丹議其後也。公能仗大義，迎故主以圖興復，責企弓等之罪而殺之，縱燕人歸燕，南朝宜無不納。

儻金人西來，內用營、平之兵，外藉南朝之援，何所懼乎？」覺又訪於翰林學士李石，亦以爲然。乃殺企弓等四人，復稱保大三年，繪天祚像於廳事，每事告而後行。呼父老諭曰：「女眞，讎也，豈可從？」指其像曰：「此非汝主乎，豈可背？當相約以死，必不得已則歸中國。」燕人尙義，皆景從。於是悉遣徙民歸。

石更名安弼，偕故三司使高黨往燕山說王安中曰：「平州自古形勝之區，地方數百里，帶甲十餘萬，覺文武全才，若爲我用，必能屛翰王室。苟爲不然，彼西迎天祚，北通蕭幹，將爲吾肘腋忠矣。」安中深然之，具奏于朝，願以身任其責，令安弼、黨詣京師。徽宗以手札付詹度曰：「本朝與金國通好，信誓甚重，豈當首違？金人昨所以不卽討覺者，以兵在關中而覺抗楡關故也。今旣已東去，他日西來，則覺蕞爾數城，恐未易當。爲今之計，姑當密示羈縻足矣。」而度數誘致之，諷令內附。

宣和五年六月，覺遣書至安撫司云：「金虜恃虎狠之強，驅徙燕京富家巨室，止留空城以塞盟誓，緬想大朝，亦非得已。遺民假道當管，寃痛之聲，盈於衢路。州人不忍，僉謂宜抗賊命，以存生靈，使復父母之邦，且爲大朝守禦之備，已盡遣其人過界，謹令掌書記張鈞、參謀軍事張敦固詣安撫司聽命。」

金人聞覺叛，遣闍母國王將三千騎來討，覺帥兵迎拒之于營州，闍母以兵少，不交鋒而退，大書于門，有「今冬復來」之語。覺遂妄以大捷聞，朝廷建平州爲泰寧軍，拜覺節度使，以安弼、黨、鈞、敦固皆爲徽猷閣待制，宣撫司犒以銀絹數萬。詔命至，覺喜，遠出迎。金人諜知，舉兵來，覺不得返，同其弟挾所被詔敕奔燕。母妻先寓營州，爲金人所得，弟聞之，亟往降，獻其詔敕。金人圍平州，覺之從弟及姪固守，金人以納叛爲責，且求餉糧，凡攻擊數月，州民數千潰圍走，莫肯降。

金人既平二州，始來索覺，王安中諱之。索愈急，乃斬一人貌類者去。金人曰：「此非覺也。覺匿於王宣撫甲仗庫，若不與我，我自以兵取之。」安中不得已，引覺出，數其過，使行刑，覺語殊不遜。既死，函首送之，燕之降將及常勝軍皆泣下，郭藥師曰：「若來索藥師，當奈何？」自是解體，金人終用是啓釁云。

郭藥師，渤海鐵州人也。遼之將亡，燕王淳募遼東饑民爲兵，使之報怨於女眞，目曰「怨軍」，藥師爲之渠首。明年，其兩營叛，藥師殺叛者羅青。都統蕭幹留二千人爲四營，以藥師及張令徽、劉舜仁、甄五臣爲將。淳建號於燕，改「怨軍」爲「常勝軍」，擢藥師至諸衞上將軍、涿州留守。淳死，蕭后立，蕭幹專，國人貳。

宣和四年九月，藥師擁所部八千人奉涿、易二州來歸，詔以爲恩州觀察使。王師北討，劉延慶與幹軍于盧溝，藥師曰：「幹以全師抗我，燕城必虛，選勁騎襲之，可得也。」延慶遣藥師與諸將帥兵六千，夜半渡河，倍道而進。質明，甄五臣領五千騎奪迎春門以入，大軍繼至，下令納燕人降而盡殺契丹雜虜。藥師遣人諭蕭后，使趣降，后密詔蕭幹還戰於三市，藥師失馬，幾爲所擒，遂以敗還，猶進安遠軍承宣使。十二月，拜武泰軍節度使。五年正月，加檢校少保，同知燕山府。

詔入朝，徽宗禮遇甚厚，賜以甲第姬妾。張水嬉於金明池，使觀之，命貴戚大臣更互設宴。又召對於後苑延春殿，藥師拜廷下，泣言：「臣在虜，聞趙皇如在天上，不謂今日得望龍顏。」帝深褒稱之，委以守燕，對曰：「願效死。」又令取天祚以絕燕人之望，變色而言曰：「天祚，臣故主也，國破出走，臣是以降。陛下使臣畢命他所，不敢辭，若使反故主，非所以事陛下，願以付他人。」因涕泣如雨。帝以爲忠，解所御珠袍及二金盆以賜。藥師出，諭其下曰：「此非吾功，汝輩力也。」即剪盆分給之。加檢校少傅，歸鎮。

蕭幹犯塞，藥師破其衆於峯山，生擒阿魯太師，獲耶律德光尊號寶劍檢〔二〕、塗金印，幹尋爲部下所殺。策勳加檢校太傅。

初，王安中知燕山府，詹度與藥師同知，藥師自以節鉞，欲居度上。度稱御筆所書有序，藥師不從。加以常勝軍肆横，藥師右之，度不能制，告于朝廷。慮其交惡，命度與河間蔡靖兩易。靖至，坦懷待之，藥師亦重靖，稍爲抑損，安中但諂事之，朝廷亦曲徇其意，所請無不從。良械精甲，多遣部曲貿易他道，爲奇巧之物以奉權貴宦侍，於是譽言日聞。專制一路，增募兵號三十萬，而不改左衽，朝論頗以爲慮。亟拜太尉，召入朝，辭不至。

帝令童貫行邊，陰察其去就，不然，則挾之偕來。貫至燕，藥師迎于易州，再拜帳下，貫避之，曰：「汝今爲太尉，位視二府，與我等耳，此禮何爲？」藥師曰：「太師，父也。藥師唯拜我父，焉知其他？」貫釋然。遂邀貫視師，至于迥野，略無人迹，藥師下馬，當貫前掉旗一揮，俄頃，四山鐵騎耀日，莫測其數。貫衆皆失色。歸爲帝言，藥師必能抗虜，蔡攸亦從中力主之。金使賀天寧節歸，送伴使見藥師兵，遇之於道，金使爲之斂馬引避。鄉兵或持矛揭取其羊豣，皆不敢爭，奏言藥師威聲遠振，攸益謂其可倚，故內地不復防制。屢有告變及得其通金國書，輒不省。

七年十二月，詹度言：「藥師瞻視不常，趣向懷異，蜂目鳥喙，怙寵恃功，逆節已萌，凶横日甚。今聞與金人交結，背負朝廷，興禍不遠，願早爲之慮。」始詔遣官究實，而金兵已南下破檀、薊，至玉田。蔡靖遣藥師、張令徽、劉舜仁帥師出禦，其夕，令徽遁歸，靖與部使者詣藥師計事，藥師欲降，靖曰：「靖誓死報國，此何言邪？」引佩刀將自剄，藥師抱持之，幷諸使者悉鎖于家。斡離不及郊，藥師率軍官迎拜，遂從以南。叛報至，帝猶祕其事，議封爲燕王，割地與之，使世守，而已無及。

斡離不至慶源，聞天子內禪，欲回軍，藥師曰：「南朝未必有備，不如姑行。」其後趨京城，詰索宮省與邀取寶器服玩，皆藥師導之也。

校勘記

〔一〕條例司　「司」字原脫。據長編紀事本末卷一三二、東都事略卷一〇一本傳補。

〔二〕陳瓘子正彙　「正」字原脫，據本書卷三四五陳瓘傳、東都事略卷一〇一蔡京傳補。

〔三〕提舉淮西學士蘇棫　本書卷一六七職官志有提舉學事司，長編拾補卷三一有政和三年七月「新提舉永興軍路學事施坰」，卷三八有重和元年十一月「提舉成都府路學事翟鎬」等。此處「學士」疑爲「學事」之誤。

〔四〕南京　原作「西京」，據本書卷二三欽宗紀、卷二一二宰輔表改。

〔五〕分司池州　東都事略卷一〇一本傳、長編紀事本末卷一二〇均爲「分司南京，池州居住」，疑此處有脫誤。

〔六〕資政殿大學士　原作「天章閣學士」，據本書卷二一二宰輔表及東都事略卷一〇一本傳改。

〔七〕禮制局道史官僚合百人　按本書卷二一徽宗紀，政和二年五月蔡京再相，七月置禮制局；宋會要職官一八之一五，政和四年蔡攸奏請繕寫國史實錄付祕閣收藏，其官職與本傳略同，中有「充編類御筆禮制局詳議官」一職。此處「局」字原在「道史」下，當係舛誤，今乙正。

〔八〕郭藥師擁所部八千人舉涿易二州降　按本書卷四四六劉鞈傳、編年綱目卷二九，郭藥師只以涿州降，以易州降者爲高鳳，並非郭部。此處「易二」二字衍。下文郭藥師傳同。

〔九〕邦彥郤立　「郤」原作「欲」，據東都事略卷一〇一蔡攸傳改。

〔一〇〕郴州　原作「柳州」，據靖康要錄卷五、編年綱目卷三〇改。

〔一一〕獲耶律德光尊號寶劍檢　北盟會編卷一八記此無「劍」字。

宋史卷四百七十三

列傳第二百三十二

姦臣三

黄潛善 汪伯彥 秦檜

黄潛善字茂和，邵武人。擢進士第，宣和初，爲左司郎。陝西、河東地大震，陵谷易處，徽宗命潛善察訪陝西，因往視。潛善歸，不以實聞，但言震而已。擢戶部侍郎，坐事謫亳州，以徽猷閣待制知河間府。

靖康初，金人入攻，康王開大元帥府，檄潛善將兵入援。張邦昌僭位，潛善趨白于帥府，王承制拜潛善爲副元帥。

二年，高宗卽位，拜中書侍郎。時上從人望，擢李綱爲右相，綱將奏逐潛善及汪伯彥，右丞呂好問止之。未幾，潛善拜右僕射兼中書侍郎，綱遂罷。御史張所言潛善姦邪，恐害新政，左遷所尚書郎，尋謫江州。太學生陳東論李綱不可去，潛善、伯彥不可任，潛善恚。會歐陽澈上書詆時事，語侵宮掖，帝謂其言不實，潛善乘間啓殺澈并東誅之，識與不識皆爲之垂涕，帝悔焉。

明年，金人攻陝西，京東、山東盜起，潛善、伯彥匿不以聞。張遇焚眞州，距行在六十里，內侍邵成章疏潛善、伯彥誤國，成章坐除名。御史馬伸亦以劾潛善、伯彥得罪，謫監濮州酒稅，道卒。

潛善進左僕射兼門下侍郎。鄆、濮相繼陷沒，宿、泗屢警，右丞許景衡以扈衛單弱，請帝避其鋒，潛善以爲不足慮，率同列聽浮屠克勤說法。俄泗州奏金人且至，帝大驚，決策南渡。御舟已戒，潛善、伯彥方共食，堂吏大呼曰：「駕行矣。」乃相視蒼黃鞭馬南馳。都人爭門而出，死者相枕藉，人無不怨憤。會司農卿黃鍔至江上，軍士聞其姓以爲潛善也，爭數其罪，揮刃而前，鍔方辯其非是，而首已斷矣。

帝渡瓜州，幸鎭江，敵兵已躡其後。潛善、伯彥聯疏言艱難之時，不敢具文求退。中丞張澂劾之，乃罷潛善爲觀文殿大學士，知江寧府，落職居衡州。鄭瑴〔一〕又論潛善、伯彥均於誤國，而潛善之惡居多，王庭秀〔二〕繼以爲言，責置英州。諫官袁植乞斬之都市，帝不許。尋卒于梅州。

潛善猥持國柄，嫉害忠良。李綱既逐，張慤、宗澤、許景衡輩相繼貶死，憲諫一言，隨陷其禍，中外爲之切齒。高宗末年有旨，潛善、余深、薛昂皆復官錄後。諫官凌哲言深、昂朋附蔡京，潛善專恣誤國，今盡復三人恩數，恐政刑失平，忠義解體。詔以潛善嘗任副元帥，特復元官，錄一子。

汪伯彥字廷俊，徽之祁門人。登進士第，積官爲虞部郎官。靖康改元，召見，獻河北邊防十策，直龍圖閣、知相州。是冬，金人陷眞定，詔徙眞定帥司于相，俾伯彥領之。

高宗以康王使金至磁，時金騎充斥，嘗有甲馬數百至城下，蹤跡王所在。伯彥亟以帛書請王還相，躬服櫜鞬，部兵逆王于河上。王勞之曰：「他日見上，當首以京兆薦公。」其受知自此始矣。未幾，王奉蠟書，開天下兵馬大元帥府，以伯彥爲副將。王引兵渡河，謀所向，言人人殊，伯彥獨曰：「非出北門濟子城不可。」王喜曰：「廷俊言是也。」既濟，繇大名歷鄆濟達于南京〔三〕，奏爲集英殿修撰。

北兵薄京城，欽宗詔：「金人見議通和，康王將兵，毋得輕動。」伯彥以爲然。宗澤曰：「女眞狂譎，是欲款我師爾。如卽信之，後悔何及乎！宜亟進兵。」伯彥等難之。及城破，金人逼二帝北行，張邦昌僭立，王聞之涕泣。明年春，王承制除伯彥顯謨閣待制，升元帥，進直學士。高宗卽位，擢知樞密院事。未幾，拜右僕射。

方高宗初政，天下望治。伯彥、潛善踰年在相位，專權自恣，不能有所經畫。御史諫官，下至韋布內侍，皆劾奏之。罷伯彥爲觀文殿大學士、知洪州，改提舉崇福宮，尋落職居永州。紹興初，復職，知池州、江東安撫大使。言者弗置，乃詔以舊職奉祠，尋知廣州。四年，帝追贈陳東、歐陽澈。舍人王居正論伯彥、潛善不已，復褫前職。

七年，帝謂輔臣曰：「元帥舊僚，往往淪謝，惟汪伯彥實同艱難。朕之故人，所存無幾，宜與牽復。」秦檜、張浚曰：「臣等已議曰郊恩取旨，更得天筆明其舊勞，庶幾內外孚信。」始伯彥之未第也，受館于王氏，檜嘗從之學，而浚亦伯彥所引，故共贊焉。九年，知宣州，過闕，帝謂檜曰：「伯彥便令之官，庶免紛紜。」又曰：「伯彥潛藩舊僚，去國七年。漢之高、光不忘豐沛、南陽故舊，皆人情之常。」伯彥上所著中興日曆五卷，拜檢校少傅、保信軍節度使。十年，請祠，從之。明年五月，卒，贈少師，謚忠定。

初，伯彥旣去相州，金人執其子軍器監丞似，使割地以至相州，守臣趙不試固守不下，遂拘而北，久之乃還。或云似之得歸，伯彥實使人贖之。似後更名召嗣。

秦檜字會之，江寧人。登政和五年第，補密州教授。繼中詞學兼茂科，歷太學學正。靖康元年，金兵攻汴京，遣使求三鎭，檜上兵機四事：一言金人要請無厭，乞止許燕山一路；二言金人狙詐〔四〕，守禦不可緩；三乞集百官詳議，擇其當者載之誓書；四乞館金使于外，不可令入門及引上殿。不報。除職方員外郎。尋屬張邦昌爲幹當公事，檜言：「是行專爲割地，與臣初議矛盾，失臣本心。」三上章辭，許之。

時議割三鎭以弭兵，命檜借禮部侍郞與程瑀爲割地使，奉肅王以往。金師退，檜、瑀至燕而還。御史中丞李回、翰林承旨吳幵共薦檜，拜殿中侍御史，遷左司諫。王雲、李若水見金二酋歸，言金堅欲得地，不然，進兵取汴京。十一月，集百官議于延和殿，范宗尹等七十人請與之，檜等三十六人持不可。未幾，除御史中丞。

閏十一月，汴京失守，二帝幸金營。二年二月，莫儔、吳幵自金營來，傳金帥命推立異姓。留守王時雍等召百官軍民共議立張邦昌，皆失色不敢答，監察御史馬伸言於衆曰：「吾曹職爲爭臣，豈容坐視不吐一辭？當共入議狀，乞存趙氏。」時檜爲臺長，聞伸言以爲然，卽進狀曰：

檜荷國厚恩，甚愧無報。今金人擁重兵，臨已拔之城，操生殺之柄，必欲易姓，檜盡死以辨，非特忠於主也，且明兩國之利害爾。趙氏自祖宗以至嗣君，百七十餘載。頃緣姦臣敗盟，結怨鄰國，謀臣失計，誤主喪師，遂致生靈被禍，京都失守，主上出郊，求和軍前。兩元帥旣允其議，布聞中外矣，且空竭帑藏，追取服御所用，割兩河地，恭爲臣子，今乃變易前議，人臣安忍畏死不論哉？

宋於中國，號令一統，綿地萬里，德澤加於百姓，前古未有。雖興亡之命在天有數，焉可以一城決廢立哉？昔西漢絕於新室，光武以興；東漢絕於曹氏，劉備帝蜀；唐爲朱溫篡奪，李克用猶推其世序而繼之。蓋基廣則難傾，根深則難拔。

張邦昌在上皇時，附會權倖，共爲蠹國之政。社稷傾危，生民塗炭，固非一人所致，亦邦昌爲之也。天下方疾之如仇讎，若付以土地，使主人民，四方豪傑必共起而誅之，終不足爲大金屏翰。必立邦昌，則京師之民可服，天下之民不可服；京師之宗子可滅，天下之宗子不可滅。檜不顧斧鉞之誅，言兩朝之利害，願復嗣君位以安四方，非特大宋蒙福，亦大金萬世利也。

金人尋取檜詣軍前。三月，金人立邦昌爲僞楚。邦昌遺金書請還孫傅、張叔夜及檜，不許。初，二帝北遷，檜與傅、叔夜、何㮚、司馬朴從至燕山，又徙韓州。上皇聞康王卽位，作書貽粘罕，與約和議，俾檜潤色之。檜以厚賂達粘罕。會金主吳乞買以檜賜其弟撻懶爲任用，撻懶攻山陽，建炎四年十月甲辰，檜與妻王氏及婢僕一家，自軍中取漣水軍水砦航海歸行在。丙午，檜入見。丁未，拜禮部尚書，賜以銀帛。

檜之歸也，自言殺金人監己者奔舟而來。朝士多謂檜與㮚、傅、朴同拘，而檜獨歸；又自燕至楚二千八百里，踰河越海，豈無譏訶之者，安得殺監而南？就令從軍撻懶，金人縱之，必質妻屬，安得與王氏偕？惟宰相范宗尹、同知樞密院李回與檜善，盡破羣疑，力薦其忠。未對前一日，帝命先見宰執。檜首言「如欲天下無事，南自南，北自北」，及首奏所草與撻懶求和書。帝曰：「檜朴忠過人，朕得之喜而不寐。蓋聞二帝、母后消息，又得一佳士也。」宗尹欲處之經筵，帝曰：「且與一事簡尚書。」故有禮部之命。從行王安道、馮由義、水砦丁禩及參議官並改京秩，舟人孫靖〔五〕亦補承信郎。始，朝廷雖數遣使，但且守且和，而專與金人解仇議和，實自檜始。蓋檜在金庭首唱和議，故撻懶縱之使歸也。

紹興元年二月，除參知政事。七月，宗尹罷。先是，范宗尹建議討論崇寧、大觀以來濫賞，檜力贊其議，見帝意堅，反以此擠之。宗尹既去，相位久虛。檜揚言曰：「我有二策，可聳動天下。」或問何以不言，檜曰：「今無相，不可行也。」八月，拜右僕射、同中書門下平章事兼知樞密院事。九月，呂頤浩再相，檜同秉政，謀奪其柄，風其黨建言：「周宣王內修外攘，故能中興，今二相宜分任內外。」頤浩遂建都督府於鎮江。帝曰：「頤浩專治軍旅，檜專理庶務，如種、蠡之分職可也。」

二年，檜奏置修政局，自爲提舉，參知政事翟汝文同領之。未幾，檜面劾汝文擅治堂吏，汝文求去；諫官方孟卿一再論之，汝文竟罷。監察御史劉一止，檜黨也，言：「宣王內修，修其所謂外攘之政而已。今簿書獄訟、官吏差除、土木營繕俱非所當急者。」屯田郎曾統亦謂檜曰：「宰相事無不統，何以局爲？」檜皆不聽。既而有議廢局以搖檜者，一止及檢討官林待聘皆上疏言不可廢。七月，一止出臺，除起居郎，蓋自叛其說，識者笑之。

頤浩自江上還，謀逐檜，有教以引朱勝非爲助者。詔以勝非同都督。給事中胡安國言勝非不可用，勝非遂以醴泉觀使兼侍讀。安國求去，檜三上章留之，不報。頤浩尋以黃龜年爲殿中侍御史，劉棐爲右司諫，蓋將逐檜。於是江躋、吳表臣、程瑀、張燾、胡世將、劉一止、林待聘、樓炤並落職予祠，臺省一空，皆檜黨也。檜初欲傾頤浩，引一時名賢如安國、燾、瑀輩布列清要。頤浩問去檜之術於席益，益曰：「目爲黨可也。今黨魁胡安國在瑣闥，宜先去之。」蓋安國嘗問人材於游酢，酢以檜爲言，且比之荀文若。故安國力言檜賢於張浚諸人，檜亦力引安國。至是，安國等去，檜亦尋去。檜再相誤國，安國已死矣。黃龜年始劾檜專主和議，沮止恢復，植黨專權，漸不可長，至比檜爲莽、卓。八月，檜罷，乃爲觀文殿學士，提舉江州太平觀。

前一日，上召直學士院綦崈禮入對，示以檜所陳二策，欲以河北人還金國，中原人還劉豫。帝曰：「檜言『南人歸南，北人歸北』。朕北人，將安歸？檜又言『爲相數月，可聳動天下』，今無聞。」崈禮卽以上意載訓辭，播告中外，人始知檜之姦。鼂年等論檜不已，詔落職，牓朝堂，示不復用。三年，韓肖胄等使還，洎金使李永壽、王翊偕來，求盡還北俘，與檜前議脗合。識者益知檜與金人共謀，國家之辱未已也。

五年，金主旣死，撻懶主議，卒成其和。二月，復資政殿學士，仍舊宮祠。六月，除觀文殿學士、知溫州。六年七月，改知紹興府。尋除醴泉觀使兼侍讀，充行宮留守；孟庾同留守，並權赴尙書、樞密院參決庶事。時已降詔將行幸，檜乞扈從，不許。帝駐蹕平江，召檜赴行在，用右相張浚薦也。十二月，檜以醴泉觀兼侍讀赴講筵。七年正月，何蘚使金還，得徽宗及寧德后訃，帝號慟發喪，卽日授檜樞密使，恩數視宰臣。四月，命王倫使金國迎奉梓宮。

九月，浚求去，帝問：「誰可代卿？」浚不對。帝曰：「秦檜何如？」浚曰：「與之共事，始知其闇。」帝曰：「然則用趙鼎。」鼎於是復相。臺諫交章論浚，安置嶺表。鼎約同列救解，與張守面奏，各數千百言，檜獨無一語。浚遂謫永州。始，浚、鼎相得甚，浚先達，力引鼎。嘗共論人才，浚劇談檜善，鼎曰：「此人得志，吾人無所措足矣！」浚不以爲然，故引檜，共政方知其闇，不復再薦也。檜因此憾浚，反謂鼎曰：「上欲召公，而張相遲留。」蓋怒鼎使擠浚也。

檜在樞府惟聽鼎，鼎素惡檜，由是反深信之，卒爲所傾。鼎與浚晚遇於閩，言及此，始知皆爲檜所賣。

十一月，奉使朱弁以書報粘罕死，帝曰：「金人暴虐，不亡何待？」檜曰：「陛下但積德，中興固有時。」帝曰：「此固有時，然亦須有所施爲，然後可以得志。」

八年三月，拜右僕射、同中書門下平章事兼樞密使。吏部侍郎晏敦復有憂色，曰：「姦人相矣。」五月，金遣烏陵思謀等來議和，與王倫偕至。思謀卽宣和始通好海上者。議以吏部侍郎魏矼館伴，矼辭曰：「頃任御史，嘗言和議之非，今不可專對。」檜問矼所以不主和，矼備言敵情。檜曰：「公以智料敵，檜以誠待敵。」矼曰：「第恐敵不以誠待相公爾。」檜乃改命。六月，思謀等入見。帝愀然謂宰相曰：「先帝梓宮，果有還期，雖待二三年尙庶幾。惟是太后春秋高，朕旦夕思念，欲早相見，此所以不憚屈己，冀和議之速成也。」檜曰：「屈己議和，此人主之孝也。見主卑屈，懷憤不平，此人臣之忠也。」帝曰：「雖然，有備無患，使和議可成，邊備亦不可弛。」

十月，宰執入見，檜獨留身，言：「臣僚畏首尾，多持兩端，此不足與斷大事。若陛下決欲講和，乞顓與臣議，勿許羣臣預。」帝曰：「朕獨委卿。」檜曰：「臣亦恐未便，望陛下更思三日，容臣別奏。」又三日，檜復留身奏事，帝意欲和甚堅，檜猶以爲未也，曰：「臣恐別有未便，欲望陛下更思三日，容臣別奏。」帝曰：「然。」又三日，檜復留身奏事如初，知上意確不移，乃出文字乞決和議，勿許羣臣預。

鼎力求去位，以少傅出知紹興府。初，帝無子。建炎末，范宗尹造膝有請，遂命宗室令廣擇藝祖後，得伯琮、伯玖入宮，皆藝祖七世孫。伯琮改名瑗，伯玖改名璩。瑗先建節，封建國公。帝諭鼎專任其事。又請建資善堂，鼎罷，言者攻鼎，必以資善爲口實。及鼎、檜再相，帝出御札，除璩節度使，封吳國公。執政聚議，樞密副使王庶見之，大呼曰：「並后匹嫡，此不可行。」鼎以問檜，不答。檜更問鼎，鼎曰：「自丙辰罷相，議者專以此藉口，今當避嫌。」約同奏面納御筆，及至帝前，檜無一語。鼎曰：「今建國在上，名雖未正，天下之人知陛下有子矣。今日禮數不得不異。」帝乃留御筆俟議。明日，檜留身奏事。後數日，參知政事劉大中參告，亦以此爲言。故鼎與大中俱罷。明年，璩卒授保大軍節度使，封崇國公。故鼎入辭，勸帝曰：「臣去後，必有以孝弟之說脅制陛下者。」出見檜，一揖而去，檜亦憾之。

鼎既去，檜獨專國，決意議和。中朝賢士，以議論不合，相繼而去。於是，中書舍人呂本中、禮部侍郎張九成皆不附和議，檜諭之使優游委曲，九成曰：「未有枉己而能正人者。」檜深憾之。殿中侍御史張戒上疏乞留趙鼎，又陳十三事論和議之非，忤檜。王庶與檜尤不合，自淮西入樞庭，始終言和議非是，疏凡七上，且謂檜曰：「而忘東都欲存趙氏時，何遺此敵邪？」檜方挾金人自重，尤恨庶言，故出之。

樞密院編修官胡銓上疏，願斬檜與王倫以謝天下。於是上下洶洶。檜謬爲解救，卒械送銓貶昭州。陳剛中以啓賀銓，檜大怒，送剛中吏部，差知贛州安遠縣。贛有十二邑，安遠濱嶺，地惡瘴深，諺曰：「龍南、安遠，一去不轉。」言必死也。剛中果死。尋以銓事戒諭中外。既而校書郎許忻、樞密院編修官趙雍同日上疏，猶祖銓意，力排和議。雍又欲正南北兄弟之名，檜亦不能罪。會開見檜，言今日當論存亡，不當論安危。檜駭愕，遂出之。司勳員外郎朱松、館職胡珵張擴凌景夏常明范如圭同上一疏言〔六〕：「金人以和之一字得志于我者十有二年，以覆我王室，以弛我邊備，以竭我國力，以懈緩我不共戴天之讎，以絕望我中國謳吟思漢之赤子，以詔諭江南爲名，要陛下以稽首之禮。自公卿大夫至六軍萬姓，莫不扼腕憤怒，豈肯聽陛下北面爲仇敵之臣哉！天下將有仗大義，問相公之罪者。」後數日，權吏部尚書張燾、吏部侍郎晏敦復魏矼、戶部侍郎李彌遜梁汝嘉、給事中樓炤、中書舍人蘇符、工部侍郎蕭振、起居舍人薛徽言同班入奏，極言屈己之禮非是。新除禮部侍郎尹焞獨上疏，且移書切責檜，檜始大怒，焞於是固辭新命不拜。奉禮郎馮時行召對，言和議不可信，至引漢高祖分羹事爲喻。帝曰：「朕不忍聞。」顰蹙而起。檜乃謫時行知萬州，尋亦抵罪。中書舍人勾龍如淵抗言於檜曰：「邪說橫起，胡不擇臺官擊去之。」檜遂奏如淵爲御史中丞，首劾銓。

金使張通古、蕭哲以詔諭江南爲名，檜猶恐物論咎己，與哲等議，改江南爲宋，詔諭爲國信。京、淮宣撫處置使韓世忠凡四上疏力諫，有「金以劉豫相待」之語，且言兵勢重處，願以身當之，不許。哲等既至泗州，要所過州縣迎以臣禮，至臨安日，欲帝待以客禮，世忠益憤，再疏言：「金以詔諭爲名，暗致陛下歸順之義，此主辱臣死之時，願效死戰以決勝敗。若其不克，委曲從之未晚。」亦不許。哲等既入境，接伴使范同再拜問金主起居，軍民見者，往往流涕。過平江，守臣向子諲不拜，乞致仕。哲等至淮安，言先歸河南地，且册上爲帝，徐議餘事。

檜至是欲上行屈己之禮，帝曰：「朕嗣守太祖、太宗基業，豈可受金人封册。」會三衙帥楊沂中、解潛、韓世良相率見檜曰：「軍民洶洶，若之何？」退，又白之臺諫。於是勾龍如淵、李誼數見檜議國書事，如淵謂得其書納之禁中，則禮不行而事定。給事中樓炤亦舉「諒陰三年不言」事以告檜，於是定檜攝冢宰受書之議。帝亦切責王倫，倫諭金使，金使亦懼而從。帝命檜卽館中見哲等受其書。金使欲百官備禮，檜使省吏朝服導從，以書納禁中。先一日，詔金使來，將盡割河南、陝西故地，又許還梓宮及母兄親族，初無需索。以參知政事李光素有時望，俾押和議牓以鎭浮言。又降御札賜三大將。

九年，金人歸河南、陝西故地，以王倫簽書樞密院事，充迎奉梓宮、奉還兩宮、交割地界使，藍公佐副之。判大宗正事士㒟、兵部侍郎張燾朝八陵。帝謂宰執曰：「河南新復，宜命守臣專撫遺民，勸農桑，各因其地以食，因其人以守，不可移東南之財，虛內以事外。」帝雖聽檜和而實疑金詐，未嘗弛備也。

時張浚在永州，馳奏，力言以石晉、劉豫爲戒，復遺書孫近，以「帝秦之禍，發遲而大」。徐俯守上饒，連南夫帥廣東，岳飛宣撫淮西，皆因賀表寓諷。俯曰：「禍福倚伏，情僞多端。」南夫曰：「不信亦信，其然豈然？雖虞舜之十二州，皆歸王化；然商於之六百里，當念爾欺！」飛曰：「救暫急而解倒懸，猶之可也；欲長慮而尊中國，豈其然乎？」他如秘書省正字汪應辰、樊光遠、澧州推官韓紘、臨安府司戶參軍毛叔慶，皆言金人叵測；迪功郎張行成獻詢蕘書二十篇，大意言自古講和，未有終不變者，條具者皆豫備之策。檜悉加黜責，紘貶循州。

七月，兀朮殺其領三省事宗磐及左副元帥撻懶，拘王倫於中山府。蓋兀朮以歸地爲二人所主，將有他謀也。倫嘗密奏于朝，檜不之備，但趣倫進。時韓世忠有乘懈掩擊之請，檜言春秋不伐喪，與帝意合，遂已。

十年，金人果敗盟，分四道入侵。兀朮入東京，葛王褎取南京，李成取西京，撒离喝趨永興軍。河南諸郡相繼陷沒。帝始大怪，下詔罪狀兀朮。御史中丞王次翁奏曰：「前日國是，初無主議。事有小變，則更用他相，後來者未必賢，而排黜異黨，紛紛累月不能定，願陛下以爲至戒。」帝深然之。檜力排羣言，始終以和議自任，而次翁謂無主議者，專爲檜地也。於是檜位復安，據之凡十八年，公論不能摵搖矣。

六月，檜奏曰：「德無常師，主善爲師。臣昨見撻懶有割地講和之議，故贊陛下取河南故疆。今兀朮戕其叔撻懶，藍公佐歸，和議已變，故贊陛下定弔伐之計。願至江上諭諸帥同力招討。」卒不行。閏六月，貶趙鼎興化軍，以王次翁受檜旨，言其規圖復用也。言者不已，尋竄潮州。

時張俊克亳州，王勝〔七〕克海州，岳飛克郾城，幾獲兀朮。張浚戰勝於長安〔八〕，韓世忠勝於泇口鎭，諸將所向皆奏捷，而檜力主班師。九月，詔飛還行在，沂中還鎭江，光世還池州，錡還太平。飛軍聞詔，旗靡轍亂，飛口呿不能合。於是淮寧、蔡、鄭復爲金人有。以明堂恩封檜莘國公。十一年，兀朮再舉，取壽春，入廬州，諸將邵隆、王德、關師古等連戰皆捷。楊沂中戰拓皐，又破之。檜忽諭沂中及張俊遽班師。韓世忠聞之，止濠州不進；劉錡聞之，棄壽春而歸。自是不復出兵。

四月，檜欲盡收諸將兵權，給事中范同獻策，檜納之。密奏召三大將論功行賞，韓世忠、張俊並爲樞密使，岳飛爲副使，以宣撫司軍隸樞密院。六月，拜左僕射、同中書門下平章事兼樞密使，進封慶國公。徽宗實錄成，遷少保，加封冀國公。先是，莫將、韓恕使金，拘于涿州。至是，兀朮有求和意，縱之歸。檜復奏遣劉光遠、曹勛使金，又以魏良臣爲通問使。未幾，良臣偕金使蕭毅等來，議以淮水爲界，求割唐、鄧二州。尋遣何鑄報聘，許之。

十月，興岳飛之獄。檜使諫官万俟卨論其罪，張俊又誣飛舊將張憲謀反，於是飛及子雲俱送大理寺，命御史中丞何鑄、大理卿周三畏鞫之。十一月，貶李光藤州，范同罷參知政事。同雖附和議，以自奏事，檜忌之也。十二月，殺岳飛。檜以飛屢言和議失計，且嘗奏請定國本，俱與檜大異，必欲殺之。鑄、三畏初鞫，久不伏；卨入臺，獄遂上。誣飛嘗自言「己與太祖皆三十歲建節」，爲指斥乘輿，受詔不救淮西罪，賜死獄中。子雲及張憲殺于都市。天下冤之，聞者流涕。飛之死，張俊有力焉，語在飛傳。

十二年，胡銓再編管新州。八月，徽宗及顯肅、懿節二梓宮至行在。太后還慈寧宮。九月，加太師，進封魏國公。十月，進封秦、魏兩國公。檜以封兩國與蔡京、童貫同，請改封母爲秦、魏國夫人。子熺舉進士，館客何溥赴南省，皆爲第一。熺本王㬇孽子，檜妻㬇妹，無子，㬇妻貴而妒，檜在金國，出熺爲檜後。檜還，其家以熺見，檜喜甚。檜幸和議復成，益咎前日之異己者。先是，趙鼎貶潮州，王庶貶道州，胡銓再貶新州。至是，皆遇赦永不檢擧。會開、李彌遜並落職。張俊本助和議，居位歲餘無去意，檜諷江邈論罷之。

十三年，賀瑞雪，賀雪自檜始。賀日食不見，是後日食多書不見。彗星常見，選人康倬上書言彗星不足畏，檜大喜，特改京秩。楚州奏鹽城縣海清，檜請賀，帝不許。知虔州薛弼言木內有文曰「天下太平年」，詔付史館。於是修飾彌文，以粉飾治具，如鄉飲、耕籍之類節節備擧，爲苟安餘杭之計，自此不復巡幸江上，而祥瑞之奏日聞矣。

洪皓歸自金國，名節獨著，以致金酋室撚語，直翰苑不一月逐去。室撚者，粘罕之左右也。初，粘罕行軍至淮上，檜嘗爲之草檄，爲室撚所見，故因皓歸寄聲。檜意士大夫莫有知者，聞皓語，深以爲憾，遂令李文會論之。胡舜陟以非笑朝政下獄死，張九成以鼓唱浮言貶，累及僧宗杲〔九〕編配，皆以語忤檜也。張邵亦坐與檜言金人有歸欽宗及諸王后妃意，斥爲外祠。十四年，貶黃龜年，以前嘗論檜也。閩、浙大水，右武大夫白鍔有「燮理乖謬」語，刺配萬安軍。太學生張伯麟嘗題壁曰「夫差，爾忘越王殺而父乎」，杖脊刺配吉陽軍。故將解潛罷官閑居，辛永宗總戎外郡，亦坐不附和議，潛竄南安死，永宗編置肇慶死。趙鼎、李光皆再竄過海。皓之罪由白鍔延譽，光以在藤州唱和有諷刺及檜者，爲守臣所告也。

先是，議建國公出閤，吏部尚書吳表臣、禮部尚書蘇符等七人論禮與檜意異，於是表臣等以討論不詳、懷姦附鼎皆罷。始，檜爲上言：趙鼎欲立皇太子，是待陛下終無子也，宜俟親子乃立。遂嗾御史中丞詹大方言鼎邪謀密計，深不可測，與范沖等咸懷異意，以徼無妄之福。沖嘗爲資善翊善，故大方誣之。其後監察御史王鎡言帝未有嗣，宜祠高禖，詔築壇于圜丘東，皆檜意也。

台州曾惇獻檜詩稱「聖相」。凡投獻者以皐、夔、稷、契爲不足，必曰「元聖」。檜乞禁野史。又命子熺以秘書少監領國史，進建炎元年至紹興十二年日曆五百九十卷。熺因太后北還，自頌檜功德凡二千餘言，使著作郎王揚英、周執羔〔一〇〕上之，皆遷秩。自檜再相，凡前罷相以來詔書章疏稍及檜者，率更易焚棄，日曆、時政亡失已多，是後記錄皆熺筆，無復有公是非矣。冬十月，右正言何若〔二〕指程頤、張載遺書爲專門曲學，力加禁絕，人無敢以爲非。

十五年，熺除翰林學士兼侍讀。四月，賜檜甲第，命教坊樂導之入，賜緡錢金綿有差。六月，帝幸檜第，檜妻婦子孫皆加恩。檜先禁私史，七月，又對帝言私史害正道。時司馬伋遂言涑水記聞非其曾祖光論著之書，其後李光家亦舉光所藏書萬卷焚之。十月，帝親書「一德格天」扁其閣。十六年正月，檜立家廟。三月，賜祭器，將相賜祭器自檜始。

先是，帝以彗星見求言。張浚上疏，言今事勢如養大疽於頭目心腹之間，不決不止，願謀爲豫備。不然，異時以國與敵者，反歸罪正議〔三〕。檜久憾浚，至是大怒，即落浚節鉞，貶連州，尋移永州。

十七年，改封檜益國公。五月，移貶洪皓于英州。八月，趙鼎死于吉陽軍。是夏，先有趙鼎遇赦永不檢舉之旨，又令月申存亡，鼎知之，不食而卒。自鼎之謫，門人故吏皆被羅織，雖聞其死而歎息者亦加以罪。又竄呂頤浩子摭于藤州。十二月，進士施鍔上中興頌、行都賦及紹興雅十篇，永免文解。自此頌詠導諛愈多。賜百官喜雪御筵于檜第。

十八年，熺除知樞密院事，檜問胡寧曰：「外議如何？」寧曰：「以爲公相必不襲蔡京之迹〔三〕。」五月，李顯忠上恢復策，落軍職，與祠。六月，迪功郎王廷珪編管辰州，以作詩送胡銓也。閏八月，福州言民采竹實萬斛以濟飢。十一月，胡銓自新州移貶吉陽軍，以作頌謗訕也。

十九年，帝命繪檜像，自爲贊。是歲，湖、廣、江西、建康府皆言甘露降，諸郡奏獄空。帝嘗語檜曰：「自今有奏獄空者〔四〕，當令監司驗實。果妄誕，即按治，仍命御史臺察之。苟不懲戒，則奏甘露瑞芝之類〔五〕，崇虛飾誕，無所不至。」帝雖眷檜，而不可蔽欺也如此。十二月，禁私作野史，許人告。

二十年正月，檜趨朝，殿司小校施全刺檜不中，磔于市。自是每出，列五十兵持長梃以自衞。是月，曹泳告李光子孟堅省記光所作私史，獄成，光竄已久，詔永不檢舉；孟堅編置峽州；朝士連坐者八人，皆落職貶秩；胡寅竄新州。泳由是驟用。五月，秘書少監湯思退奏以檜存趙氏本末付史館。六月，熺加少保。鄭煒〔六〕告其鄉人福建安撫司機宜吳元美作夏二子傳，指蚊、蠅也；家有潛光亭、商隱堂，以亭號潛光，有心於黨李，堂名商隱，無意於事秦。故檜尤惡之。編管右迪功郎安誠、布衣汪大圭，斬有蔭人惠俊、進義副尉劉允中，黥徑山僧清言，皆以訕謗也。時檜疾愈，朝參許肩輿，二孫扶掖，仍免拜。二十一年，朝散郎王揚英上書薦熺爲相，檜奏揚英知泰州。

二十二年，又興王庶二子之荀、葉三省、楊煒、袁敏求〔七〕四大獄，皆坐謗訕。煒又以嘗登李光、蕭振之門，言時事也。於是光永不檢舉，振貶池州。二十三年，檜請下台州於謝伋家取綦崈禮所受御筆繳進。檜初罷相，上有責檜語，欲泯其迹焉。是歲，進士黃友龍坐謗訕，黥配嶺南；內侍裴詠坐指斥，編管瓊州。二十四年二月，楊炬〔八〕以弟煒舊累死賓州，炬編管邕州。何兌訟其師馬伸發端上金人書乞存趙氏，爲分檜功，兌編管英州。三月，檜孫敷文閣待制塤試進士舉，省殿試皆爲第一，檜從子焞〔九〕焴、姻黨周夤沈興傑皆登上第，士論爲之不平。考官則魏師遜、湯思退、鄭仲熊、沈虛中、董德元也。師遜等初知貢舉，即語人曰：「吾曹可以富貴矣。」及廷試，檜又奏思退爲編排，師遜爲詳定。塤與第二人曹冠策皆攻專門之學，張孝祥策則主一德元老且及存趙事。帝讀塤策，皆檜、熺語，於是擢孝祥爲第一，降塤第三。未幾，塤修撰實錄院，宰相子孫同領史職，前所無也。

六月，以王循友前知建康嘗罪檜族黨，循友安置藤州。八月，王趯爲李光求內徙，趯編管辰州。鄭玘、賈子展以會中有嘲詆講和之語，玘竄容州，子展竄德慶府。方疇以與胡銓通書，編置永州。十二月，魏安行、洪興祖以廣傳程瑀論語解，安行編置欽州，興祖編置昭州。又竄程緯，以其慢上無禮也。

帝嘗諭檜曰：「近輪對者，多謁告避免。百官輪對，正欲聞所未聞，可令檢舉約束。」檜擅政以來，屏塞人言，蔽上耳目，凡一時獻言者，非誦檜功德，則訐人語言以中傷善類。欲有言者恐觸忌諱，畏言國事，僅論銷金鋪翠、乞禁鹿胎冠子之類，以塞責而已。故帝及之，蓋亦防檜之壅蔽也。

衢州嘗有盜起，檜遣殿前司將官辛立將千人捕之，不以聞。晉安郡王因入侍言之，帝大驚，問檜，檜曰：「不足上煩聖慮，故不敢聞，盜平即奏矣。」退而求其故，知晉安言之，遂奏晉安居秀王喪不當給俸，月損二百緡，帝爲出內帑給之。

二十五年二月，以沈長卿舊與李光啓議和議，又與芮燁共賦牡丹詩，有「寧令漢社稷，變作莽乾坤」之句，爲鄰人所告，長卿編置化州，燁武岡軍。靜江有驛名秦城，知府呂愿中率賓僚共賦秦城王氣詩以媚檜，不賦者劉芮、李燮、羅博文三人而已。愿中由此得召。又張扶請檜乘金根車，又有乞置益國官屬及議九錫者，檜聞之安然。十月，申禁專門之學。以太廟靈芝繪爲華旗，凡郡國所奏瑞木、嘉禾、瑞瓜、雙蓮悉繪之。

趙令衿觀檜家廟記，口誦「君子之澤，五世而斬」，爲汪召錫所告。御史徐嘉又論趙鼎子汾與令衿飲別厚贐，必有姦謀，詔送大理，拘令衿南外宗正司。檜於一德格天閣書趙鼎、李光、胡銓姓名，必欲殺之而後已。鼎已死而憾之不置，遂欲孥戮汾。檜忌張浚尤甚，故令衿之獄，張宗元之罷，皆波及浚。浚在永州，檜又使其死黨張柄知潭州，與郡丞汪召錫共伺察之。至是，使汾自誣與浚及李光、胡寅謀大逆，凡一時賢士五十三人皆與焉。獄成，而檜病不能書。

是月乙未，帝幸檜第問疾，檜無一語，惟流涕而已。熺奏請代居相位者，帝曰：「此事卿不當與。」帝遂命權直學士院〔一〇〕沈虛中草檜父子致仕制。熺猶遣其子塤與林一飛、鄭柟夜見臺諫徐嘉、張扶謀奏請己爲相。丙申，詔檜加封建康郡王，熺進少師，皆致仕，塤、堪並提舉江州太平興國宮。是夜，檜卒，年六十六。後贈申王，謚忠獻。

檜兩據相位，凡十九年，刼制君父，包藏禍心，倡和誤國，忘讎斁倫。一時忠臣良將，誅鋤略盡。其頑鈍無恥者，率爲檜用，爭以誣陷善類爲功。其矯誣也，無罪可狀，不過曰謗訕，曰指斥，曰怨望，曰立黨沽名，甚則曰有無君心。凡論人章疏，皆檜自操以授言者，識之者曰：

「此老秦筆也。」察事之卒，布滿京城，小涉譏議，卽捕治，中以深文。又陰結內侍及醫師王繼先伺上動靜。郡國事惟申省，無一至上前者。檜死，帝方與人言之。

檜立久任之說，士淹滯失職，有十年不解者。附己者立與擢用。自其獨相，至死之日，易執政二十八人，皆世無一譽。柔佞易制者，如孫近、韓肖胄、樓炤、王次翁、范同、万俟卨、程克俊、李文會、楊愿、李若谷、何若、段拂、汪勃、詹大方、余堯弼、巫伋、章夏、宋樸、史才、魏師遜、施鉅、鄭仲熊之徒，率拔之冗散，遽躋政地。旣共政，則拱默而已。又多自言官聽檜彈擊，輒以政府報之，由中丞、諫議而陞者凡十有二人，然甫入卽出，或一閱月，或半年卽罷去。惟王次翁閱四年，以金人敗盟之初持不易相之論，檜德之深也。開門受賂，富敵於國，外國珍寶，死猶及門。人謂熺自檜秉政無日不鍛酒具，治書畫，特其細爾。

檜陰險如崖穽，深阻竟叵測。同列論事上前，未嘗力辨，但以一二語傾擠之。李光嘗與檜爭論，言頗侵檜，檜不答。及光言畢，檜徐曰：「李光無人臣禮。」帝始怒之。凡陷忠良，率用此術。晚年殘忍尤甚，數興大獄，而又喜諛佞，不避形迹。

然檜死熺廢，其黨祖述餘說，力持和議，以竊據相位者尙數人，至孝宗始蕩滌無餘。開禧二年四月，追奪王爵，改謚謬醜。嘉定元年，史彌遠奏復王爵、贈謚。

校勘記

〔一〕鄭瑴　原作「鄭慤」，據本書卷三九九本傳及繫年要錄卷二一改。

〔二〕王庭秀　原作「王廷秀」，據本書卷三九九本傳及繫年要錄卷二一改。

〔三〕繇大名歷鄆濟達于南京　「南」字原無，靖康要錄卷十六靖康二年四月二十三日引張邦昌箚子「伏見謝克家自元帥府回，恭聞車駕自濟州由金鄉、單父經至南京。」據補。

〔四〕狙詐　「狙」原作「徂」，據北盟會編卷二七、漢書卷一〇〇下叙傳改。

〔五〕孫靖　繫年要錄卷三九、北盟會編卷一四三作「孫靜」。

〔六〕同上一疏言　按所載疏言係本書綜合諸人及范如圭單獨上疏改寫，見中興聖政卷二四；其中「天下將有仗大義，問相公之罪者」語並出范如圭貽秦檜書，見繫年要錄卷一二三、北盟會編卷一八七。

〔七〕王勝　原作「魏勝」，據本書卷二九高宗紀、中興聖政卷二六改。

〔八〕張浚戰勝於長安　按中興聖政卷二六云：「永興軍路經略副使王俊遣統領官辛鎮與金兵戰于長安城下敗之。」此作「張浚」誤。

〔九〕僧宗杲　原作「僧宗果」，據繫年要錄卷一四〇、一四九及宋史全文卷二一改。

〔一〇〕周執羔　原作「周執高」，據繫年要錄卷一四八、宋史全文卷二一改。

〔一〕何若　原作「何溥」，據本書卷三〇高宗紀、宋史全文卷二一及繫年要錄卷一五二改。

〔二〕反歸罪正議　「議」原作「義」，據繫年要錄卷一五五、朱文公集卷九五下、中興小紀卷三二改。

〔三〕檜問胡寧曰外議如何寧曰以爲公相必不襲蔡京之迹　「寧」原作「寅」，「不」字原脫。據繫年要錄卷一五七、宋史全文卷二一及中興小紀卷三三改補。

〔四〕自今有奏獄空者　「空」字原脫，據繫年要錄卷一五九及宋史全文卷二一補。

〔五〕甘露瑞芝之類　「之」字原脫，據同上二書同卷補。

〔六〕鄭煒　原作「鄭瑋」，據繫年要錄卷一六一、十朝綱要卷二四、中興兩朝聖政目錄任相門改。

〔七〕袁敏求　原作「索敏求」，據繫年要錄卷一六三及中興小紀卷三五改。

〔八〕楊炬　原作「王炬」，據孫覿鴻慶居士集卷四一楊元光墓表及繫年要錄卷一六六改。

〔九〕焞　原作「煒」，據繫年要錄卷一六六、宋史全文卷二二改。

〔一〇〕權直學士院　「權」字原脫，據繫年要錄卷一六九及宋史全文卷二二補。

宋史卷四百七十四

列傳第二百三十三

姦臣四

万俟卨　韓侂胄　丁大全　賈似道

万俟卨字元忠，開封陽武縣人。登政和二年上舍第。調相州、潁昌府教授，歷太學錄、樞密院編修官、尚書比部員外郎。紹興初，盜曹成掠荊湖間，卨時避亂沅、湘，帥臣程昌寓以便宜檄卨權沅州事。成奄至城下，卨召士豪、集丁壯以守，成食盡乃退。除湖北轉運判官，改提點湖北刑獄。岳飛宣撫荊湖，遇卨不以禮，卨憾之。卨入覲，調湖南轉運判官，陛辭，希秦檜意，譖飛于朝。留爲監察御史，擢右正言。

時檜謀收諸將兵權，卨力助之，言諸大將起行伍，知利不知義，畏死不畏法，高官大職，子女玉帛，已極其欲，盍示以逗遛之罰，敗亡之誅，不用命之戮，使知所懼。

張俊歸自楚州，與檜合謀擠飛，令卨劾飛對將佐言山陽不可守。命中丞何鑄治飛獄，鑄明其無辜。檜怒，以卨代治，遂誣飛與其子雲致書張憲令虛申警報以動朝廷，及令憲措置使還飛軍；獄不成，又誣以淮西逗遛之事。飛父子與憲俱死，天下寃之。大理卿薛仁輔、寺丞李若樸、何彥猷言飛無罪，卨劾之；知宗正寺士㒟請以百口保飛，卨又劾之，士㒟竄死建州。劉洪道與飛有舊，卨劾其足恭媚飛，聞飛罷宣撫，抵掌流涕。於是洪道抵罪，終身不復。參政范同爲檜所引，或自奏事，檜忌之，卨劾罷，再論同罪，謫居筠州。又爲檜劾李光鼓倡，孫近朋比，二人皆被竄謫。

和議成，卨請詔戶部會計用兵之時與通和之後所費各幾何，若減於前日，乞以羨財別貯御前激賞庫，不許他用，蓄積稍實，可備緩急。梓宮還，以卨爲欑宮按行使，內侍省副都知宋唐卿副之，卨請與唐卿同班上殿奏事，其無恥如此。張浚寓居長沙，卨妄劾浚卜宅踰制，至擬五鳳樓。會吳秉信自長沙還朝，奏浚宅不過衆人，常產可辦，浚乃得免。

除參知政事，充金國報謝使。使還，檜假金人譽己數千言，囑卨以聞，卨難之。他日奏事退，檜坐殿廬中批上旨，輒除所厚者官，吏鈐紙尾進，卨曰：「不聞聖語。」卻不視。檜大怒，自是不交一語。言官李文會、詹大方交章劾卨，卨遂求去。帝命出守，檜愈怒。給事中楊愿封還詞頭，遂罷去，尋謫居歸州。遇赦，量移沅州。

二十五年，召還，除參知政事，尋拜尚書右僕射、同中書門下平章事。纂次太后回鑾事實，上之。張浚以卨與沈該居相位不厭天下望，上書言其專欲受命於金。卨見書大怒，以爲金人未有釁，而浚所奏乃若禍在年歲間，浚坐竄謫。卨提舉刊修貢舉敕令格式五十卷、看詳法意四百八十七卷，書進，授金紫光祿大夫，致仕。卒，年七十五，謚忠靖。

卨始附檜，爲言官，所言多出檜意；及登政府，不能受鉗制，遂忤檜去。檜死，帝親政，將反檜所爲，首召卨還。卨主和固位，無異於檜，士論益薄之。

韓侂胄字節夫，魏忠獻王琦曾孫也。父誠，娶高宗憲聖慈烈皇后女弟，仕至寶寧軍承宣使〔一〕。侂胄以父任入官，歷閤門祗候、宣贊舍人、帶御器械。淳熙末，以汝州防禦使知閤門事。

孝宗崩，光宗以疾不能執喪，中外洶洶，趙汝愚議定策立皇子嘉王。時憲聖太后居慈福宮，而侂胄雅善慈福內侍張宗尹，汝愚乃使侂胄介宗尹以其議密啓太后。侂胄兩至宮門，不獲命，彷徨欲退，遇重華宮提舉關禮問故，入白憲聖，言甚懇切，憲聖可其議。禮以告侂胄，侂胄馳白汝愚。日已向夕，汝愚亟命殿帥郭杲以所部兵夜分衞南北內。翌日，憲聖太后即喪次垂簾，宰臣傳旨，命嘉王即皇帝位。

寧宗既立，侂胄欲推定策恩，汝愚曰：「吾宗臣也，汝外戚也，何可以言功？惟爪牙之臣，則當推賞。」乃加郭杲節鉞，而侂胄但遷宜州觀察使兼樞密都承旨。侂胄始觖望，然以傳導詔旨，浸見親幸，時時乘間竊弄威福。朱熹白汝愚當用厚賞酬其勞而疏遠之，汝愚不以爲意。右正言黃度欲劾侂胄，謀泄，斥去。朱熹奏其姦，侂胄怒，使優人峨冠闊袖象大儒，戲於上前，熹遂去。彭龜年請留熹而逐侂胄。未幾，龜年與郡；侂胄進保寧軍承宣使，提舉佑神觀。自是，侂胄益用事，而以抑賞故，怨汝愚日深。

雩川劉弼者，曩與侂胄同知閤門事，頗以知書自負。方議內禪時，汝愚獨與侂胄計議，弼弗得與聞，內懷不平，至是，謂侂胄曰：「趙相欲專大功，君豈惟不得節度，將恐不免嶺海之行矣。」侂胄愕然，因問計，弼曰：「惟有用臺諫爾。」侂胄問：「若何而可？」弼曰：「御筆批出是也。」侂胄悟，卽以內批除所知劉德秀爲監察御史，楊大法爲殿中侍御史；罷吳獵監察御史，而用劉三傑代之。於是言路皆侂胄之黨，汝愚之迹始危。

侂胄欲逐汝愚而難其名，謀於京鏜，鏜曰：「彼宗姓，誣以謀危社稷可也。」慶元元年，侂胄引李沐爲右正言。沐嘗有求於汝愚不獲，卽奏汝愚以同姓居相位，將不利於社稷。汝愚罷相。始，侂胄之見汝愚，徐誼實薦之，汝愚旣斥，遂併逐誼。朱熹、彭龜年、黃度、李祥、楊簡、呂祖儉等以攻侂胄得罪，太學生楊宏中、張衜、徐範、蔣傅、林仲麟、周端朝等又以上書論侂胄編置，朝士以言侂胄遭責者數十人。

已而侂胄拜保寧軍節度使、提舉佑神觀。又設僞學之目，以網括汝愚、朱熹門下知名之士。用何澹、胡紘爲言官。澹言僞學宜加風厲，或指汝愚爲僞學罪首；紘條奏汝愚有十不遜，且及徐誼。汝愚謫永州，誼謫南安軍。慮他日汝愚復用，密諭衡守錢鍪圖之，汝愚抵衡暴薨。留正舊在都堂衆辱侂胄，至是，劉德秀論正引用僞黨，正坐罷斥。吏部尚書葉翥要侍郎倪思列疏論僞學，思不從，侂胄乃擢翥執政而免思官。侂胄加開府儀同三司。時臺諫迎合侂胄意，以攻僞學爲言，然憚清議，不欲顯斥熹。侂胄意未快，以陳賈嘗攻熹，召除賈兵部侍郎。未至，亟除沈繼祖臺察。繼祖誣熹十罪，落職罷祠。三年，劉三傑入對，言前日僞黨，今變而爲逆黨。侂胄大喜，卽日除三傑爲右正言，而坐僞學逆黨得罪者五十有九人。王沇獻言令省部籍記僞學姓名，姚愈請降詔嚴僞學之禁，二人皆得遷官。施康年、陳讜、鄧友龍、林采皆以攻僞學久居言路，而張釜、張巖、程松率由此秉政。

四年，侂胄拜少傅〔二〕，封豫國公。有蔡璉者嘗得罪，汝愚執而黥之。五年，侂胄使璉告汝愚定策時有異謀，具其賓客所言七十紙。侂胄欲逮彭龜年、曾三聘、徐誼、沈有開下大理鞫之，范仲藝〔三〕力爭乃止。其年遷少師〔四〕，封平原郡王。六年，進太傅。婺州布衣呂祖泰上書言道學不可禁，請誅侂胄，以周必大爲相。侂胄大怒，决杖流欽州。言者希侂胄意，劾必大首植僞黨，降爲少保。一時善類悉罹黨禍，雖本侂胄意，而謀實始京鏜。逮鏜死，侂胄亦稍厭前事，張孝伯以爲不弛黨禁，後恐不免報復之禍。侂胄以爲然，追復汝愚、朱熹職名，留正、周必大亦復秩還政，徐誼等皆先後復官。僞黨之禁寖解。

三年，拜太師。監惠民局夏允中上書，請侂胄平章國政，侂胄繆爲辭謝，乞致其仕，詔不許，允中放罷。時侂胄以勢利蠱士大夫之心，薛叔似、辛棄疾、陳謙皆起廢顯用，當時固有困於久斥，損晚節以規榮進者矣。若陳自強則以侂胄童子師，自選人不數年致位宰相，而蘇師旦、周筠又侂胄廝役也，亦皆預聞國政，超取顯仕。羣小阿附，勢焰熏灼。侂胄凡所欲爲，宰執惕息不敢爲異，自強至印空名敕劄授之，惟所欲用，三省不預知也。言路阨塞，每月舉論二三常事而已，謂之月課。

或勸侂胄立蓋世功名以自固者，於是恢復之議興。以殿前都指揮使吳曦爲興州都統，識者多言曦不可，主西師必叛，侂胄不省。安豐守厲仲方言淮北流民願歸附，會辛棄疾入見，言敵國必亂必亡，願屬元老大臣預爲應變計，鄭挺、鄧友龍等又附和其言。開禧改元，進士毛自知廷對，言當乘機以定中原，侂胄大悅。詔中外諸將密爲行軍之計。先是，楊輔、傅伯成言兵不可動，抵罪；至是，武學生華岳叩閽乞斬侂胄、蘇師旦、周筠以謝天下，諫議大夫李大異亦論止開邊。岳下大理劾罪編置，大異斥去。

陳自強援故事乞命侂胄兼領平章，臺諫鄧友龍等繼以爲請，侂胄除平章軍國事。蕭逵、李壁時在太常，論定典禮，三日一朝，因至都堂，序班丞相之上，三省印並納其第。侂胄昵蘇師旦爲腹心，除師旦安遠軍節度使。自置機速房於私第，甚者假作御筆，升黜將帥，事關機要，未嘗奏禀，人莫敢言。

二年〔五〕，以薛叔似爲京湖宣諭使；鄧友龍爲兩淮宣諭使；程松爲四川宣撫使，吳曦副之。徐邦憲自處州召見，以弭兵爲言，忤侂胄意，削二秩。於是左司諫易祓、大理少卿陳景俊、太學博士錢廷玉皆起而言恢復之計矣。詔侂胄日一朝。友龍、叔似並升宣撫使。吳曦兼陝西、河東招撫使，皇甫斌副之。時鎮江武鋒軍統制陳孝慶〔六〕復泗州及虹縣，江州統制許進復新息縣，光州孫成復褒信縣。捷書聞，侂胄乃議降詔趣諸將進兵。

未幾，皇甫斌兵敗於唐州；秦世輔至城固軍潰；郭倬、李汝翼敗於宿州，敵追圍倬，倬執統制田俊邁以遺敵，乃獲免。事聞，鄧友龍罷，以丘崈代爲宣撫使。侂胄既喪師，始覺爲師旦所誤。侂胄招李壁飲酒，酒酣，語及師旦，壁微摘其過，侂胄以爲然。壁乃悉數其罪，贊侂胄斥去之。翌日，師旦謫韶州，斬郭倬於京口，流李汝翼、王大節、李爽于嶺南。

已而金人渡淮，攻廬、和、眞、揚，取安豐、濠，又攻襄陽，至棗陽，乃以丘崈僉書樞密院事，督視江、淮軍馬。侂胄輸家財二十萬以助軍，而諭丘崈募人持書幣赴敵營，謂用兵乃蘇師旦、鄧友龍、皇甫斌所爲，非朝廷意。金人答書辭甚倨，且多所要索，謂侂胄無意用兵，師旦等安得專。崈又遣書許還淮北〔七〕流民及今年歲幣，金人乃有許意。

會招撫使郭倪與金人戰，敗於六合；金人攻蜀，吳曦叛，受金命稱蜀王。崈乞移書敵營伸前議，且謂金人指太師平章爲首謀，宜免繫銜。侂胄怒，崈坐罷。曦反狀聞，舉朝震駭。侂胄亟遺曦書，許以茅土之封，書未達而安丙、楊巨源已率義士誅曦矣。侂胄連遣方信孺使北請和，以林拱辰爲通謝使。金人欲責正隆以前禮賂，以侵疆爲界，且索犒軍銀凡數千萬，而縛送首議用兵之臣。信孺歸，白事朝堂，不敢斥言，侂胄窮其說，乃微及之。侂胄大怒，和議遂輟。起辛棄疾爲樞密都承旨。會棄疾死，乃以殿前副都指揮使〔八〕趙淳爲江、淮制置使，復銳意用兵。

自兵興以來，蜀口、漢、淮之民死於兵戈者，不可勝計，公私之力大屈，而侂胄意猶未已，中外憂懼。禮部侍郎史彌遠，時兼資善堂翊善，謀誅侂胄，議甚祕，皇子榮王入奏，楊皇后亦從中力請，乃得密旨。彌遠以告參知政事錢象祖、李壁。御筆云：「韓侂胄久任國柄，輕啓兵端，使南北生靈枉罹凶害，可罷平章軍國事，與在外宮觀。陳自強阿附充位，不恤國事，可罷右丞相。日下出國門。」仍令權主管殿前司公事夏震以兵三百防護。象祖欲奏審，壓謂事留恐泄，不可。翌日，侂胄入朝，震呵止於途，擁至玉津園側殛殺之。

先一日，周筠謂侂胄，事將不善，侂胄與自強謀用林行可爲諫議大夫，盡擊謀侂胄者。是日，行可方請對，自強坐待漏院，語同列曰：「今日大坡上殿〔九〕。」俄侂胄先驅至，象祖色變。尋報侂胄已押出，象祖乃入奏。有詔斬蘇師旦於廣東。嘉定元年，金人求函侂胄首，乃命臨安府斲侂胄棺，取其首遺之。

侂胄用事十四年，威行宮省，權震寓內。嘗鑿山爲園，下瞰宗廟。出入宮闈無度。孝宗疇昔思政之所，偃然居之，老宮人見之往往垂涕。顏棫草制，言其得聖之淸。易祓撰答詔，以元聖褒之。四方投書獻頌者，謂伊、霍、旦、奭不足以儗其勳，有稱爲「我王」者。余嘉請加九錫，趙師𢍰乞置平原郡王府官屬。侂胄皆當之不辭。所嬖妾張、譚、王、陳皆封郡國夫人，號「四夫人」，每內宴，與妃嬪雜坐，恃勢驕倨，掖庭皆惡之；其下，受封者尤衆。至是，論四夫人罪，或杖或徒，餘數十人縱遣之。有司籍其家，多乘輿服御之飾，其僭紊極矣。

始，侂胄以導達中外之言，遂見寵任。朱熹、彭龜年既以論侂胄去，貴戚吳琚語人曰：「帝初無固留侂胄意，使有一人繼言之，去之易爾。」而一時臺諫及執政大臣多其黨與，故稔其惡以底大僇。開禧用兵，帝意弗善也。侂胄死，寧宗諭大臣曰：「恢復豈非美事，但不量力爾。」

侂胄娶憲聖吳皇后姪女，無子，取魯館子爲後，名㺿，既誅侂胄，削籍流沙門島云。

丁大全字子萬，鎭江人。面藍色。嘉熙二年舉進士，調蕭山尉。上謁帥閫，安撫使史巖之俟衆賓退，獨留大全，款曲甚至，期以他日必大用。大全爲戚里婢壻，夤緣以取寵位。事內侍盧允昇、董宋臣。累官爲大理司直、添差通判饒州。入爲太府寺簿，調尙書茶鹽所檢閱江州分司，復兼樞密院編修官。拜右正言兼侍講，辭。改右司諫，拜殿中侍御史，升侍御史兼侍讀。劾奏丞相董槐，章未下，大全夜半調隅兵百餘人，露刃圍槐第，以臺牒驅迫之出，紿令輿槐至大理寺，欲以此恐之。須臾，出北關，棄槐，嘂呼而散。槐徐步入接待寺，罷相之命下矣。自是志氣驕傲，道路以目。

尋爲右諫議大夫，進端明殿學士、僉書樞密院事，封丹陽郡侯，進同知樞密院事兼權參知政事。寶祐六年，拜參知政事。四月，拜右丞相兼樞密使，進封公。初，大全以袁玠爲九江制置副使，玠貪且刻，逮繫漁湖土豪，督促輸錢甚急。土豪怒，盡以魚舟濟北來之兵。太學生陳宗、劉黻、黃鏞、曾唯〔一〇〕、陳宜中、林則祖等六人，伏闕上書訟大全。臺臣翁應弼、吳衍爲大全鷹犬，鈐制學校，貶逐宗等。

開慶元年九月，罷相，以觀文殿大學士判鎭江府。中書舍人洪芹繳言：「大全鬼蜮之資，穿窬之行，引用凶惡，陷害忠良，遏塞言路，濁亂朝綱。乞追官遠竄，以伸國法，以謝天下。」侍御史沈炎、右正言曹永年相繼論罷。監察御史朱貔孫復論：「大全姦回險狡，狠毒貪殘，假陛下之刑威以箝天下之口，挾陛下之爵祿以籠天下之財。」監察御史饒虎臣又論大全四罪：絕言路，壞人才，竭民力，誤邊防。再削其官。景定元年，詔守中奉大夫致仕。臣僚言「乞遠竄使不失刑」。詔送南康軍居住。臺臣復以爲言，追三官，移送南安軍居住。

明年，監察御史劉應龍請加竄，追削兩官，移竄貴州團練使。與州守游翁明失色杯酒間，翁明愬大全陰造弓矢，將通蠻爲不軌。朱禩孫以聞于朝。又明年，移置新州。太常少卿兼權直舍人院劉震孫繳奏乞移徙海島。四年正月，將官畢遷護送，舟過藤州〔二〕，擠之於水而死。

大全知淮西，總領鄭羽富甲吳門，始欲結姻，羽不從。遂令臺臣卓夢卿彈之，籍其家。爲子壽翁聘婦，見其豔，自取爲妻，爲世所醜。

賈似道字師憲，台州人，制置使涉之子也。少落魄，爲游博，不事操行。以父蔭補嘉興司倉。會其姊入宮，有寵於理宗，爲貴妃，遂詔赴廷對，妃於內中奉湯藥以給之。擢太常丞、軍器監。益恃寵不檢，日縱游諸妓家，至夜卽燕游湖上不反。理宗嘗夜憑高，望西湖中燈火異常時，語左右曰：「此必似道也。」明日詢之果然，使京尹史巖之戒敕之。巖之曰：「似道雖有少年氣習，然其材可大用也。」尋出知澧州。

淳祐元年，改湖廣總領。三年，加戶部侍郎。五年，以寶章閣直學士爲沿江制置副使、知江州兼江西路安撫使。一歲中，再遷京湖制置使兼知江陵府，調度賞罰，得以便宜施行。九年，加寶文閣學士、京湖安撫制置大使。十年，以端明殿學士移鎭兩淮，年始三十餘。寶祐二年，加同知樞密院事、臨海郡開國公，威權日盛。臺諫嘗論其二部將，卽毅然求去。孫子秀新除淮東總領，外人忽傳似道已密奏不可矣，丞相董槐懼，留身請之，帝以爲無有，槐終不敢遣子秀，以似道所善陸壑代之，其見憚已如此。四年，加參知政事。五年，加知樞密院事。六年，改兩淮宣撫大使。

自端平初，孟珙帥師會大元兵共滅金，約以陳、蔡爲界。師未還而用趙范謀，發兵據殽、函，絕河津，取中原地，大元兵擊敗之，范僅以數千人遁歸。追兵至，問曰：「何爲而敗盟也？」遂縱攻淮、漢，自是兵端大啓。

開慶初，憲宗皇帝自將征蜀，世祖皇帝時以皇弟攻鄂州，元帥兀良哈䚟由雲南入交阯，自邕州蹂廣西，破湖南，傳檄數宋背盟之罪。理宗大懼，乃以趙葵軍信州，禦廣兵；以似道軍漢陽，援鄂，卽軍中拜右丞相。十月，鄂東南陬破，宋人再築，再破之，賴高達率諸將力戰。似道時自漢陽入督師。十一月，攻城急，城中死傷者至萬三千人。似道乃密遣宋京詣軍中請稱臣，輸歲幣，不從。會憲宗皇帝晏駕于釣魚山，合州守王堅使阮思聰踔急流走報鄂，似道再遣京議歲幣，遂許之。大元兵拔砦而北，留張傑、閻旺以偏師候湖南兵。明年正月，兵至，傑作浮梁新生磯，濟師北歸。似道用劉整計，攻斷浮梁，殺殿兵百七十，遂上表以肅清聞。帝以其有再造功，以少傅、右丞相召入朝，百官郊勞如文彥博故事。

初，似道在漢陽，時丞相吳潛用監察御史饒應子言，移之黃州，而分曹世雄等兵以屬江閫。黃雖下流，實兵衝。似道以爲潛欲殺己，銜之。且聞潛事急時，每事先發後奏，帝欲立榮王子孟啓爲太子，潛又不可。帝已積怒潛，似道遂陳建儲之策，令沈炎劾潛措置無方，致全、衡、永、桂皆破，大稱旨。乃議立孟啓，貶潛循州，盡逐其黨人。高達在圍中，恃其武勇，殊易似道，每見其督戰，卽戲之曰：「巍巾者何能爲哉！」每戰，必須勞始出，否卽使兵士譁於其門。呂文德諂似道，卽使人呵曰：「宣撫在，何敢爾邪！」曹世雄、向士璧在軍中，事皆不關白似道，故似道皆恨之。以覈諸兵費，世雄、士璧皆坐侵盜官錢貶遠州。每言於帝欲誅達，帝知其有功，不從。尋論功，以文德爲第一，而達居其次。

明年，大元世祖皇帝登極，遣翰林侍讀學士、國信使郝經等持書申好息兵，且徵歲幣。似道方使廖瑩中輩撰福華編稱頌鄂功，通國皆不知所謂和也。似道乃密令淮東制置司拘經等於眞州忠勇軍營。

時理宗在位久，內侍董宋臣、盧允昇爲之聚斂以媚之。引薦奔競之士，交通賄賂，置諸通顯。又用外戚子弟爲監司、郡守。作芙蓉閣、香蘭亭宮中，進倡優傀儡，以奉帝爲遊燕。竊弄權柄。臺臣有言之者，帝宣諭去之，謂之「節貼」。

似道入，逐盧、董所薦林光世等，悉罷之，勒外戚不得爲監司、郡守，子弟門客斂跡，不敢干朝政。由是權傾中外，進用羣小。取先朝舊法，率意紛更，增吏部七司法。買公田以罷和糴，浙西田畝有直千緡者，似道均以四十緡買之。數稍多，予銀絹；又多，予度牒告身。吏又恣爲操切，浙中大擾。有奉行不至者，提領劉良貴劾之。有司爭相迎合，務以買田多爲功，皆繆以七八斗爲石。其後，田少與磽瘠、虧租與佃人負租而逃者，率取償田主。六郡之民，破家者多。包恢知平江，督買田，至以肉刑從事。復以楮賤作銀關，以一準十八界會之三，自製其印文如「賈」字狀行之，十七界廢不用。銀關行，物價益踊，楮益賤。秋七月，彗出柳，光燭天，長數十丈，自四更見東方，日高始滅。臺諫、布韋皆上書，言此公田不便，民間愁怨所致。似道上書力辯之，且乞罷政。帝勉留之曰：「公田不可行，卿建議之始，朕已沮之矣。今公私兼裕，一歲軍餉，皆仰於此。使因人言而罷之，雖足以快一時之議，如國計何！」有太學生蕭規、葉李等上書，言似道專政。命京尹劉良貴捃摭以罪，悉黥配之。後又行推排法。江南之地，尺寸皆有稅，而民力弊矣。

理宗崩，度宗又其所立，每朝必答拜，稱之曰「師臣」而不名，朝臣皆稱爲「周公」。甫葬理宗，卽棄官去，使呂文德報北兵攻下沱急，朝中大駭，帝與太后手爲詔起之。似道至，欲以經筵拜太師，以典故須建節，授鎭東軍節度使，似道怒曰：「節度使粗人之極致爾！」遂命出節，都人聚觀。節已出，復曰：「時日不利。」亟命返之。宋制：節出，有撤關壞屋，無倒節理，以示不屈。至是，人皆駭歎。然下沱之報實無兵也。三年，又乞歸養。大臣、侍從傳旨留之者日四五至，中使加賜賚者日十數至，夜卽交臥第外以守之。除太師、平章軍國重事，一月三赴經筵，三日一朝，赴中書堂治事。賜第葛嶺，使迎養其中。吏抱文書就第署，大小朝政，一切決於館客廖瑩中、堂吏翁應龍，宰執充位署紙尾而已。

似道雖深居，凡臺諫彈劾、諸司薦辟及京尹、畿漕一切事，不關白不敢行。李芾、文天祥、陳文龍、陸達、杜淵、張仲微、謝章輩，小忤意輒斥，重則屛棄之，終身不錄。一時正人端士，爲似道破壞殆盡。吏爭納賂求美職，其求爲帥閫、監司、郡守者，貢獻不可勝計。趙溍輩爭獻寶玉，陳奕至以兄事似道之玉工陳振民以求進，一時貪風大肆。五年，復稱疾求去。

帝泣涕留之，不從，令六日一朝，一月兩赴經筵。六年，命入朝不拜。朝退，帝必起避席，目送之出殿廷始坐。繼又令十日一入朝。

時襄陽圍已急，似道日坐葛嶺，起樓閣亭榭，取宮人娼尼有美色者爲妾，日淫樂其中。惟故博徒日至縱博，人無敢窺其第者。其妾有兄來，立府門，若將入者，似道見之，縛投火中。嘗與羣妾踞地鬬蟋蟀，所狎客入，戲之曰：「此軍國重事邪？」酷嗜寶玩，建多寶閣，日一登玩。聞余玠有玉帶，求之，已徇葬矣，發其冢取之。人有物，求不予，輒得罪。自是，或累月不朝，帝如景靈宮亦不從駕。八年，明堂禮成，祀景靈宮。天大雨，似道期帝雨止升輅。胡貴嬪之父〔三〕顯祖爲帶御器械，請如開禧故事，卻輅，乘逍遙輦還宮，帝曰平章云云，顯祖紿曰：「平章已允乘逍遙輦矣。」帝遂歸。似道大怒曰：「臣爲大禮使，陛下舉動不得預聞，乞罷政。」即日出嘉會門，帝留之不得，乃罷顯祖，涕泣出貴嬪爲尼，始還。

似道既專恣日甚，畏人議己，務以權術駕馭，不愛官爵，牢籠一時名士，又加太學餐錢，寬科場恩例，以小利啗之。由是言路斷絕，威福肆行。

自圍襄陽以來，每上書請行邊，而陰使臺諫上章留己。呂文煥以急告，似道復申請之，事下公卿雜議。監察御史陳堅等以爲師臣出，顧襄未必能及淮，顧淮未必能及襄，不若居中以運天下爲得。乃就中書置機速房以調邊事。時物議多言高達可援襄陽者，監察御史李旺率朝士入言於似道。似道曰：「吾用達，如呂氏何？」旺等出，歎曰：「呂氏安則趙氏危矣。」文煥在襄，聞達且入援，亦不樂，以語其客。客曰：「易耳，今朝廷以襄陽急，故遣達援之，吾以捷聞，則達必不成遣矣。」文煥大以爲然。時襄兵出，獲哨騎數人，卽繆以大捷奏，然不知朝中實無援襄事也。襄陽降，似道曰：「臣始屢請行邊，先帝皆不之許，向使早聽臣出，當不至此爾。」

十月，其母胡氏薨，詔以天子鹵簿葬之，起墳擬山陵，百官奉襄事，立大雨中，終日無敢易位。尋起復入朝。

度宗崩。大兵破鄂，太學諸生亦羣言非師臣親出不可。似道不得已，始開都督府臨安，然憚劉整，不行。明年正月，整死，似道欣然曰：「吾得天助也。」乃上表出師，抽諸路精兵以行，金帛輜重之舟，舳艫相銜百餘里。至安吉，似道所乘舟膠堰中，劉師勇以千人入水曳之不能動，乃易他舟而去。至蕪湖，遣還軍中所俘曾安撫，以荔子、黃甘遺丞相伯顏，俾宋京如軍中，請輸歲幣稱臣如開慶約，不從。夏貴自合肥以師來會，袖中出編書示似道曰：「宋曆三百二十年。」似道俛首而已。時一軍七萬餘人，盡屬孫虎臣，軍丁家洲。似道與夏貴以少軍軍魯港。二月庚申夜，虎臣以失利報，似道倉皇出，呼曰：「虎臣敗矣！」命召貴與計事。頃之，虎臣至，撫膺而泣曰：「吾兵無一人用命也。」貴微笑曰：「吾嘗血戰當之矣。」似道曰：「計將安出？」貴曰：「諸軍已膽落，吾何以戰？公惟入揚州，招潰兵，迎駕海上，吾特以死守淮西爾。」遂解舟去。似道亦與虎臣以單舸奔揚州。明日，敗兵蔽江而下，似道使人登岸揚旗招之，皆不至，有爲惡語慢罵之者。乃檄列郡如海上迎駕，上書請遷都，列郡守於是皆遁，遂入揚州。

陳宜中請誅似道，謝太后曰：「似道勤勞三朝，安忍以一朝之罪，失待大臣之禮。」止罷平章、都督，予祠官。三月，除似道諸不恤民之政，放還諸竄謫人，復吳潛、向士璧等官，誅其幕官翁應龍，廖瑩中、王庭皆自殺。潘文卿、季可、陳堅、徐卿孫皆似道鷹犬，至是交章劾之。四月，高斯得乞誅似道，不從。而似道亦自上表乞保全，乃命削三官，然尚居揚不歸。五月，王爚論似道既不死忠，又不死孝，太皇太后乃詔似道歸終喪。七月，黃鏞、王應麟請移似道鄰州，不從。王爚入見太后曰：「本朝權臣稔禍，未有如似道之烈者。縉紳草茅不知幾疏，陛下皆抑而不行，非惟付人言於不恤，何以謝天下！」始徙似道婺州。婺人聞似道將至，率衆爲露布逐之。監察御史孫嶸叟等皆以爲罰輕，言之不已。又徙建寧府。翁合奏言：「建寧乃名儒朱熹故里，雖三尺童子粗知向方，聞似道來嘔惡，況見其人！」時國子司業方應發權直舍人院，封還錄黃，乞竄似道廣南；中書舍人王應麟、給事中黃鏞亦言之，皆不從。侍御史陳文龍乞俯從衆言，陳景行、徐直方、孫嶸叟及監察御史俞浙併上疏，於是始謫似道爲高州團練使，循州安置，籍其家。福王與芮素恨似道，募有能殺似道者使送之貶所，有縣尉鄭虎臣欣然請行。似道行時，侍妾尙數十人，虎臣悉屏去，奪其寶玉，徹轎蓋，暴行秋日中，令舁轎夫唱杭州歌謔之，每名斥似道，辱之備至。似道至古寺中，壁有吳潛南行所題字，虎臣呼似道曰：「賈團練，吳丞相何以至此？」似道慚不能對。嶸叟、應麟奏似道家畜乘輿服御物，有反狀，乞斬之。詔遣鞫問，未至。八月，似道至漳州木綿菴，虎臣屢諷之自殺，不聽，曰：「太皇許我不死，有詔卽死。」虎臣曰：「吾爲天下殺似道，雖死何憾？」拉殺之。

校勘記

〔一〕寶寧軍承宣使　按本書地理志無「寶寧軍」，疑此有誤。

〔二〕少傅　原作「少保」，據本書卷三七寧宗紀、兩朝綱目卷五改。

〔三〕范仲藝　原作「張仲藝」，據兩朝綱目卷五、宋史全文卷二九上改。

〔四〕少師　原作「太保」，據本書卷三七寧宗紀、宋會要職官一之七改。

〔五〕二年　原作「四年」，據本書卷三八寧宗紀、兩朝綱目卷九改。

〔六〕陳孝慶　原作「陳孝廣」，據本書卷三八寧宗紀、卷四五五華岳傳、兩朝綱目卷九改。

〔七〕淮北　原作「河北」，據兩朝綱目卷九、續宋編年通鑑卷一三，幷參照上文「淮北流民願歸附」語改。

〔八〕殿前副都指揮使　原脫「副」字，據本書卷三八寧宗紀、兩朝綱目卷一〇補。

〔九〕今日大坡上殿　「大坡」原作「大成」。按葉夢得石林燕語卷五、洪邁容齋四筆卷一五，「大坡」是宋人對諫議大夫的俗稱，此處乃指林行可而言。兩朝綱目卷一〇、慶元黨禁都作「大坡」，據改。

〔一〇〕黃鏞曾唯　原脫「鏞曾」二字，據本書卷四一八陳宜中傳、宋季三朝政要卷二補。

〔一一〕藤州　原作「滕州」，據本書卷四五理宗紀、宋季三朝政要卷三改。

〔一二〕胡貴嬪之父　按宋季三朝政要卷四作「胡貴嬪之兄」。

宋史卷四百七十五

列傳第二百三十四

叛臣上

張邦昌 劉豫 苗傅 劉正彥附 杜充 吳曦

宋失其政，金人乘之，俘其人民，遷其寶器，效遼故事，立其臣爲君，冠屨易位，莫甚斯時。高宗南渡，國勢弗振，悍僕狂奴，欺主衰敗，易動於惡。兵雖凶器，尤忌殘忍，將用忍人，先無仁心，視背君親猶反掌耳。世將之子使握重兵，居之阸塞之地，豈非召亂之道乎？大義昭明，旋踵殄滅，蓋天道也。扶綱常，遏亂略，作叛臣傳。

張邦昌字子能，永靜軍東光人也。舉進士，累官大司成，以訓導失職，貶提舉崇福宮，知光、汝二州。政和末，由知洪州改禮部侍郎。首請取崇寧、大觀以來瑞應尤殊者增製旗物，從之。宣和元年，除尚書右丞，轉左丞，遷中書侍郎。欽宗卽位，拜少宰。

金人犯京師，朝廷議割三鎭，俾康王及邦昌爲質于金以求成。會姚平仲夜斫金人營，斡離不怒責邦昌，邦昌對以非出朝廷意。俄進太宰兼門下侍郎。旣而康王還，金人復質肅王以行，仍命邦昌爲河北路割地使。

初，邦昌力主和議，不意身自爲質，及行，乃要欽宗署御批無變割地議，不許；又請以璽書付河北，亦不許。時粘罕兵又來侵，上書者攻邦昌私敵，社稷之賊也。遂黜邦昌爲觀文殿大學士、中太一宮使，罷割地議。其冬，金人陷京師，帝再出郊，留青城。

明年春，吳幵、莫儔自金營持文書來，令推異姓堪爲人主者從軍前備禮册命。留守孫傅等不奉命，表請立趙氏。金人怒，復遣幵、儔促之，劫傅等召百官雜議。衆莫敢出聲，相視久之，計無所出，乃曰：「今日當勉強應命，舉在軍前者一人。」適尙書員外郎宋齊愈至自外，衆問金人意所主，齊愈書「張邦昌」三字示之，遂定議，以邦昌治國事。孫傅、張叔夜不署狀，金人執之置軍中。

王時雍時爲留守，再集百官詣秘書省，至卽閉省門，以兵環之，俾范瓊諭衆以立邦昌，衆意唯唯。有太學生難之，瓊恐沮衆，厲聲折之，遣歸學舍。時雍先署狀，以率百官。御史中丞秦檜不書，抗言請立趙氏宗室，且言邦昌當上皇時，專事讌游，黨附權姦，蠹國亂政，社稷傾危實由邦昌。金人怒，執檜。幵、儔持狀赴軍前。

邦昌入居尚書省，金人趣勸進，邦昌始欲引決，或曰：「相公不前死城外，今欲塗炭一城耶？」適金人奉册寶至，邦昌北向拜舞受册，卽僞位，僭號大楚，擬都金陵。遂升文德殿，設位御牀西受賀，遣閤門傳令勿拜，時雍率百官遽拜，邦昌但東面拱立。

外統制官〔二〕、宣贊舍人吳革恥屈節異姓，首率內親事官數百人，皆先殺其妻孥，焚所居，謀舉義金水門外。范瓊詐與合謀，令悉棄兵仗，乃從後襲殺百餘人，捕革幷其子皆殺之，又擒斬十餘人。

是日，風霾，日暈無光。百官慘沮，邦昌亦變色。唯時雍、幵、儔、瓊等欣然鼓舞，若以爲有佐命功云。卽以時雍權知樞密院事領尚書省，幵權同知樞密院事，儔權簽書樞密院事，呂好問權領門下省，徐秉哲權領中書省。下令曰：「比緣朝廷多故，百官有司皆失其職。自今各遵法度，御史臺覺察以聞。」見百官稱「予」，手詔曰「手書」。獨時雍每言事邦昌前，輒稱「臣啓陛下」，邦昌斥之；勸邦昌坐紫宸、垂拱殿，呂好問爭之，乃止。邦昌以嗣位之初，宜推恩四方，以道阻先赦京城，選郎官爲四方密諭使。

金人將退師，邦昌詣金營祖別，服柘袍，張紅蓋，所過設香案，起居悉如常儀，時雍、秉哲、玕、儔皆從行，士庶觀者無不感愴。二帝北遷，邦昌率百官遙辭於南薰門，衆慟哭，有仆絕者。

金師既還，邦昌降手書赦天下。呂好問謂邦昌曰：「人情歸公者劫於金人之威耳，金人既去，能復有今日乎？康王居外久，衆所歸心，曷不推戴之？」又謂曰：「爲今計者，當迎元祐皇后，請康王早正大位，庶獲保全。」監察御史馬伸亦請奉迎康王。邦昌從之。王時雍曰：「夫騎虎者勢不得下，所宜熟慮，他日噬臍，悔無及已。」徐秉哲從旁贊之，邦昌弗聽，乃册元祐皇后曰宋太后，入御延福宮。遣蔣師愈齎書於康王自陳：「所以勉循金人推戴者，欲權宜一時以紓國難也，敢有他乎？」王詢師愈等，具知所由，乃報書邦昌。邦昌尋遣謝克家獻大宋受命寶，復降手書請元祐皇后垂簾聽政，以俟復辟。書既下，中外大說。太后始御內東門小殿，垂簾聽政。邦昌以太宰退處內東門資善堂。尋遣使奉乘輿服御物至南京〔二〕，既而邦昌亦至，伏地慟哭請死，王撫慰之。

王即皇帝位，相李綱，徙邦昌太保、奉國軍節度使，封同安郡王。綱上書極論：「邦昌久與機政，擢冠宰司。國破而資之以爲利，君辱而攘之以爲榮。異姓建邦四十餘日〔三〕，逮金人之既退，方降赦以收恩。是宜肆諸市朝，以爲亂臣賊子之戒。」時黃潛善猶左右之。綱又力言：「邦昌已僭逆，豈可留之朝廷，使道路目爲故天子哉？」高宗乃降御批曰：「邦昌僭逆，理合誅夷，原其初心，出於迫脅，可特與免貸，責授昭化軍節度副使〔四〕，潭州安置。」

初，邦昌僭居內庭，華國靖恭夫人李氏數以果實奉邦昌，邦昌亦厚答之。一夕，邦昌被酒，李氏擁之曰：「大家，事已至此，尚何言？」因以赭色半臂加邦昌身，掖入福寧殿，夜飾養女陳氏以進。及邦昌還東府，李氏私送之，語斥乘輿。帝聞，下李氏獄，詞服。詔數邦昌罪，賜死潭州，李氏杖脊配車營務。時雍、秉哲、幵、儔等先已遠竄，至是，併誅時雍。

劉豫字彥游，景州阜城人也。世業農，至豫始舉進士，元符中登第。豫少時無行，嘗盜同舍生白金盂、紗衣。政和二年，召拜殿中侍御史，爲言者所擊，帝不欲發其宿醜，詔勿問。未幾，豫累章言禮制局事，帝曰：「劉豫河北種田叟，安識禮制？」黜豫兩浙察訪。宣和六年，判國子監，除河北提刑。

金人南侵，豫棄官避亂儀眞。豫善中書侍郎張慤，建炎二年正月，用慤薦除知濟南府。時盜起山東，豫不願行，請易東南一郡，執政惡之，不許，豫忿而去。是冬，金人攻濟南，豫遣子麟出戰，敵縱兵圍之數重，郡倅張柬益兵來援，金人乃解去。因遣人啗豫以利，豫懲前忿，遂畜反謀，殺其將關勝，率百姓降金，百姓不從，豫縋城納款。三年三月，兀朮聞高宗渡江，乃徙豫知東平府，充京東西、淮南等路安撫使，節制大名開德府〔五〕、濮濱博棣德滄等州，以麟知濟南府，界舊河以南，俾豫統之。

四年七月丁卯，金人遣大同尹高慶裔、知制誥韓昉册豫爲皇帝，國號大齊，都大名府。先是，北京順豫門生瑞禾，濟南漁者得鱣，豫以爲己受命之符，遣麟持重寶賂金左監軍撻辣求僭號。撻辣許之，遣使卽豫所部咨軍民所宜立，衆未及對，豫鄉人張浹越次請立豫，議遂決，乃命慶裔、昉備璽綬寶册以立之。九月戊申，豫卽僞位，赦境內，奉金正朔，稱天會八年。以張孝純爲丞相，李孝揚爲左丞，張柬爲右丞，李儔爲監察御史，鄭億年爲工部侍郎，王瓊爲汴京留守，子麟爲太中大夫、提領諸路兵馬兼知濟南府。孝純始堅守太原，頗懷忠義，高宗以王衣雅厚孝純，俾衣招之，會粘罕遣人自雲中送歸豫，遂失節於賊。

豫還東平，升爲東京。改東京爲汴京，降南京爲歸德府。以弟益爲北京留守，尋改汴京留守。復降淮寧、潁昌〔六〕、順昌、興仁府悉爲州。自以生景州，守濟南，節制東平，僭位大名，乃起四郡丁壯數千人，號「雲從子弟」。下僞詔求直言。十月，册其母翟氏爲皇太后，妾錢氏爲皇后。錢氏，宣和內人也，習宮掖事，豫欲有所取則，故立之。十一月，改明年元阜昌。

方豫未僭號時，數遣人說東京副留守上官悟，及賂悟左右喬思恭與共說悟令降金，悟並斬之。又招知楚州趙立，立不發書，斬其使。復遣立友人劉偲以榜旗誘之，且曰：「吾君之故人也。」立曰：「我知有君父，不知有故人。」燒殺偲。博州判官劉長孺以書勸豫反正，豫囚之十旬，不屈；欲官之，不受。豫大索宋宗室，承務郎閻琦匿之，豫杖死琦。召迪功郎王寵，不至。文林郎李喆、尉氏令姚邦基皆棄官去。朝奉郎趙俊書甲子不書僭年，豫亦無如之何。洪皓久陷于金，粘罕勸皓仕豫，不從，竄皓冷山。處士尹惇聞豫召，逃山谷間，走蜀中。國信副使宋汝爲以呂頤浩書勉豫忠義，豫曰：「獨不見張邦昌乎？業已然，尙何言哉！」滄州進士邢希載上豫書乞通宋朝，豫殺希載。

是月，豫立陳東、歐陽澈廟於歸德，如唐張巡、許遠雙廟制。

紹興元年五月，張俊討李成敗之，成逃歸豫。雄州大儈王友直嘗抵豫書招李成，謂劉光世、呂頤浩非中興將相才，後爲人所訴，詔鞫而刑之。六月，豫以麟爲兵馬大總管、尙書左丞相。置招受司于宿州，誘宋逋逃。金人旣立豫，以舊河爲界，恐兩河民之陷沒者逃歸，下令大索，或轉鬻諸國，或繫送雲中，實防豫也。十月，豫入寇，遣其將王世沖以蕃、漢兵攻廬州，守臣王亨誘斬世沖，大敗其衆。十一月，帥臣葉夢得招降豫將王才。僞秦鳳帥郭振入寇，王彥、關師古敗之。僞知海州薛安靖及通判李彙以州來歸。

二年二月，知商州董先以商、虢二州叛附于豫。襄陽鎭撫使桑仲上疏請正豫罪。朝廷尋命仲兼節制應援京城軍馬，量度事勢，復豫所陷郡。仍命河南翟興、荆南解潛、金房王彥、德安陳規、蘄黄孔彥舟、廬壽王亨相爲應援，毋失事機。三月，仲爲其將霍明所殺，高宗聞之，授仲二子將仕郎。河南鎮撫使翟興屯伊陽山，豫患之，使人招興，許以王爵。興焚僞詔幷戮其使。豫乃陰結興麾下楊偉圖之。偉殺興，持興首降豫。

四月丙寅，豫遷都汴。因奉祖考于宋太廟，尊其祖曰徽祖毅文皇帝，父爲衍祖睿仁皇帝。親巡郊社。是日，暴風捲旗，屋瓦皆震，士民大恐。豫曲赦汴人，與民約曰：「自今不肆赦，不用宦官，不度僧道。文武雜用，不限資格。」時河、淮、陝西、山東皆駐北軍，麟籍鄉兵十餘萬爲皇子府十三軍。分置河南、汴京淘沙官，兩京冢墓發掘殆盡。賦歛煩苛，民不聊生。

五月，豫聞桑仲死，遣人招隨州李道、鄧州李横，皆不受，執其使以聞。六月，蘄、黄鎮撫使孔彥舟叛降豫，其將陳彥明〔七〕率衆千餘來歸。直徽猷閣凌唐佐、尙書郎李亘、國信副使宋汝爲留僞庭，久謀疏豫虛實蠟書以聞，事泄，豫殺唐佐，亘亦遇害。豫以知東平府李鄴爲尙書右丞，河南鎮撫司都統制董先爲大總管府先鋒將〔八〕。十二月，襄陽鎮撫使李横敗豫兵於揚石，乘勝趣汝州，僞守彭玘以城降。豫遣劉夔與金帥撒離曷侵蜀。執進士薛筇送豫，筇勉豫：「早圖反正，庶或全宗，孰與他日併妻子磔東市？」豫怒，欲兵之，賴張孝純獲免。

三年正月庚申，李横破潁順軍，僞守蘭和降。壬戌，敗豫兵于長葛。甲子，横引兵至潁昌府，僞安撫趙弼固守，急攻下之，弼遁，復潁昌。二月，河南鎭撫司統制官李吉敗豫將梁進於伊陽臺，殪之。三月，豫聞横入潁昌，求援于金人。粘罕遣兀朮赴之，豫亦遣將李成率師二萬逆戰於京城西北之牟駝岡。横敗績，復陷潁昌。横軍本羣盜，恃勇無律，勝則爭取子女金帛，故及於敗。四月，陷虢州。鎭撫司統制官謝皐指腹示賊曰：「此吾赤心也！」自剖心以死。皐，開封人。是月，明州守將徐文以所部海舟六十艘、官軍四千餘人浮海抵鹽城，輸款于豫。文言沿海無備，二浙可襲取。豫大喜，以文知萊州，益海艦二十，俾寇通、泰間。

五月，朝廷遣韓肖胄、胡松年使僞齊。豫欲以臣禮見，肖胄無以應，松年曰：「均爲宋臣。」遂長揖不拜，豫不能屈。因問主上如何，松年曰：「聖主萬壽。」復問帝意所向，松年曰：「必欲復故疆耳。」豫有慚色。

時豫悉有梁、衞之地，翟琮屯伊陽之鳳牛山，不能孤立，突圍奔襄陽。九月，楊政遣川陝將官吳勝破豫兵於蓮花城。十月己亥，賊將李成陷鄧州，以齊安守之；癸卯，陷襄陽，李横奔荆南，知隨州李道棄城走。成據襄陽，以王嵩知隨州。甲辰，陷郢州，守臣李簡遁，豫以荆超知州事。賊將王彦先自亳引兵至壽春，將窺江南。劉光世駐軍建康，扼馬家渡，遣酈瓊領所部駐無爲軍，爲濠、壽聲援，賊乃還。

十二月〔九〕，金人遣李永壽、王翊來報聘。永壽等驕倨，請還豫俘及西北士民之流寓者，復要畫江以益豫。監廣州鹽稅吳伸上書請討豫，謂「金人雖彊，實不足慮，賊豫雖微，實爲可憂。今敵使在廷，宜陽許而陰圖之，乘其不疑，可一戰擒也」。

四年正月，翰林學士綦崇禮言：「豫父子倚重金人，且永壽等從豫所來，畫江之請必出於豫。觀其姦謀，在窺吾境土。恐既通使，人情必解弛，宜戒將帥愈益置守。縱和議成，亦未可弛備。」既而朝廷遣章誼使金，至雲中。粘罕答書約毋駐軍淮南，誼不屈，還過汴，豫欲留之，以計獲免。熙河路馬步軍總管關師古與豫兵戰于左要嶺，敗績，遂降賊。洮、岷之地盡歸豫矣。

二月，豫策進士。五月，知壽春府羅興叛降豫。舒、蘄等州制置使岳飛復襄陽，李成遁，尋復唐州。六月，復隨州，磔僞守王嵩于襄陽市。七月，復鄧州。語在飛傳。豫聞岳飛取襄、鄧，遂乞師於金人。僞奉議郎羅誘上南征策，豫大喜。奪民舟五百載戰具，以徐文爲前軍，聲言攻定海。九月，豫下僞詔，有「混一六合」之言，遣子麟入寇，及誘金人宗輔、撻辣、兀朮分道南侵，步兵自楚、承進，騎兵由泗趨滁〔一〇〕。復遣僞知樞密院盧緯請師於金主，金主集諸將議，粘罕、希尹難之，獨宗輔以爲可。乃以宗輔權左副元帥，撻辣權右副元帥，調渤海、漢軍五萬應豫。以兀朮嘗渡江，習知險易，俾將前軍。豫以麟領東南道行臺尚書令。朝廷震恐。或勸帝他幸，趙鼎曰：「戰而不捷，去未晚也。」張俊曰：「避將安之？」遂決意親征。壬申，豫兵與金人分道渡淮，楚州守臣樊序棄城走，淮東宣撫使韓世忠自承州退保鎮江。

十月丙子朔，詔張俊援世忠，劉光世移軍建康。世忠復還揚州。起張浚爲侍讀。戊子，韓世忠戰於大儀，己丑，解元戰於承州，皆捷。丙申，豫露榜有窺江之言。戊戌，帝發臨安。十一月壬子，下詔討豫，始暴豫罪惡，士氣大振，欲濟江決戰。趙鼎曰：「退固不可，渡江亦非策。豫猶不親來，至尊豈可與逆雛決勝負哉？」淮西將王師晟、張琦合兵復南壽春府，執僞知州王靖。十二月壬辰，岳飛遣將牛臯、徐慶敗金人於廬州。庚子，金人退師，遣使告麟，麟棄輜重宵遁。語在世忠傳。

五年正月，淮西將酈瓊復光州，僞守許約降。閏二月，豫將商元攻信陽軍，知軍事舒繼明死之。七月，豫廢明堂爲講武殿，暴風連日。八月，陷光州。十月，豫令民鬻子依商稅法許貫陌而收其算。豫獻海道圖及戰船木樣於金主亶。

六年正月，豫聚兵淮陽，韓世忠引兵急圍之。賊守將連舉六烽，兀朮與劉猊合兵來援，皆爲世忠所敗。六月，築劉龍城以窺淮西，王師晟破之，執華知剛，俘其衆而還。九月，豫罷沿海互市。張孝純謂豫曰：「聞南人久治舟，一旦乘風北濟，將不利於我。」豫懼，故罷之。

豫聞帝親征，告急於金主亶，領三省事宗磐曰：「先帝立豫者，欲豫闢疆保境，我得按兵息民也。今豫進不能取，退不能守，兵連禍結，休息無期。從之則豫收其利，而我實受弊，奈何許之！」金主報豫自行，姑遣兀朮提兵黎陽以觀釁。

豫於是以麟領東南道行臺尙書令，李鄴行臺右丞，馮長寧行臺戶部，許淸臣兵馬大總管，李成、孔彥舟、關師古爲將，籍民兵三十萬，分三道入寇。麟總中路兵，由壽春犯廬州；猊率東路兵，取紫荊山出渦口以犯定遠；西兵趨光州寇六安，彥舟統之。十月，猊兵阻韓世忠不得前，還順昌。麟兵從淮西繫三浮橋以濟，賊衆十萬次濠、壽間。江東安撫使張俊拒戰，詔併以淮西屬俊，命殿帥楊沂中至泗州與俊合，比至濠而劉光世已棄合肥矣。張浚〔二〕遣人星馳采石諭光世曰：「敢濟者斬。」光世不得已還廬州，與沂中相應。統制王德、酈瓊出安豐，遇賊三將軍皆敗之。猊衆數萬過定遠，欲趨宣化犯建康。沂中遇猊兵於越家坊，破之；又遇于藕塘，大破之。猊遁，麟聞亦拔砦走，麟兵有自書鄉貫姓名而縊者，豫由此失人心。金人聞麟等敗，詰豫罪狀，始有廢豫意矣。豫覺，請立麟爲太子，以覘其意。金人乃答豫曰：「徐當遣人咨訪河南百姓。」

七年春，豫策進士。遣諜縱火淮甸，燔劉光世帑藏。二月，又焚鎭江。豫自麟敗，意沮氣奪。中原遺民，日望王師。三月，帝進駐建康。八月，統制酈瓊執呂祉，以兵三萬叛降豫，尋殺祉。豫聞瓊降大喜，御文德殿見之，授瓊靜難軍節度使、知拱州。瓊勸豫入寇，豫復乞師金人，且言瓊欲自效。金人恐豫兵衆難制，欲以計除之，乃佯言瓊降恐詐，命散其兵。金人業已廢豫，而豫日益請兵，遂以女眞萬戶束拔爲元帥府左都監屯太原，渤海萬戶大撻不也爲右都監屯河間。於是尙書省奏豫治國無狀，當廢。十一月丙午，廢豫爲蜀王。

初，金主先令撻辣、兀朮僞稱南侵至汴，紿麟出至武城〔三〕，麾騎翼而擒之，因馳至城中。豫方射講武殿，兀朮從三騎突入東華門，下馬執其手，偕至宣德門，强乘以羸馬，露刃夾之，囚于金明池。翼日，集百官宣詔責豫，以鐵騎數千圍宮門，遣小校巡閭巷間，揚言曰：「自今不僉汝爲軍，不取汝免行錢，爲汝誅殺貌事人，請汝舊主少帝來此。」由是人心稍安。置行臺尙書省於汴，以張孝純權行臺左丞相。僞丞相張昂知孟州〔四〕，李鄴知代州，李成、孔彥舟、酈瓊、關師古各予一郡。以女眞胡沙虎爲汴京留守，李儔副之。諸軍悉令歸農，聽宮人出嫁。得金一百二十餘萬兩、銀一千六百餘萬兩、米九十餘萬斛、絹二百七十萬匹、錢九千八百七十餘萬緡。

豫求哀，撻辣曰：「昔趙氏少帝出京，百姓然頂煉臂，號泣之聲聞於遠邇。今汝廢，無一人憐汝者，何不自責也。」豫語塞，迫之行，願居相州韓琦宅，許之。後併其子麟徙於臨潢，封豫爲曹王，賜田以居之。紹興十三年六月卒，是年金皇統三年也。豫僭號凡八年，廢時年六十五。先是，齊地數見怪異，有梟鳴于後苑，龍撼宣德門滅「宣德」二字，有星隕于平原鎮。識者謂禍不出百日，豫怒殺之。未幾果廢。

初，僞麟府路經略使折可求以事抵雲中，左監軍撻離曷密諭可求代豫。後撻辣有歸疆之議，恐可求觖望，酖殺之。

豫之僭逆也，馬定國進君臣名分論，祝簡獻遷都、國馬賦，語多指斥；又如許淸臣毀景靈宮，孟邦雄發永安陵，蹠犬吠堯，蓋無責焉。

苗傅，上黨人。大父授，父履。授在元豐中爲殿前都指揮使。康王建元帥府，信德守臣梁揚祖以兵萬人至，傅與張俊、楊沂中、田師中皆隸麾下。隆祐太后南渡，傅爲統制官，以所部八千人扈衞，駐于杭州。

有劉正彥者，不知何許人。父法，政和間爲熙河路〔四〕經略使，死王事。正彥由閤門祗候易文資至朝奉大夫，後以事責降。會法部曲王淵爲御營都統制，正彥歸之。淵以法故，薦正彥于朝，復爲武德大夫、知濠州，擢御營右軍副都統制，淵分精兵三千與之。以平丁進功，進武功大夫、威州刺史。初，正彥討進，請劉晏偕行。晏本嚴陵人，陷遼登第，宣和中率衆來歸。正彥用晏計易旗幟爲疑兵，遂降進。晏自通直郎遷朝請郎，正彥恥己賞薄而晏獲峻遷，由是觖望，乃散所賜金帛與將士，尋被命從六宮、皇子至杭州。

建炎三年二月壬戌，高宗從王淵議，由鎮江幸杭州。時諸大將如劉光世、張俊、楊沂中、韓世忠分守要害，扈衞者獨苗傅。

先是，王淵裝大船十數，自維揚來杭，杭人相謂曰：「船所載，皆淵平陳通時殺奪富民家財也。」內侍省押班康履頗用事，威福由己出，其徒奪民居，肆爲暴橫。傅等恨之，曰：「天子顛沛至此，猶敢爾耶！」其黨張逵復激怒諸軍曰：「能殺淵及內侍，則人人可富，朝廷豈能徧罪哉！」

三月辛巳，拜王淵同簽書樞密院事。初，淵建幸杭州議，內侍實左右之。及淵躐躋樞筦，衆謂薦由內侍。傅自負宿將，疾淵驟貴。正彥雖由淵進，淵檄取所予兵，亦怨之。於是傅積不能平，與王世脩、張逵、王鈞甫、馬柔吉等謀作亂。鈞甫等皆燕人，所將號「赤心軍」。傅部分既定，乃紿淵以臨安縣有盜，意欲使淵出其兵於外。

康履得黃卷小文書，有兩統制作「田」、「金」字署卷末，田乃苗，金乃劉也。於是頗泄賊謀，以告淵，淵伏兵天竺。明日，賊黨亦伏兵城北橋下，俟淵退朝，誣以結宦官謀反，正彥手殺淵，以兵圍履第，分捕內官，凡無須者盡殺之，揭淵首，引兵犯闕。中軍統制吳湛守宮門，潛與傅通，導其黨入奏曰：「苗傅不負國，止爲天下除害。」

知杭州康允之聞變，率從官扣閽，請帝御樓，百官皆從。殿帥王元大呼聖駕來，傅見黃屋，猶山呼而拜。帝憑闌呼二賊問故，傅厲聲曰：「陛下信任中官，軍士有功者不賞，私內侍者卽得美官。黃潛善、汪伯彥誤國，猶未遠竄。王淵遇敵不戰，因友康履得除樞密。臣立功多，止作遙郡團練。已斬淵首，更乞斬康履、藍珪、曾擇以謝三軍。」帝諭以當流海島，可與軍士歸營，且曰：「已除傅承宣使、御營都統制，正彥觀察使、御營副都統制。」賊不退。帝問百官計安出，浙西安撫司主管機宜文字時希孟曰：「禍由中官，不悉除之，禍未已也。」帝曰：「朕左右可無給使耶？」軍器監葉宗諤曰：「陛下何惜康履。」遂命吳湛捕履，得於清漏閣承塵中。傅卽樓下腰斬履。

傅猶肆惡言，謂「帝不當卽大位，淵聖來歸，何以處也？」帝使朱勝非縋樓下曲諭之。傅請隆祐太后同聽政及遣使與金議和。帝許諾，卽下詔請太后垂簾。賊聞詔不拜，曰：「自有皇太子可立。」張逵曰：「今日之事，當爲百姓社稷計。」時希孟曰：「宜率百官死社稷，否則從三軍之請。」通判杭州事章誼叱之曰：「何可從三軍邪！」帝徐謂勝非曰：「朕當退避，須太后命。」勝非謂不可。顏岐曰：「得太后親諭之，則無詞矣。」

時寒甚，門無簾幃，帝坐一竹椅。既請太后，卽起立楹側。太后御肩輿出立樓前，二賊拜曰：「今日百姓無辜，肝腦塗地，望太后主張。」太后曰：「道君皇帝任蔡京、王黼，更祖宗法，童貫起邊釁，所以致金人之禍。今皇帝聖孝，無失德，止爲黃潛善、汪伯彥所誤，已加竄逐，統制獨不知邪？」傅曰：「臣等定議，必欲立皇子。」后曰：「今強敵在外，使吾一婦人簾前抱三歲兒，何以令天下？」正彥等號泣固請，因呼其衆曰：「太后既不允，吾當受戮。」遂作解衣狀，后諭止之。傅曰：「事久不決，恐三軍生變。」顧謂勝非曰：「相公何無一言？」勝非不能答。適顏岐至自帝前，奏曰：「皇帝令臣奏知太后，已決意從傅請矣，乞太后宣諭。」后猶不許，傅等語益不遜。

太后還入門，帝遣人奏禪位，勝非泣曰：「臣義當死，乞下誥二凶。」帝屏左右語曰：「當爲後圖，事不成，死未晚。」勝非曰：「王鈞甫，賊腹心也，適語臣曰：『二將忠有餘，學不足。』此可爲後圖耳。」

是日，帝幸顯忠寺。甲申，太后垂簾，降赦，號帝爲睿聖仁孝皇帝，以顯忠寺爲睿聖宮，留內侍十五人，餘悉編置。

丙戌，赦至平江府，張浚知有變，不拜。丁亥，至江寧，制置呂頤浩遺浚書，痛述事變。浚乃舉兵。戊子，御營前軍統制張俊至平江，浚諭以起兵，俊泣奉命。

初，勝非奏，垂簾當二臣同對，今屬時艱，乞許獨對。恐賊疑，乃日引其徒一人與俱。傅入對，后勞勉之。賊喜，無所疑，故臣僚入對，得謀復辟。

勝非深結王世脩，將處以從官，俾通二凶。

傅欲改元，正彥欲遷都建康，太后謂勝非曰：「二事如俱不允，恐賊有他變。」己丑，改元明受。張浚遺書二凶，獎其忠義以慰安之。庚寅，百官朝睿聖宮。以傅爲武當軍節度使。

辛卯，張浚遣進士馮轓赴行在，請帝親總要務；復抵書馬柔吉、王鈞甫宜早反正，以解天下之惑。

浚既遣轓，卽檄諸路，約呂頤浩、劉光世會平江。傅以堂帖趣張俊〔一五〕赴秦州，命趙哲領俊軍，哲不從；改命陳思恭，思恭亦不從。

壬辰，以諫議大夫鄭瑴〔一六〕爲御史中丞。賊以武功大夫王彥爲御營司統制，瑴面折二凶，彥佯狂，卽日致仕。

癸巳，韓世忠引兵至常熟。辛道宗謂張浚曰：「賊萬一邀駕入海，何以爲計！」浚乃聲言防遏海寇，奏道宗爲節制司參議官，措置海船以避賊。

甲午，貶曾擇、藍珪于嶺南，傅追斬擇。賊欲以所部代禁衛守睿聖宮，又欲邀帝幸徽、越，張澂、勝非曲諭止之。

馮轓說二凶反正，傳按劍瞋目視轓，正彥解之，曰：「須張侍郎來，乃可。」卽遣歸朝官趙休與轓共招浚。

乙未，呂頤浩勤王兵至丹陽，劉光世引所部來會。丙申，韓世忠兵至平江，卽欲進兵。浚曰：「已遣馮轓甘言誘賊矣。投鼠忌器，不可太亟。」

賊遣張彥、王德聲言防淮，德伺彥醉，幷其軍，自采石濟江歸劉光世，彥尋爲人所殺。戊戌，浚以世忠兵少，分張俊兵二千益之，發平江。

馮轓至平江，浚復遣入責賊以大義，諭以禍福，期雖死無悔。傳等初聞浚集兵，未之信，及得浚書，始悟見討，奏請誅浚以令天下。詔責浚黃州團練副使〔七〕，郴州安置。鄭瑴上疏謂浚不當責，密遣所親謝嚮變姓名告浚宜持重緩進，賊當自遁，浚然之。

是日，賊遣苗瑀、馬柔吉將赤心隊及王淵舊部曲駐臨平，以拒勤王之師。馮轓至臨平，見馬柔吉，同縋入城。詰朝，與傳等議，傳曰：「爾尚敢來邪？」欲拘轓。浚逆知之，謬爲書遺轓，言客自杭來，知二公於朝廷初無異心，殊悔前書失於輕易。賊得浚遺轓書，大喜，乃釋轓。

壬寅，浚得謫命，恐將士解體，紿曰：「趣召之命也。」是日，呂頤浩至平江，與浚對泣曰：「事不諧，不過赤族。」乃命幕客李承造草檄告四方討賊。賊聞勤王之兵大集，卽呼馮轓、勝非議復辟。癸卯，張俊發平江，劉光世繼之。賊亦遣兵三千屯湖州小林。丙午，頤浩、浚以大兵發平江。詔以浚爲知樞密院事。

丁未，勝非召二凶至都堂議復辟，率百官三上表以請。夏四月戊申朔，帝還宮，都人大說。帝御前殿，詔尊太后曰隆祐皇太后，立嗣君爲皇太子。辛酉，徙傅淮西制置使，正彥副之。庚戌，詔復建炎號。

是日，頤浩、浚軍次臨平，苗翊、馬柔吉以兵阻河。韓世忠率先鋒力戰，俊、光世乘之，翊敗走。勤王兵進北關。二凶詣都堂，趣得所賜鐵券，引精兵二千，夜開湧金門遁。辛亥，頤浩、浚〔八〕引勤王兵入城。世忠手執王世脩以屬吏。

苗傅犯富陽，統制官喬仲福追擊之。癸丑，犯桐廬。甲寅，斬吳湛。時希孟編管吉陽軍。丙辰，傅等至白沙渡，所過燔橋以阻官軍。丁巳，犯壽昌縣，黥民充軍。庚申，犯衢州，守臣胡唐老拒卻之。丙寅，犯常山。世忠請任討賊。丁卯，以世忠爲江、浙制置使，自衢、信追擊賊。戊辰，賊犯玉山縣。辛未，賊屯沙溪鎮。統制巨師古〔九〕自江東討賊還，與喬仲福、王德會信州。賊聞之，還屯衢、信間。

五月戊寅朔，世忠發杭州。庚辰，賊黨張翼斬鈞甫及柔吉父子首以降，江、浙制置使周望受之以聞。賊寇浦城縣，夾溪而屯，據險設伏，以邀官軍，統制官馬彥溥〔一〇〕死之。賊乘勝犯中軍，世忠瞋目大呼，揮兵直前，正彥墮馬，生禽之。賊將江池殺孟皐、禽苗翊降，衆悉解甲。張逵收餘兵入崇安，喬仲福追殺之。

傅棄軍變姓名夜遁建陽，土豪詹標覺之，執送世忠，檻車赴行在。壬寅，詔班師。秋七月辛巳，世忠軍還，俘傅、正彥以獻，磔于建康市。張逵、苗瑀及傅二子俱已前死。詔釋餘黨。

杜充字公美，相人也。喜功名，性殘忍好殺，而短於謀略。紹聖間，登進士第，累遷考功郎、光祿少卿，出知滄州。靖康初，加集英殿修撰，復知滄州。時金人南侵，郡中僑寓皆燕人來歸者，充慮爲敵內應，殺之無噍類。

建炎元年，進天章閣待制、北京留守，遷樞密直學士。提刑郭永嘗畫三策以獻充，充不省。永誚之曰：「人有志而無才，好名而無實，驕蹇自用而得聲譽，以此當大任，鮮克有終矣。」二年，宗澤卒，充代爲留守，兼開封尹。三年，以戶部尙書兼侍讀召，未至，改資政殿學士，節制淮南〔三〕、京東西路，依前京城留守，尋知宣武軍節度使。

七月，以同知樞密院召還，至，卽拜尙書右僕射、同平章事、御營使。初，宗澤要結豪傑，圖迎二帝。澤卒，充短於撫御，人心疑阻，兩河忠義之士往往皆引去，留守判官宗穎嘗疏其失。朝廷謂充有威望，可屬大事，呂頤浩、張浚亦薦之，故有是命。時諸路各擁重兵，率驕蹇不用命。張俊方白事，謁未入，俊遽前，充怒戮其使，諸將稍稍慴服。

高宗將幸浙西〔二〕，命韓世忠屯太平〔三〕，王瓊〔四〕屯常州。以充爲江、淮宣撫使，留建康，使盡護諸將。光世、世忠憚充嚴急，不樂屬充。詔移光世江州、世忠常州。時江、浙倚充爲重，而充日事誅殺，無制敵之方，識者寒心。

金人窺江，充遣裨將王民、張超分守諸渡，乘高據岸，以神臂弓射卻之。金人復逼碙砂，時以輕舟薄南岸，官軍奮擊，或沉其舟。一日當晝，金人對江列陣而佯退，衆信之，守益懈。敵諜知無備，夜乃乘數十舟橫江直濟，衆不能禦，敵遂登岸。充亟命統制官陳淬盡領岳飛諸裨校合二萬人邀擊於馬家渡，約王瓊俱進。敵氣銳甚，淬戰沒，瓊引兵遁，充軍潰。

金人陷建康，充渡江保眞州。充嘗痛繩諸將，諸將銜之，伺其敗，衆將甘心焉。充不敢歸，乃北約泗州劉位、徐州趙立，欲合兵邀敵歸路。詔遣內侍任源賜親札激厲，俾爲後圖。源至常州，道阻未得進，募健士先達上意，充詭詞自飭以報源。

充居眞州長蘆寺，守臣向子忞勸充由通、泰入浙，欲與偕行，充畜異志，不聽。始，京畿提刑凌唐佐在南京，守臣孟庾歸朝，以府事委之，唐佐遂降于金爲所用。唐佐雅善充，以書招之。完顏宗弼復遣人說充曰：「若降，當封以中原，如張邦昌故事。」充遂叛降金。事聞，高宗謂輔臣曰：「朕待充不薄，何乃至是哉？」下制削充爵，徙其子嵩嚴崑、壻韓汝惟於廣州。

是冬，充至雲中，粘罕薄之，久之，命知相州。充猜阻肆威，同列多不協。紹興二年，其孫自徙所間走歸充，其副胡景山誣充陰通朝廷。粘罕下充吏，炮掠備至，不服，釋之，因問充曰：「汝欲復歸南朝邪？」充曰：「元帥敢歸，充不敢也。」粘罕哂之。七年，命充爲燕京三司使。八年，同簽書燕京行臺尚書省事。九年，遷行臺右丞相。十一年，和議成而充死矣。

吳曦，信王璘之孫，節度挺之中子。以祖任補右承奉郎。淳熙五年，換武德郎，除中郎將，後省言其太騃，改武翼郎。累遷高州刺史。紹熙四年〔三〕，挺卒，起復濠州團練使。慶元元年冬，由建康軍馬都統制除知興州兼利西路安撫使。四年，憲聖園陵成，以勞遷武寧軍承宣使。六年，光宗攢陵成，遷太尉。

會韓侂胄謀開邊，曦潛畜異志，因附侂胄求還蜀。樞密何澹覺其意，力沮之。陳自強納曦厚賂，陰贊侂胄，遂命曦興州駐劄御前諸軍都統制，兼知興州、利州西路安撫使。從政郎朱不棄上侂胄書，謂曦不可主西師，侂胄不報。曦至鎮，譖副都統制王大節，罷之，更不除副帥，而兵權悉歸於曦。開禧二年，朝廷議出師，詔曦爲四川宣撫副使，仍知興州，聽便宜行事。自紹興末，王人出總蜀賦，移牒宣司，勢均禮敵。而侂胄以總計隸宣司，副使得節制按劾，而財賦之權又歸於曦。未幾，兼陝西、河東招撫使。

曦與從弟晛及徐景望、趙富、米脩之、董鎮共爲反謀，陰遣客姚淮源獻關外階、成、和、鳳四州于金，求封爲蜀王。侂胄日夜望曦進兵，曦陽爲持重，按兵河池不進，潛爲金人地以困王師，侂胄不之覺。會正使程松至，曦不庭參，松不敢詰；曦復多摘取松衞兵，松亦不悟。

金人犯西和，王喜、魯翼拒之。戰方急，曦傳令退保黑谷，軍遂潰。乃焚河池，退壁青野原。曦時已布腹心于金，將士未之知，猶力戰，敵人竊哂之。曦退壁魚關，招集忠義，厚賜以收衆心。興元都統制毋思以重兵守大散關，曦因撤蕩關之戍，敵由版閘谷遶出思後，思遁。金遂陷大散關，曦退屯罝口〔二六〕。舉人陳國飾投匭上書，言曦必叛，侂胄不省。

十二月，興州見兩日相摩。金遣吳端持詔書、金印至罝口，封曦蜀王，曦密受之。李好義敗金人於七方關，曦不上其捷，還興州。是夜，天赤如血，光燭地如晝。翌日，曦召幕屬諭意，謂東南失守，車駕幸四明，今宜從權濟事，衆失色。王翼、楊騤之抗言曰：「如此，則相公八十年忠孝門戶，一朝掃地矣！」曦曰：「吾意已決。」卽詣甲仗庫，集兵將官語故，祿禧、褚青、王喜、王大中等皆稱賀聽命。曦北向受印。遣徐景望爲四川都轉運使〔二七〕、褚青爲左右軍統制，趨益昌，奪總領所倉庫。程松聞變，棄興元去。

三年正月，曦遣將利吉引金兵入鳳州，以四郡付之，表鐵山爲界。曦乘黃屋左纛，僭王位于興州，卽治所爲行宮，稱是月爲元年。使人告其伯母趙氏，趙怒絕之。叔母劉晝夜號泣，罵不絕口，曦扶出之。族子僎爲興元統制，見僞檄，色甚不平。

曦既僭位，議行削髮左衽之令。遣董鎭至成都治宮殿，將徙居之。曦所統軍七萬併程松軍三萬，分隸十統帥。遣祿祁、房大勛戍萬州，泛舟下嘉陵江，聲言約金人夾攻襄陽。祁尋至夔，遣兵扼巫山得勝、羅護等砦，以遏王師。侂胄聞曦反，不知所爲，或勸不如因而封之，侂胄納其說。吳晛爲曦謀，宜收用蜀名士以係民心。於是陳咸自髠其髮，史次秦塗其目，楊震仲飲藥卒，王翊、家拱辰皆不受僞命，楊脩年、詹久中、家大酉、李道傳、鄧性善、楊泰之悉棄官去。薛九齡謀舉義兵。

興州合江倉官楊巨源倡義討逆，未有以發，遂與隨軍轉運安丙共謀誅曦。會李好義與兄好古、李貴等皆有謀，交相結納。二月甲戌夜，漏盡，巨源、好義首率勇敢七十人斧門以入。李貴卽曦室斬其首，裂其尸。丙分遣將士收其二子及叔父柄、弟暐、從弟晛、賊黨姚淮源、李珪、郭仲、米脩之、郭澄等皆誅之。時吳端猶臥後閤，亦伏誅。徐景望、趙富、吳曉、董鎮、郭榮、祿禧等皆在外，遣人就誅之。函曦首獻于朝。

詔曦妻子處死，親昆弟除名勒停，吳璘子孫並徙出蜀，吳玠子孫免連坐，通主璘祀。曦敗時年四十六。

校勘記

〔一〕外統制官　按靖康要錄卷一六、繫年要錄卷三、北盟會編卷八四都無「外」字；而靖康要錄記此事爲：「內親事官殿班數百人（中略）謀起義於金水門外，統制宣贊舍人吳革爲之首。」疑本書所據資料與之相同，此「外」字涉「金水門外」之「外」字而衍。

〔二〕南京　原作「東京」，據本書卷二四高宗紀、中興聖政卷一改。

〔三〕異姓建邦四十餘日　繫年要錄卷四稱張邦昌僭位至退處資善堂「凡三十二日」。按張邦昌稱帝在建炎元年三月丁酉，至四月庚午退處資善堂，與繫年要錄所記合。此處「四」字當爲「三」字之誤。

〔四〕昭化軍節度副使　「副」字原脫，據本書卷二四高宗紀、中興聖政卷一補。

〔五〕大名開德府　「府」字原脫，據繫年要錄卷二一補。

〔六〕潁昌　原作「永昌」，按宋無「永昌府」，據本書卷八五地理志、繫年要錄卷三七改。

〔七〕陳彥明　原作「陳彥時」，據繫年要錄卷五五、北盟會編卷七六改。

〔八〕董先爲大總管府先鋒將　「管」字原脫。據繫年要錄卷六〇並參照上文「豫以麟爲兵馬大總管」句補。

〔九〕十二月　原作「十一月」，據本書卷二七高宗紀、繫年要錄卷七一改。

〔一〇〕騎兵由泗趨滁　「滁」原作「徐」，據繫年要錄卷八〇、中興聖政卷一六改。

〔一一〕張浚　原作「張俊」，據繫年要錄卷一〇六、中興聖政卷二〇改。

〔一二〕武城　原作「武成」，據繫年要錄卷一一七、中興聖政卷二二改。

〔一三〕孟州　原作「淄州」，據繫年要錄卷一一七、僞齊錄卷下改。

〔一四〕熙河路　「河」原作「和」，按宋無「熙和路」，據本書卷八七地理志改。

〔一五〕張俊　原作「張浚」，據繫年要錄卷二一一、揮麈後錄卷九改。

〔一六〕鄭轂　原作「鄭慤」，據繫年要錄卷二一一、本書卷三九九本傳改。下文同。

〔一七〕黃州團練副使　「副」字原脫，據本書卷二五高宗紀、繫年要錄卷二一一補。

〔一八〕浚　原作「俊」，據繫年要錄卷二二一、中興聖政卷五改。

〔一九〕巨師古　「巨」原作「闞」，據同上書同卷改。

〔二〇〕馬彥溥　「溥」原作「博」，據繫年要錄卷二三、中興聖政卷五改。

〔二一〕淮南　原脫，據繫年要錄卷二四、中興聖政卷五補。

〔二二〕浙西　原倒，據繫年要錄卷二七、中興聖政卷六乙正。

〔二三〕命韓世忠屯太平　據本書卷二五高宗紀、中興聖政卷六、繫年要錄卷二七、中興小紀卷七，當時係命韓世忠守鎮江，劉光世守太平及池州。此處有脫文。

〔二四〕王瓊　原作「王璎」，據中興聖政卷六、繫年要錄卷二七改。

〔二五〕紹熙四年　原作「紹興元年」，按本書卷三六六吳挺傳，挺于紹熙四年致仕；卷三六光宗紀，挺卽死于是年。據改。

〔二六〕罝口　原作「置口」，據兩朝綱目卷九、朝野雜記乙集卷一八丙寅淮漢蜀口用兵事目條改。下文同。

〔二七〕四川都轉運使　「都」字原脫，據兩朝綱目卷一〇、同上朝野雜記補。

宋史卷四百七十六

列傳第二百三十五

叛臣中

李全上

李全者，濰州北海農家子，同產兄弟三人。全銳頭蠭目，權譎善下人，以弓馬趫捷，能運鐵槍，時號「李鐵槍」。

初，大元兵破中都，金主竄汴，賦斂益橫，遺民保巖阻思亂。於是劉二祖起泰安，掠淄、沂。二祖死，霍儀繼之，彭義斌、石珪、夏全、時青、裴淵、葛平、楊德廣、王顯忠等附之。楊安兒起，掠莒、密，展徽、王敏爲謀主，母舅劉全爲帥，汲君立、王琳、閻通、董友、張正忠〔一〕、孫武正等附之，餘寇蠭起。大元兵至山東，全母及其兄死焉。全與仲兄福聚衆數千，劉慶福、國安用、鄭衍德、田四、于洋、洋弟潭等咸附之。

大元兵退，金乃遣完顏霆爲山東行省，黃摑爲經歷官，將花帽軍三千討之，敗安兒于闌頭滴水，斷其南路。安兒輕舸走卽墨，金人募其頭千金，舟人斬以獻。安兒無子，從子友僞稱「九大王」，不閑軍務。安兒妹四娘子狡悍善騎射，劉全收潰卒奉而統之，稱曰「姑姑」，衆尙萬餘，掠食至磨旗山，全以其衆附，楊氏通焉，遂嫁之。全合軍與霆戰，又敗。霆驍將張惠望見全，躍馬赴之，槍及全，若有縶其馬足而止者。全得收餘衆保東海，劉全分軍駐嵎上。霍儀攻沂州不下，霆自淸河出徐州，斬儀，潰其衆。彭義斌歸李全。黃摑者，卽阿魯達。霆卽李二措，賜姓完顏。惠號「賽張飛」，燕俠士也。此數人者，出沒島嵎，寶貨山委而不得食，相率食人。

有沈鐸者，鎭江武鋒卒也，亡命盜販山陽，誘致米商，斗米輒售數十倍，知楚州應純之償以玉貨，北人至者輒舍之。又說純之以歸銅錢爲名，弛度淮之禁，來者莫可遏。安兒之未敗也，有意歸宋，招禮宋人。定遠民季先者，嘗爲大俠劉佑家廝養，隨佑部綱客山陽，安兒見而說之，處以軍職。安兒死，先至山陽，寅緣鐸得見純之，道豪傑願附之意。時江、淮制置李珏、淮東安撫崔與之皆令純之沿江增戍，恐不能禦，乃命先爲機察，諭意羣豪；敍復鐸爲武鋒軍副將，辟楚州都監，與高忠皎各集忠義民兵，分二道攻金。先遂以李全五千人附忠皎，合兵攻尅海州，糧援不繼，退屯東海。全分兵襲破莒州，禽金守蒲察李家，別將于洋克密州，兄福克青州，始授全武翼大夫、京東副總管。純之見北軍屢捷，密聞于朝，謂中原可復。時頻歲小稔，朝野無事，丞相史彌遠鑒開禧之事，不明招納，密敕珏及純之慰接之，號「忠義軍」，就聽節制。於是有旨依武定軍生券例，放錢糧萬五千人，名「忠義糧」。於是東海馬良、高林、宋德珍等萬人輻湊漣水，鐸納之，全與劉全俱起羨心焉。

嘉定十一年五月己丑，全軍至漣水，邀先白事楚城，取器甲金穀，議再攻海州，純之厚勞全金玉器用及其下有差。六月，全圍海城，金經略阿不罕、納不剌等固守不下。七月，合鄆、單、邳、徐兵來援，全與戰于高橋，不勝，退守石秋，分兵襲密州，禽黃摑，械至楚城。是冬，徙屯淮陰之龜山。

十二年，山東來歸者不止，權楚州梁丙無以贍。先懇丙請預借兩月，然後帥所部五千并良等萬人往密州就食，不許；請速遣全代領其衆，又不許。丙以石珪權軍務，珪乃奪運糧之舟，二月庚辰，率軍二萬度淮大掠。丙調王顯臣、高友、趙邦永以兵逆之，至南度門，顯臣敗，友、邦永遇珪，下馬與作山東語，皆不復戰。丙窘，乃遣全出諭之。時金人圍淮西急，馬司都統李慶宗戍濠，出戰，喪騎三千，珪及張春皆有亡失。帥司調全與先、珪軍援盱眙。全亦欲自試，親往東海點軍赴之。癸亥，遇金人于嘉山，戰小捷。三月，先軍進駐天長，全進駐盱眙，鼎立以待金人。乙酉，全至渦口，値金將乞石烈牙吾答名「盧鼓槌」者將濟，全與其將鹿仙掩之，金兵溺淮者數千，俘獲甚衆。壬辰，與阿海戰于化陂湖，大捷，殺金數將，得其金牌，追至曹家莊而還。三圍俱解，全喪失亦衆。阿海者，金所謂四駙馬也。全進達州刺史，妻楊氏封令人。

六月，金元帥張林以青、莒、密、登、萊、濰、淄、濱、棣、寧海、濟南十二州來歸〔三〕。始，林心存宋，及撾敗，意決而未能達。會全還濰州上冢，揣知林意，乃薄兵青州城下，陳說國家威德，勸林早附。林恐全誘己，猶豫未納。全約挺身入城，惟數人從，林乃開門納之，相見甚歡，謂得所托，置酒結爲兄弟。全既得林要領，附表奉十二州版籍以歸。表辭有云：「舉諸七十城之全齊，歸我三百年之舊主。」表，馮垍所作也。秋，授林武翼大夫、京東安撫兼總管，其餘授官有差。進全廣州觀察使、京東總管，劉慶福、彭義斌皆爲統制，增放二萬人錢糧，徙屯楚州。先是，制置使賈涉以朝命督戰，許殺金太子者，賞節度使；殺親王，承宣使；殺駙馬，觀察使。全致所得金牌于涉，云殺四駙馬所獲者。涉上于朝，乞如約賞之，故全有是受，而四駙馬實不死也。

十一月，大雨雪，淮冰合。全請于制府曰：「每恨泗州阻水，今如平地矣，請取東西城自效。」制府遣就盱眙劉琸議，琸集諸將燕全，時青、夏全咸願以長槍三千人從。夜半度淮，潛向泗之東城，將踏濠冰傅城下，掩金人不備。俄城上荻炬數百齊舉，遙謂曰：「賊李三！汝欲偷城耶？」天黑，故以火燭之。全知有備，引去。

十三年，趙拱以朝命諭京東，過青厓崓，嚴實求內附。拱與定約，奉實款至山陽，舉魏、博、恩、德、懷、衞、開、相九州來歸〔三〕。涉再遣拱往諭，配兵二千，全亦請往，涉不能止，乃帥楚州及盱眙忠義萬餘人以行。拱說全曰：「將軍提兵度河，不用而歸，非示武也，今乘勢取東平，可乎？」於是全合林軍得數萬，襲東平之城南。金參政蒙古剛帥衆守東平，全以三千人金銀甲、赤幟，遶濠躍馬索戰。時大暑，全見城阻水，矢石不能及，乃與林夾汶水而砦，中通浮梁來往。一夕，汶水溢，漂大木，斷浮梁，全首尾幾絕，蓋金人堰汶水而決之也。詰旦，金騎兵三百奄至，全欣然上馬，帥帳前所有騎赴之，殺數人，奪其馬，逐北抵山谷。上有龍虎上將軍者，貫銀甲，揮長槊，盛兵以出，旁有繡旗女將馳槍突鬥。會諸將至，拔全以出，乃退保長清縣，精銳喪失太半，統制陳孝忠死焉。林兵還青州。全所携鎮江軍五百人多怨憤，全乃分隸拱，使先歸，而以餘衆道滄州，假鹽利以慰贍之。龍虎上將軍者，東平副帥幹不搭；女將者，劉節使女也。

全至楚州，厲召先赴行在。全自渦口之捷，有輕諸將心，獨先嘗策戰勛，威望不下己，患之。乃陰結制帥所任吏莫凱，使譖先，先卒，全喜而心益貳。涉乘先死，欲收其軍，輟統制陳選往漣水以總之。先黨裴淵、宋德珍、孫武正及王義深、張山、張友拒而不受，潛迎石珪于盱眙，奉爲統帥。珪道楚城，涉不知覺，及還還，涉恥之，乃謀分珪軍爲六，請于朝，出脩武、京東路鈐轄印告各六授淵等，使之分統，謂可散其縱。淵等陽受命，涉卽聞于朝，謂六人已順從，珪無能爲矣。其後有敎令皆不納，然後知淵等猶主珪，涉恐甚。全結府吏伺知之，乃見涉，請討珪，涉未有處。議者請以全軍布南度門，移淮陰戰艦陳于淮岸，以示珪有備，然後命一將招珪軍，來者增錢粮，不至罷支，衆心一散，珪黨自離。涉用其策，珪技果窮。珪素通好於大元，至是殺淵而挾武正、德珍與其謀主孟導歸大元。漣水軍未有所屬，全求併將之。客有請以附淮將者，曰：「使南將主北軍，則淮、楚爲一。」涉然之，且曰：「先在時有三千虛籍，今當遣明亮覈實，因可省費。」全聞之卽獻計曰：「全若朝將此軍，夕與覈除虛籍。」因卑辭獻珍具以自結，涉不能卻，遂以付全。翼日，復命曰：「初謂有虛額，昨夕細點，萬五千人之外尚溢十數名。」涉始悟全見紿，他日議更遣幕屬點之。吏亟報全，全忽狀白涉：「昨夕三鼓，漣水告警，云金人萬餘在邳州。」全思漣水去邳咫尺，旣無險阻，城壁復弊，一被攻劫，則直臨淮面，罪在全矣。深夜不敢驚制使，已調七千人迎敵矣。」涉知全詐，因寢點軍之議。全又白制府請于朝，以劉全爲總管駐揚州，分數千兵從之，而將其衆。十一月丁未，全遊金山，作佛事，以薦國殤。知鎭江府喬行簡方舟逆之，大合樂以饗之。總領程覃迭爲主禮，務誇北人以繁盛。全請所狎娼，覃不與，全歸語其徒曰：「江南佳麗無比，須與若等一到。」始造舭艛舟，謀爭舟楫之利焉。

十四年正月，金人將南來，全請於涉，欲與劉琸共圖泗州，以伐其謀，涉許之。全兵至盱眙度淮，攻剋泗州之西城，入城布守。琸徙盱眙芻粟以實之，防城之具俱撤以往，爲必守之計。未幾，盧鼓槌來取西城，全盛兵出戰，大敗，統制賴興死，全閉城自守。明日復戰不勝，全遁歸，資糧器械悉以委敵。金人既陷蘄州，扈再興、趙范及其弟葵邀擊于天長。全隨行襲金人後，謁而賀曰：「二監軍已立大功，乞以餘寇付全追之。」然全追之不甚力，亦以是進承宣使。

十五年二月，琸再取西城，盧鼓槌背城力戰，戒惠必獲全，不獲則斬。惠數嘗敗全于山東，而不能獲，每歎曰：「天假此賊，事未可量。」及聞盧鼓槌言，自度進未必獲，退復受戮，卽陳躍馬奔全壘，棄所執兵請降。全掖而起之，相與歡甚。不數日，惠戲下數千人皆潛至，全與惠歸，請于制置司官之，令自總一軍。

膠西當登、寧海之衝，百貨輻湊，全使其兄福守之，爲窟宅計。時互市始通，北人尤重南貨，價增十倍。全誘商人至山陽，以舟浮其貨而中分之，自淮轉海，達于膠西。福又具車輦之，而稅其半，然後從聽往諸郡貿易，車、夫皆督辦於林，林不能堪。林財計仰六鹽場，福恃其弟有大造于林，又欲分其半，林許福恣取鹽，而不分場。福怒曰：「若背恩耶？待與都統提兵取若頭爾！」林懼，愬于制置司。涉密召林戲下問之，福伏兵于途以伺，林覺不追。於是李馬兒說林歸大元，福狼狽走楚州。冬，加全招信軍節度〔四〕。林猶遺涉書詆全，明己非叛。涉以咎全，全請爲朝廷取之，乃提師駐海州以迫林。涉間道遣黥背王翊、閻瓊勞林，林泣涕道其故。翊歸，全使人殺諸塗。全攻林急，林走，全遂入青州。

十六年二月，涉勸農出郊，暮歸入門，忠義軍遮道，涉使人語楊氏，楊氏馳出門，佯怒忠義而揮之，道開，涉乃入城。自是以疾求去甚力。五月被召，卒。秋，全新置忠義軍籍。初，涉屯鎮江副司八千人于城中，翟朝宗統之；分帳前忠義萬人，屯五千城西，趙邦永、高友統之；屯五千淮陰，王暉及于潭統之，所以制北軍也。全輕鎮江兵，且以利啗其統制陳選及趙興，使不爲己患；唯忌帳前忠義，乃數稱高友等勇，遇出軍必請以自隨，涉不許。全每燕戲下，并召涉帳前將校，帳前亦願隸焉，然未能合也。及丘壽邁攝帥事，全忽請曰：「忠義烏合，尺籍鹵莽。莫若別置新籍，一納諸朝，一申制閫，一留全所，庶功過有考，請給無弊。」壽邁善而諾之。全乃合帳前忠義悉籍之，盡統其軍，時人莫悟。

十一月，許國自武階換朝議大夫、淮東安撫制置使，命下，聞者驚異。先是，國奉祠家食，數言全必反，欲傾涉而代之。會召國奏事，國疏全姦謀甚深，反狀已著，非有豪傑不能消弭，蓋自鬻也。至是，喬行簡爲吏部侍郎，上疏論國望輕，不宜帥淮，不報。山陽參幕徐晞稷雅意開闔，及聞國用，晞稷闕望，乃謄國奏注釋以寄全，全得報不樂。是冬，金將李二措及邳州守致書海州〔五〕，欲附宋，全戲下周岊得之，即以報全。全喜，遣王喜兒以兵二千應接，而已繼之。二措納喜兒而囚之。全兵欲攻邳，四面阻水，二措積勁弩備之，全不得進，合兵索戰。全敗，欲還楚州，會濱、棣有亂，乃引兵趨山東。

十七年正月，國之鎮，楊氏郊迓，國辭不見，楊氏慚以歸。國既視事，痛抑北軍，有與南軍競者，無曲直偏坐之，犒賚十裁七八。全自山東致書于國，國誇於衆曰：「全仰我養育，我略示威，即奔走不暇矣。」全固留青州，國不能致。四月，全遣小吏致再書，國喜，曲加勞接，即日眞補承信郎，冀結其心。小吏曰：「小吏奉書而遽得命，諸將校謂何？」不受，歸語其徒以爲笑。國見全無來期，數致厚餽，邀全議事。會劉慶福亦使人覘國意向，國左右知之，語覘者曰：「制置無害汝等意。」慶福以報全，全集將校曰：「我不參制閫，則曲在我。今不計生死必往見。」八月，全上謁，賓贊戒全曰：「節使當庭趨，制使必免禮。」及庭趨，國端坐納全拜，不爲止。全退，怒曰：「庭參亦常禮，全歸本朝，拜人多矣，但恨汝非文臣，本與我等。汝向以淮西都統謁賈制帥，亦免汝拜。汝有何勛業，一旦位我上，便不相假借耶？全赤心報朝廷，不反也。」國繼設盛會宴全，遺勞加厚，全終不樂。國之客章夢先主幕議，慶福謁見，夢先責客將，令隔簾貌喏，慶福不能堪。國以名馬十餘嗷遺全，不受。國固遺，全俟其充斥階庭，伺候移時，而復卻之。如是者半月，卒不受。

全欲往青州，懼國苛留，自計曰：「彼所爭者拜也，拜而得志，吾何愛焉！」更折節爲禮。因會，席間出箚白事，國見其細故，判從之，全卽席再拜謝。自是動息必請，得請必拜，國大喜，語家人曰：「吾折伏此虜矣。」義斌求趙邦永來山東，全爲白之，國諾。邦永乘間告國曰：「邦永若去，制使誰與處？」國曰：「我自能兵，爾毋過慮。」邦永泣而辭之。全遂往青州。十一月，國集兩淮馬步軍十三萬，大閱楚城之外，以挫北人之心。楊氏及軍校留者恐其圖己，內自爲備。

寶慶元年，湖州人潘甫與其從弟丙、壬起兵，密告全黨于山陽，全黨欲坐致成敗，然其謀而不助之力。甫歸，陰勒部曲及聚販鹽盜至千餘，結束如北軍，率衆揚言自山陽來擁立濟王，事見竑傳。時，全圖國之意已決，遣慶福還楚城，使爲亂。或教楊氏畜一妾男子，間指謂人曰：「此宗室也。」至語郡僚曰：「會令汝爲朝士。」潛約盱眙四軍相應。忠義統領王文信有衆八百，涉徙刺揚州強勇軍。國之聚兵大閱，文信在焉，慶福與謀，令歸襲揚州，別遣將劫寶應，事濟卽揮衆度江。盱眙四將不從，於是慶福等謀中輟，止欲快意於許國焉。計議官苟夢玉知之，以告國，國曰：「但使反，反卽殺，我豈文儒不知兵耶？」夢玉懼禍及己，求檄往盱眙，復告慶福曰：「制帥欲圖汝。」兩爲自結之計。乙卯〔六〕，國晨起涖事，忽露刃充庭，客駭走，國厲聲曰：「不得無禮！」矢已及顙，流血蔽面，國走。亂兵悉害其家，大縱火，焚官寺，兩司積蓄盡入賊。親兵數十人翼國登城樓，縋城走，伏道堂中宿焉。時四明人姚翀通判青州，全豫令還山陽，及漣水而復止之。至是，擁翀入城，與通判宋恭喝犒南北軍，使歸營。是日，慶福首殺夢先以報貌喏之辱，戒諸軍毋害苟夢玉家，護以五十兵。初，國倚揚州強勇軍統制彭興及淮西親兵將趙社、朱虎等爲腹心，至是首降賊，且助爲亂。惟丁勝、張世雄、沈興、杜靖毗、富道不屈，或與賊巷戰，興手殺賊將馬良。賊黨得志，更相賀，獨張正忠歎曰：「若曹不識事體，朝廷豈置汝耶？」王文信復獻計慶福曰：「我僞作重傷，提本部軍歸揚州，揚守必不疑，我生縛守，以其城獻。」慶福喜，夜飲而遣之。丙辰，許國縊于途。

丁巳，文信將至揚州，其徒有亡入城告變者。時揚之兵皆在楚，知州兼提點刑獄汪統會同官議，鈐轄趙拱曰：「若不納，則文信必曰：『我歸營，何故見拒？』將借是以魚肉城外之民。拱素善文信，請說止其兵，而以單騎入，俟入城而殺之，然後撫其兵，領往盱眙，分隸張、范戲下。」統喜，遣之。遇文信于十里頭，置酒相勞苦，文信僞爲裹創狀。拱曰：「忠義反楚州，揚州人見忠義暮歸，豈不相疑？不若暫駐兵城外，然後同見提刑，提刑急欲知楚州事也。」文信不疑，聯騎入城，坐客次。拱先入，勸統收戮之，統躊躇不敢發。劉全知其謀，帥甲士突入郡堂，厲聲曰：「王統領好人，提刑不必疑，請出受參。」統不得已，出而犒之。劉全以兵翼之出，館其家。詰旦，統未有處。拱又請引文信出城，與議回屯楚州。文信知事泄，拱就出，劉全亦請從。至平山堂，文信責拱賣己，欲殺之，拱曰：「爾謀如此，三城人命何辜！我已存三城人，身死無憾。然我死，汝八百家老幼在城，豈得生耶？」文信及其衆動色，文信、劉全遂還楚州。

時盱眙總管夏全聞山陽得志，亦懷異圖，劉琸厚賂之，乃止。及文信亂，琸懼夏全復動，乃使卞整將兵三千視之，使不敢動。整以邀文信爲辭，引兵還揚州，因僞言盱眙失守，卞整爲亂〔七〕，於是揚州復震，城門晝閉。

彌遠懼激他變，欲姑事涵忍而後圖之。謀帥莫可，以徐晞稷嘗倅楚州、守海州，得全歡心，晞稷亦勇往，乃授淮東制置使，令屈意撫全。時慶福以事濟報全，全又牒義斌等曰：「許國謀反，已伏誅矣，爾軍並聽我節制。」義斌得牒大罵曰：「逆賊背國厚恩，擅殺制使。此事皆因我起，我必報此讎。」呼趙邦永曰：「趙二，汝南人，正須爾明此事。」乃斬齎牒人，南向告天誓衆，見者憤激。全自青州至楚城，佯責慶福不能彈壓，致忠義之鬨，斬數人，請待罪，朝廷未之詰。趙范時知揚州兼提點刑獄，得制置印于潰卒中，以授晞稷。全遣騎逆晞稷。己卯，晞稷入楚城。劉全躍馬登郡廳，晞稷迎之，全及門下馬，拜庭下，晞稷降等止之，賊衆乃悅。

四月，潘壬變姓名至楚州，將度淮而北，小校明亮獲之，械送行在伏誅。

甲午，時青使人僞爲金兵，道邳州，出漣水，奪全田租而伏騎八百。翼旦，全引二百騎度淮與鬥，伏發，全敗，圍之，慶福以兵往拔全出。全與慶福俱重傷，歸楚州。丁勝、張世雄欲乘全敗舉兵追北軍，晞稷止之。全後知其謀，對晞稷詰之，二人不爲屈。然懼禍及己，晞稷乃潛授世雄雄勝軍統制〔八〕，敎使逃而陽索之。北軍追世雄，世雄且戰且走，得達揚州。晞稷初至楚，緩急相濟，如囚趙社，逐朱虎，賊尚知畏。屢令全還戰馬、軍器于制司，全唯唯。退招姚翀及將校飲，酒酣，全曰：「制司追我戰馬、軍器，若何？」忽有將校曰：「當時忠義只百十人，其他軍皆南軍乘勢將帶，若潰將何以還？」一人曰：「制司必欲追之，不若有官者棄官，無官者歸山東爲百姓。」一人抵掌憤然，使全反，全陽罵之。翀以告晞稷。翼日，全見晞稷求納官，晞稷撫之而去。自是不復誰何，其後至以「恩府」稱全、「恩堂」稱楊氏，而手足倒置矣。軍器庫止餘槍干數千，全復取去。全欲戰艦，晞稷使擇二艘。全移出淮河，使軍習之。

初，楚城之將亂也，有吏竊許國書篋二以獻慶福，皆機事。慶福賞盜篋者五百千，未之閱。全始發緘，使家僮讀之，有廟堂遺國書令圖全者，全大怒；又有荀夢玉書，即以慶福謀告國者，全始惡夢玉反覆。夢玉知之，時已被堂召，亟辭全如京。己卯，全餽餞夢玉如平時，潛殪諸十里之郊，復出榜捕害夢玉者。全往青州。

五月丁卯，全取東平，不克。戊寅，劉全以劵易制司錢，不如欲，復謀亂，楊氏出二千緡解之，乃止。全引兵攻恩州。明日，義斌出兵與全鬥，全敗。義斌以千五百騎追之，獲馬二千匹，皆揚州強勇軍馬也。慶福往救，又敗。全退保山固，抽山陽忠義以北。楊氏及劉全皆欲親赴之，會全遣人求晞稷書與義斌連和，乃止。義斌納全降兵，兵勢大振，進攻眞定，降金將武仙，衆至數十萬，致書沿江制置使趙善湘曰：「不誅逆全，恢復不成。但能遣兵扼淮，進據漣、海以蹙之，斷其南路，如此賊者，或生禽，或斬首，惟朝廷所命。賊平之後，收復一京三府，然後義斌戰河北，盱眙諸將、襄陽騎士戰河南，神州可復也。」時四總管亦各遣計議官致書，乞助討賊，范亦以爲言，不報。全貽書制置司，誣義斌叛，晞稷繳達之。時朝廷知義斌之功，憚全，未欲行賞。未幾，義斌俟命不至，拓地而北，與大元兵戰于內黃之五馬山。大元兵說之降，義斌厲聲曰：「我大宋臣，且河北、山東皆宋民，義豈爲他臣屬耶！」遂死之。戲下王義深等復歸全。

全使人說時青附己，餽金五百兩。青見義斌死，乃附全，自移屯淮陰。全招青入城飲，折俎銅劵二千，他餽稱是，恩徧麾下，人人喜悅。晞稷宴青，全餽折俎如前。全將往山東，以南軍七百從，官犒鐵錢劵人五千，全犒銅錢三倍，許攜南貨免稅。於是請行者不已，得千人以俱，晞稷又以千八百人繼之。

二年春，趙范奉祠，林珙知揚州、權提點刑獄。全北剽山東，南假宋以疑大元，且仰食。會金與大元爭大名，全得往來經理。三月丙辰朔，大元兵攻青州，全大小百戰，終不利，嬰城自守。大元築長圍，夜布狗砦，糧援路絕。全遣小校周興祖縋城，雜樵采者走楚州發援兵，終不能支。全與福謀，福曰：「二人俱死無益也，汝身係南北輕重，我當死守孤城，汝間道南歸，提兵赴援，可尋生路。」全曰：「數十萬勍敵，未易支也。全朝出則城夕陷，不如兄歸。」於是全止而福行。

朝廷初以力未能討，故用晞稷調護，及傳全被圍，稍欲圖賊。晞稷畏懦，幸全未歸以苟歲月。朝廷方謀易帥，劉琸久在盱眙，雅意建閫；又見賊勢稍孤，意功名可立，使鎮江副都統彭忳廷譽京師，自謂：「素撫鎮江，三萬人足用，且得四總管歡心，討賊有餘力。」朝廷信之，忳亦垂涎代琸，從臾尤力。九月，以琸知楚州兼淮東制置使，忳代知盱眙，晞稷不知也。乙亥，晞稷以戶部侍郎召，未幾，出知袁州。

十一月壬子朔，琸至楚州，心知不能制馭四總管，惟以鎮江兵自隨。時青在淮陰，琸怨其移屯叛己，不召也。夏全請從，琸素畏全狡，亦俾留盱眙。忳自揣資望視琸更淺，曰：「琸之止夏全，是欲遺患盱眙也。琸猶憚夏全，我何能用？」乃激夏全曰：「楚城賊黨不滿三千，健將又在山東，劉制使圖之，收功在旦夕。太尉曷不往赴事會，何端坐爲？」夏全欣然領兵徑入楚城，青亦自淮陰復移屯城內。琸且駭且恐，勢不容卻，復就二人謀焉。時傅全已死，福欲分兵赴援，兵少，卒不往。甲子，琸令夏全盛陳兵楚城，賊黨震恐，楊氏遣人賂夏全求緩師，乃止。

校勘記

〔一〕張正忠　「忠」原作「中」，據下文及下一卷本傳下改。周密齊東野語卷九作「張忠政」。

〔二〕金元帥張林以青莒密登萊濰淄濱棣寧海濟南十二州來歸　按此處史文僅列舉十一府州，和本書卷四〇寧宗紀、齊東野語卷九所載「二府九州」之數相合；但齊東野語載有滄州，本卷下文又有李全「附表奉十二州版籍以歸」語，疑此有脫誤。

〔三〕舉魏博恩德懷衞開相九州來歸　按此處僅列舉八州；新元史卷一三七嚴實傳，說嚴先降宋，後以二府六州降元。疑此處有誤。

〔四〕加全招信軍節度　按「招信軍」非節度軍額，疑爲「昭信軍」之誤；本書卷四〇寧宗紀、兩朝綱目卷一六都作「保寧軍」。

〔五〕金將李二措及邳州守致書海州　「金」原作「大元」，據上文和金史卷一〇三完顏霆傳改。

〔六〕乙卯　據本書卷四一理宗紀所載潘甫等起兵月日，及續通鑑卷一六三關於此事的記載，這日在寶慶元年二月。

〔七〕卞整爲亂　據上文，疑「卞整」爲「夏全」之誤。

〔八〕雄勝軍統制　「雄」字原脫，從考異卷八二說補。

宋史卷四百七十七

列傳第二百三十六

叛臣下

李全下

寶慶三年二月，楊氏使人行成于夏全曰：「將軍非山東歸附耶？狐死兔泣，李氏滅，夏氏寧獨存？願將軍垂盼。」全諾。楊氏盛飾出迎，與按行營壘，曰：「人傳三哥死，吾一婦人安能自立？便當事太尉爲夫，子女玉帛、干戈倉廩，皆太尉有，望卽領此，誠無多言也。」夏全心動，乃置酒歡甚，飲酣，就寢如歸，轉仇爲好，更與福謀逐琸矣。

辛卯，夏全令賊黨圍州治，焚官民舍，殺守藏吏，取貨物。時琸精兵尙萬餘，窘束不能發一令，太息而已，夜半縋城，僅以身免。鎭江軍與賊戰死者太半，將校多死，器甲錢粟悉爲賊有。琸步至揚州，借州兵自衞，猶箚揚州造旗幟。林拱繳奏于朝，聞者大笑。夏全旣逐琸，暮歸，楊氏拒之，意楊氏反目圖己，明日大掠，趐盱眙欲爲亂，張惠、范成進閉門，不得入，翺翔淮上。惠、成進出兵欲勦之，夏全狼狽歸金，金人納之。是舉也，張正忠不從亂，經妻女于庭，并己自焚。報至，中外大恐，劉琸自劾，未幾，死。

初，姚翀從賈涉辟楚州推官，全喜其附己，爲引重當路，得改秩，全請以通判青州。國之死，全借翀撫定以誑衆，以功入朝。三月，以翀爲軍器少監、知楚州兼制置。翀辟鄭子恭、杜耒等爲幕客，留母及其子于京，買二妾以行。至城東，艤舟以治事。間入城見楊氏，用晞稷故事而禮過之。楊許翀入城，乃入，寄治僧寺，極意娛之。

時全在圍一年，食牛馬及人且盡，將自食其軍。初軍民數十萬，至是餘數千矣。四月辛亥，全欲歸于大元，懼衆異議，乃焚香南向再拜，欲自經，而使鄭衍德、田四救之，曰：「譬如爲衣，有身，愁無袖耶？今北歸蒙古，未必非福。」全從之，乃約降大元。大元兵入青州，承制授全山東行省。

慶福在山陽，自知己爲厲階，懷不自安，欲圖福以自贖。福知之，亦謀去慶福。二人互相猜貳，不相見。福僞病旬餘，諸將問疾，慶福不往。張甫者，素厚慶福，懼福疑己，乃勸慶福往。後慶福約甫同往，及寢，遙見福臥不解衣，心恐，不得已至床前，見床頭鞘刀，慶福口問疾而手按鞘，懼福先發。福疑慶福就刀見害，乃躍起拔刀傷慶福，慶福徒手不支，甫救之。

左右羣起殺慶福及甫。

甫本金元帥，封高陽公，最善馭衆。金亡河北，甫據雄、霸、淸、莫、河間、信安不下。信安出白溝，距燕二百里而阻巨濼，大元兵不能涉，甫每潛師窺伺。大元將俚砦奴屢欲滅甫以取雄、霸。驍將窩羅虎者，歸甫，甫納之。其後窩羅虎遁去，且竊甫千里馬以獻俚砦奴。俚砦奴喜，待遇益厚。嘗會飮燕京之大悲閣，窩羅虎醉俚砦奴而推使投閣，幾斃焉。窩羅虎乃佯醉下樓，復乘所獻馬以歸甫，追者莫及，人始服甫之用間焉。其後歸全。

福以慶福頭納全，全大喜，耒曰：「慶福首禍，一世姦雄，今頭落措大手耶！」飛報于朝，遣子恭繼奏捷。琸之敗，儲積掃地，綱運不續，賊黨籍籍，謂福所致。福數見全及僉幕促之，皆謝以朝廷撥降未下，福曰：「朝廷若不養忠義，則不必建閫開幕；今建閫開幕如故，獨不支忠義錢糧，是欲立制閫以困忠義也。」六月，福乘衆怒，與楊氏謀，召全飮。全至而楊氏不出，就坐賓次，左右散去。福與全命召諸幕客，以楊氏命召全二妾。諸幕客知有變，不得已往。耒朝服至八字橋，福兵腰斬之，耒南望再拜就斃。二妾之入，全及見之。福兵欲害全，鄭衍德救之得免，去須鬢，縋城西夜走，徒步歸明州，未幾，死。

朝廷以淮亂相仍，遣帥必斃，莫肯往來。始欲輕淮而重江，楚州不復建閫，就以帥楊紹雲兼制置，改楚州名淮安軍，命通判張國明權守，視之若羈縻州然。賊徒黨塞南門，開北門，支邑民田皆以少價抑買之，自收賦以贍軍，錢糧不繼如故。賊將國安用、閻通歎曰：「我曹米外日受銅錢二百，楚州物賤可以樂生，而劉慶福爲不善，怨仇相尋，使我曹無所衣食。」張林、邢德亦謂：「嘗受宋恩，中遭全間隙，今歸于此，豈可不與朝廷立事？」王義深亦嘗遭全屈辱，且謂：「我本賈帥帳前人，與彭安撫舉義不成而歸。」五人相謂曰：「朝廷不降錢糧，爲有反者未除耳！」乃共議殺福及楊氏以獻，於是衆帥兵趨楊氏家。福出，德手刃之，相屠者數百人。有郭統制者，殺全次子。通殺一婦人，以爲楊氏，函其首幷福首馳獻于紹雲。紹雲驛送京師，傾朝甚喜。檄彭忔、張惠、范成進、時青併兵往楚州，便宜盡戮餘黨。未幾，傳楊氏故無恙，婦人頭乃全次妻劉氏也。

忔輕儇，每供四總管弄戲，得檄不敢自決，力遜。惠、成進二人卽提兵入楚城，與林等五人歡宴，議分北軍爲五，使五人分掌之，每軍無過千人，一屯南渡門，一屯平河橋，一屯北神鎮，城中城西各一；在山東人老幼並絕錢糧，出淮陰戰艦，陳淮岸以斷全歸路，請制府及朝廷處之。廟議謂青望重，惟聽青區畫。省檄之下，不及惠、成進。青亦恐禍及，密遣人報全于青州，遷延不決。惠等歸盱眙，賊黨復振。紹雲赴樞密稟議，淮東總領岳珂攝制府事。

惠、成進旣歸，錢糧缺乏，密約降金，盧鼓槌許之。時鎮江軍及滁州虎兒軍在盱眙者尙衆，二人紿忔曰：「南北軍易致激變，宜令軍人出入無得帶刃。」又勸早發虎兒軍折洗，忔從之。二人每宴忺，必徧迨皂隸，忺皆不悟，方感其拒夏全之功，轉兩軍官資。二人同戲下合辭曰：「不願得官，欲得錢糧。」八月辛酉，惠、咸進燕忺，忺左右知有謀，多不往，忺往如平時。酒半，縛忺，忺從者無寸鐵，且醉，皆就縛。卽日渡淮輸款，以盱眙附盧鼓槌于泗州。金兵至，開門接之，諸軍不戰皆降。於是塞南門，開北門，導淮水以通泗之東西城焉。盧鼓槌與惠釋憾連姻，金官惠有加，俾專制河南，以拒大元。自是金人窺淮東益急，朝廷調京湖制置司兵萬人屯青平山以備全。

全得青報慟哭，力告大元大將，求南歸，不許；斷一指示歸南必畔，許之。承制授山東、淮南行省，得專制山東，而歲獻金幣。十月丙辰，全與大元張宣差并通事數人至楚州，服大元衣冠，文移紀甲子而無號。義深走金，安用殺林、德自贖。丁巳，全邀青及張國明于淮陰，國明辭疾，青父子同至。全推殺其子者郭統制斬之，又收田成瑤、田之昂、李英等八人下獄，云：「非朝廷殺我妻子，吾惟問汝。」李英，全腹心，狡而密，與李平皆山東胥吏。全之乍逆乍順，二人所教也。平又數致全書至廟堂，以覘朝廷。青繳所授檄於全曰：「我素推尊相公，豈肯爲此！」全亦惡青反覆。辛酉，與登城南樓飲，殺青，馳騎往紿青妻，言青病，見與禱禳。青妻至，盡殺之。遂併青軍，擢小校胡義爲將，徙其半于漣、海。

紹定元年春，全厚募人爲兵，不限南北，宋軍多亡應之。天長民保聚爲十六砦，比歲失業，官振之，不能繼，壯者皆就募。射陽湖浮居數萬家，家有兵仗，侵掠不可制，其豪周安民、谷汝礪、王十五長之，亦蠭結水砦，以觀成敗。翟朝宗知揚州，權制置。全厚賞捕趙邦永，邦永乃變名必勝。全知東南利舟師，謀習水戰，米商至，悉併舟糴之，留其柁工，一以教十。又遣人泛江湖市桐油、黏筏，厚募南匠，大治𦨭艎船，自淮及海相望。於是善湘禁桐油、黏筏下江，嚴甚。朝宗市黏木往揚州，善湘亦聞于朝，請以松木易留之。全不得已，代以榆板，舟成多重滯。六月，試舟射陽湖，善湘恐其乘便擣通、泰，亟牒池州求通、泰入湖之路。七月壬辰，全使衍德提兵三萬如海州。乙未，全及楊氏大閱戰艦于海洋。八月，全趨青州，爲嚴實及石小哥邀擊，敗走。小哥，珪子也，遂奪青厓崮，據之。九月，全歸海州，治舟益急，驅諸崮人習水。十一月，全至楚州。全山東經理未定，而歲貢于大元者不缺，故外恭順于宋以就錢糧，往往貿貨輸大元。宋得少寬北顧之憂，遺餉不輟。全縱遊說于朝，不若復建山陽制置司。全又與金合縱，約以盱眙與之，金亦遣靳經歷者聘全，皆不遂。

二年四月，全以糧少爲詞，遣海舟自蘇州洋入平江、嘉興告糴，實欲習海道，覘畿甸也。六月，全資淮安牛馬驢趙五嘯合亡命，雜北軍分往盱眙略牛馬。九月，全往漣、海視戰艦，陽言歸東平葬方士許先生。未幾，還。嘗燕張國明等，忽曰：「我乃不忠不孝之人。」衆曰：「節使何爲有是言也？」全曰：「糜費朝廷錢糧至多，乃殺許制置，不忠；我兄被人殺，不能報復，不孝。二月二十五日事，吾之罪也。十一月十三日事，誰之罪耶？」蓋指埠與夏全也。全密遣軍掠高郵、寶應、天長之間，知高郵軍葉秀發遣宗雄武領民兵捍禦，爲賊所敗。

三年二月壬寅，御前軍器庫火。得縱火者，楚州軍穆椿也。全欲銷宋兵備，故使椿行，且伏姦于外，謀入爲亂，以不得入而止。於是先朝兵甲盡喪。椿臨刑笑曰：「事濟矣。」全欲先據揚州以渡江，分兵徇通、泰以趨海。諸將皆曰：「通、泰，鹽場在焉，莫若先取爲家計，且使朝廷失鹽利。」全欲朝廷不爲備，且雖反而難遽絕錢糧，乃挾大元李、宋二宣差恫疑虛喝，而使國明達諸朝，而大元實未嘗資全兵。有識李宣差者，曰：「此青州賣藥人也。」七月，召國明稟議，全以寶玉資其行，賓從所過，揚言：「李相公英略絕倫，其射五百步，朝廷莫若裂地王之，與增錢糧，使當邊境。」偏餽要津，求主其說。旣見廟堂，以百口保全不叛。

八月，全將閱舟師，風不順，焚香禱曰：「使全有天命，當反風。」語畢風反。大閱數日。會全糴麥舟過鹽城縣，朝宗喉尉兵奪之。全怒，以捕盜爲名，庚午，水陸數萬徑擣鹽城，戍將陳益、樓強皆遁，全入城據之。知縣陳遇踰城走，公私鹽貨皆沒於全。朝宗倉皇遣幹官王節入鹽城，懇全退師；又遣吏曾玠、李易入山陽，求楊氏裏言之助，皆不答。朝宗乃遣卞整領兵扼境。全留鄭祥、董友守鹽城，提兵往楚。整與遇麾軍道左，擊柝聲諾。全言于朝，稱遣兵捕盜過鹽城，令自棄城遁去，慮軍民驚擾，未免入城安衆。乃加全兩鎭節，令釋兵，命制置司幹官耶律均往諭之。全曰：「朝廷待我如小兒，啼則與果。」不受。朝廷爲罷朝宗，謀再用紹雲，紹雲辭以官卑不能制；命鄭損，損辭。通判揚州趙璥夫暫攝事。

全造舟益急，至發冢取紮板，鍊鐵錢爲釘鞠〔一〕，熬人脂擣油灰，列炬繼晷，招沿海亡命爲水手。又紿璥夫以大元爲詞，邀增五千人錢糧，求誓書鐵券。朝廷猶遣餉不絕。全得米，卽自轉輸淮海入鹽城以贍其衆。他軍士見者曰：「朝廷惟恐賊不飽，我曹何力殺賊！」射陽湖人至有「養北賊戕淮民」之語，聞者太息。

王十五附全，全又遣人以金牌誘脅周安民等，造浮梁于諭口，以便鹽城來往；又開馬邏港、壽河，引淮船入湖，爲攻撓水砦計。復言於制置司云：「全復歸三年，淮甸寧息，雖荷大丞相力主安靖之說，深有覆護之恩，奈何趙制置、岳總管、二趙兄弟人自爲政，使全難處！全欲決定去就，親往鹽城存箚。若有疾全者、疑全者，如趙知府之輩，便可提兵決戰。如能滅全，高官重祿任彼取之；倘不能滅，方表全心。」善湘見之甚憤，范亦請調兵。

時彌遠多在告，執政無可否，舉朝率謂：「大丞相老於經綸，豈不善處？」獨參知政事鄭清之深憂之，密與樞密袁韶、尙書范楷議，二人所見合。清之乃約韶見帝，韶歷言全狀，帝有憂色。清之卽力贊討全，帝意決。清之退，以帝意告彌遠，彌遠意亦決。乙巳，金字牌進善湘煥章閣學士、江淮制置大使，范直徽猷閣、知揚州、淮東安撫副使，葵直寶章閣、淮東提點刑獄兼知滁州，俱節制軍馬，全子才軍器監簿、制置司參議官。下詔曰：

　　君臣，天地之常經；刑賞，軍國之大枋。順斯柔撫，逆則誅夷。惟我朝廷兼愛南北，念山東之歸附，卽淮甸以綏來。視爾遺黎，本吾赤子，故給資糧而脫之餓殍，賜爵秩而示以寵榮，坐而食者踰十年，惠而養之如一日，此更生之恩也，何負汝而反耶？蠢茲李全，儕於異類，蜂屯蟻聚，初無橫草之功；人面獸心，曷勝擢髮之罪！繆爲恭順，公肆陸梁。因餽餉之富，以嘯集儔徒；挾品位之崇，以脅制官吏。淩蔑帥閫，殺逐邊臣；虔劉我民，輸掠其衆。狐假威以爲畏己，犬吠主旁若無人。姑務包含，愈滋猖獗，遽奪攘於鹽邑，繼掩襲於海陵，用怨酬恩，稔惡恣暴。爲封豕以洊食，貪婪無厭；怒螳螂而當車，滅亡可待。故神人之共憤，豈覆載之所容！舍是弗圖，孰不可忍！李全可削奪官爵，停給錢糧。敕江、淮制臣，整諸軍而討伐；因朝野僉議，堅一意以勦除。蔽自朕心，誕行天罰。

　　肆予衆士，久銜激憤之懷；暨爾邊氓，期洗沈冤之痛。益勉思於奮厲，以共赴於功名。凡曰脅從，舉宜效順，當察情而宥過，庸加惠以褒忠。爰飭邦條，式孚羣聽：應擒斬到全者，賞節度使，錢二十萬，銀絹二萬匹；同謀人次第擢賞。能取奪見占城壁者，州，除防禦使；縣，除團練使；將佐官民以次推賞。逆全頭目兵卒皆我遺黎，豈甘從叛？諒由劫制，必非本心。所宜去逆來降，並與原罪；若能立功效者，更加異賞。鄭衍德、國安用雖與逆全管兵，然屢效忠款，乃心本朝；馮垍、于世珍雖爲逆全信用，然俱通古今，宜曉逆順，如率衆來降，當加擢用。四方士人流落淮甸，一時陷賊，實非本心，如能相率來歸，當與赦罪。海州、漣水軍、東海縣等處有爲逆全守城壁者，舉城來降，當各推恩。時青以忠守境，屢立駿功；彭義斌以忠拓境，大展皇略，亦爲逆全謀害，俱加贈典，追封立廟。

噫，以威報虐，既有辭於苗民；惟斷乃成，斯克平於淮、蔡。布告中外，咸使聞知。

詔詞，清之所代也。促荆襄、淮西諸軍赴援。

壬子，全兵突至灣頭，璥夫恐，欲走，副都統丁勝劫閽者止之。全攻城南門，都統趙勝自堡砦提勁弩赴大城注射，全稍退。全遣劉全奄至堡砦西城下，欲奪之以瞰大城。先是，趙勝屯西城，見濠淺，每日：「設有寇至，未圍大城，先襲堡砦，何可不備？」盛暑中督軍浚濠，人皆苦之，翟朝宗亦以爲笑。既浚，勝決新塘水注焉。及是，劉全不能進。勝又浚市河，人尤謂不急。全至，勝開水門納賈舟千餘艘，活者數千人，糧貨不與焉。

時朝廷雖下詔討全，而猶有內圖戰守、外用調停之說。是日，璥夫得彌遠書，許增萬五千人糧，勸全歸楚州。璥夫亟遣劉易即全壘授全。全笑曰：「丞相勸我歸，丁都統與我戰，非相紿耶？」擲書不受，惟留省箚。璥夫始知全紿己，亟發牌印迓范。癸丑，全塞泰州城濠。于邦傑、宗雄武通全，戒守者無得發矢，俟薄城而麾之，全得距堙。宋濟恐，令縣尉某如全壘，全以增糧省檄示之，尉復出，獻錢二百萬以降。乙卯，邦傑、雄武開門導全，濟帥僚吏出迎。全入坐郡治，濟發帑出所獻錢，全曰：「獻者，獻汝私藏耶？若泰州府庫，則我固有，何假汝獻爲！」乃舍濟僉判廳，入郡堂，盡收子女貨幣。

庚申，全聞范、葵既入，鞭衍德曰：「我計先取揚州渡江，爾曹勸我先取通、泰，今二趙入揚州矣，江其可渡耶？」莫敢對。既而曰：「今惟有徑擣揚州耳。」甲子，全配兵守泰州，悉出衆宜陵。丙寅，至灣頭立砦，據運河〔三〕之衝。使胡義將先鋒騎駐平山堂，伺三城機便。丁卯，全攻城東門不利，賊將張友呼城東請見葵，全隔濠立馬相勞苦，葵切責之，全彎弓抽矢向葵而去。戊辰，張璡、戴友龍、王銓、張青以天長制勇三軍至，阻全不得前，遣人請援。范、葵親出堡塞西門，列陳待之，全不敢動，璡等乃入城。庚午，全晨率步騎五千餘攻堡塞西門，趙勝出兵，戰不利，范、葵以兵益之。全兵亦增，葵擊却之。辛未，賊引兵三萬沿州城東向西門，李虎、趙必勝、張璡、崔福力戰，自巳至申，全乃沿東門以歸，丁勝、王鑑、于俊擊走之。襄兵萬人至眞州上垻，統制張達、監軍張大連不設備，魚貫而行。全哨馬帥田四擊之爲數截，殲者五千，達、大連死之；淮西援兵至，亦遇全統領桑青力戰，城中俱不知也。

襄兵敗，全凶焰益振，每曰：「我不要淮上州縣，渡江浮海，徑至蘇、杭，孰能當我！」甲戌，復引輕騎犯州城南門，且欲破堰泄濠水，統制陳達率勁弩射之，范、葵出軍迎擊，乃去。是日，金玠等距淮安十里，焚全砦柵，全將劉全出戰，玠軍不利，退屯寶應。

全志吞三城，而兵每不得傅城下，宗雄武獻全計曰：「城中素無薪，且儲蓄爲總所支借殆盡，若築長圍，三城自困。」乙亥，全悉衆及驅鄉農合數十萬列砦圍三城，制司總所糧援俱絕。范、葵命三城諸門各出兵劫砦，舉火爲期，夜半縱兵衝擊，殲賊甚衆。自是賊一意長圍，以持久困官軍，不復薄城。戊寅，全張蓋奏樂平山堂，布置築圍，指揮閑暇。范、葵令諸門以輕兵牽制，親帥將士出堡砦西，全分路鏖戰，自辰至未，殺傷相當。庚辰，范出師大戰，玠等破全將張友于都倉，獲粮船數十艘。甲申，葵出戰，賊大敗。

四年正月辛卯，全兵浚圍城塹，范、葵遣諸將出城東門掩擊，全走土城，官軍躡之，蹂溺甚衆。是日，玠破全將鄭祥，獲粮百艘。甲午，全兵千餘犯州城東門，城中出兵應之，全卽引去。乙未，李虎出南門，楊義出東門，王鑑出西門，崔福出北門，各徑扼賊圍，閉土城數處，范、葵提兵策應，全步騎數千出戰，諸軍奮擊，俘馘甚衆。夜，賊復合所閉城。丁酉，趙勝遣統制陸昌、孫舉立橋堡砦于北門，賊步騎分道來戰，勝擊退之。范陳于西門，賊閉壘不出。葵曰：「賊俟我收兵而出爾。」乃伏騎破垣門，收步卒誘之。賊兵數千果趨濠側，虎力戰，城上矢石雨注，賊退。有頃，賊別隊自東北馳至，范、葵揮步騎夾浮橋、吊橋並出，爲三迭陳以待之，自巳至未，賊與大戰；別遣虎、顯廣、必勝、義以馬步五百出賊背，而葵帥輕兵橫衝之，三道夾擊，用范所制長槍，果大利，賊敗走。翼日，全遣步卒三百餘向城西門，乍進乍退，以誘揚州兵，復驅壯丁增濠面，培鹿角。范、葵遣騎將出，夾城東西牽制之，親出州城西門，分三道以進，賊望風潰，乃募勇力齎薪砲，焚其樓櫓十餘。賊自平山堂麾騎下救，道遇于俊軍而歸。

始，全反計雖成，然多顧忌，且懼其黨不皆從逆。邊陲好進喜事者，欲挾賊爲重，或陰贊之，謂激作愈甚，朝廷愈畏，則錢糧愈增，又許身任調停之責。故全兵將舉而張國明先召，全之託詞陳遇棄城，及歸過三趙圖己，蓋成謀也。及三趙用，宋師集，諸閫易，國明沮，削全官爵，罷支錢糧，攻城不得，欲戰不利，全始自悔，忽忽不樂。或令左右抱其臂曰：「是我手否？」人皆怪之。

時正月望，城中放燈張樂，姑示整暇。全見之，亦往海陵載妓女，張燈平山堂，矯情自肆。是晚，燕大元宣差，宣差激全曰：「相公服飾器用多南方物，乃心終在南耳！」全乃取誥敕，朝服南向，歷述平生梗概，再拜褫服，焚之，歎曰：「國明誤我。」淚下如雨，抆淚就坐彊歡。有朐山于道士者，老矣，全迎致之，初見全卽歎曰：「我業債合在此償耶？」占事多驗，尊爲軍師。及見全焚誥命，謂人曰：「相公死明日，我死今日矣！」人問之，曰：「朝廷以安撫、提刑討逆，然爲逆者，節度使也。豈有安撫、提刑能擒節度使哉？誥敕既焚，則一賊爾。盜固安撫、提刑所得捕，不死何爲！」入見全曰：「相公明日出帳門必死。」全怒以爲厭己，斬之。

范、葵夜議詰朝所向，葵曰：「東向利，不如出東門。」范曰：「西出嘗不利，賊必見易，因其所易而圖之，必勝。不如出堡塞西門。」壬寅，全置酒高會平山堂，有堡塞候卒識其槍垂雙拂爲號，以報，范喜謂葵曰：「此賊勇而輕，若果出，必成擒矣。」乃悉精銳數千而西，取官軍素爲賊所易者，張其旗幟以易之。全望見，喜謂宣差曰：「看我掃南軍。」官軍見賊突門而前，亦不知其爲全也。范麾軍並進，葵親搏戰，諸軍爭奮。賊始疑非前日軍，欲走入土城，李虎軍已塞其甕門。全窘，從數十騎北走，葵率諸將以制勇、寧淮軍蹙之，賊趨新塘。新塘自決水後，淖深數尺，會久晴，浮戰塵如燥壤，全騎陷淖不能拔。制勇軍奮長槍三十餘亂刺之，全曰：「無殺我，我乃頭目。」先是，令諸陣上，衆獲頭目無得爭以爲獻，故羣卒碎其尸，而分其鞍馬器甲，并殺三十餘人，類非卒伍，俱不暇問。

甲辰，賊軍全椒人周海請降，報全已殺，餘黨議潰去。未幾，聞安用歎恨飲泣，初議推一人爲首，以竟其逆，莫肯相下，欲還淮安奉楊氏主之。范夜上捷書制置司，議翼日追賊。乙已早，安用引五百騎徑南門趨灣頭，范伏弩射之，賊呼曰：「爾襄陽援兵已敗走，汝知之乎？」城中應曰：「汝李全已爲戮，汝何不降？」賊不應，諸將欲追賊，范懼有伏兵，先分兵燒圍城樓櫓，夜半火光燭天，命東南諸門皆出兵，范、葵繼提精兵進。四鼓，賊大潰。丙午黎明，葵追及賊于灣頭，一戰又破之，俘斬及奪回糧畜蔽野。別將追至大儀，不及。葵使人瘞新塘骸骨，得左掌無一指，蓋全支解也。先是，全乞靈茅司徒廟無應，全怒，斷神像左臂。或夢神告曰：「全傷我，全死亦當如我。」至是果然。

揚州平，善湘以露布上，帝驚喜，太后舉手加額。國明輩懼禍及己，唱論云全未死，至有資遊士吳大理等助煽之。及泰州凱奏繼上，浮言始定。朝中皆擬隨表入賀，彌遠以小寇就平，謝止之。甲寅，善湘來犒師。二月，命胡穎部所獲賊酋二十人獻俘于朝，且定奇功二十有九人及其餘，促行賞；又遣趙楷往稟廟算。

三月庚寅，禡祭，有梟鳴于牙，占之吉，別遣全子才〔三〕率王旻等將萬五千人，與于玠掎角取鹽城。癸巳，步騎十萬發揚州，留勝權守。庚子，鹽城賊董友、王海以兵圍卞整砦，玠擊却之。癸卯，遣總轄韓亮、戚永昇率多槳船及民船四百入射陽湖，擊賊于謚口。丁未，亮破賊于崔溝。己酉，范、葵分兵進至平河橋，剿賊甚多。壬子，玠、整敗賊將王國興于岡門，斬首千級。四月丁巳，敗賊于十里亭，賊兵爭門，墜濠如蟻。庚申，別將范勝、趙興破賊砦于壽河，拔農民脅從者萬家。

壬戌，范、葵遣諸軍薄淮安城下，賊大敗，死者萬餘，焚二千家，城中哭聲振天。甲子，子才自他道進攻，賊將董友拒之，大戰于港口，敗之。庚辰，舟師過漣水，戰勝，達淮安。五月丙戌朔，天大霧，官兵攻上城，賊守者尚臥，倉皇起鬥。官軍互踏肩爲梯，前者或墜，後者繼至，自丑至未，五城俱破，斬首數千級，生擒數百人。兵士有故隸楚州左右軍者，家屬數爲賊虐，至是洩憤，無老幼皆殺之，燒砦柵萬餘家，腥焰蔽天。餘寇爭橋入大城，重濠皆滿。淮北賊歸赴援，舟師又剿擊，焚其水柵，夷五城餘址，賊始懼。己亥，子才率趙必勝、王旻軍移砦西門，道遇賊大戰，至夜不解。子才爲銳陣左右救，乃勝。

楊氏諭鄭衍德等曰：「二十年梨花槍，天下無敵手，今事勢已去，撑拄不行。汝等未降者，以我在故爾。殺我而降，汝必不忍。若不圖我，人誰納降？今我欲歸老漣水，汝等宜告朝廷，本欲圖我來降，爲我所覺，已驅之過淮矣。以此請降可乎？」衆曰：「諾。」翼日，楊氏絕淮而去。賊黨即遣僞計議馮垍、潘于款于軍門，范等密聞于朝，朝論不可，范曰：「若明諭朝旨，是堅賊志，不如陽許以誤之，我自爲必討之計。」乃遣范用吉入城諭賊曰：「朝廷已許納降，但令安撫交過北軍。」衍德等遣潘于隨用吉報謝，許獻玉帶、犒軍黃金四千兩。范曰：「我欲款賊，賊更來款我。」于歸，鄭衍德等自知降亦不免，始送款于金。至是，金遣其副統軍許奕、萬戶兀林答以其京東元帥牒來言曰：「此賊不降，能爲兩國患，請與大國夾攻之，各勿受降。」范怪其來無故，而難於陰絕，遣王貴報之，不從其請。

六月己未，大戰于河西三砦，賊大敗，楊氏歸漣水。壬戌，賊先遣妻孥過淮，軍爭欲往，斬之不能禁，反有起殺頭目者。甲子，復大戰，淮安遂平。議乘勝復淮陰，兵未行，淮陰降金。繼得探報云：宋師遲一宿攻城，淮安亦爲金有矣。於是全所據州悉平。楊氏竄歸山東，又數年而後斃。

全之寇泰州，官屬十有九人皆迎降，獨教授高夢月不汙，詔贈三官。

全子壇〔四〕。

校勘記

〔一〕鍊鐵錢爲釘鞠　「鞠」，宋會要食貨五〇之二作「⿰金匊」。

〔二〕運河　原作「連河」，薛應旂宋元通鑑卷一〇五作「運河」，是。據改。

〔三〕全子才　「全」原作「余」，據上文改。

〔四〕全子壇　「壇」，本書卷四五理宗紀、元史卷二〇六叛臣傳、新元史卷二二二李璮傳均作「璮」。